par Diderot

V. 1848.

10704.

LEÇONS
DE CLAVECIN,
ET
PRINCIPES
D'HARMONIE.

LEÇONS
DE CLAVECIN,
ET
PRINCIPES
D'HARMONIE,

Par Mr BEMETZRIEDER.

A PARIS,
Chez BLUET, Libraire, Pont Saint-Michel.

M. DCC. LXXI.
Avec Approbation, & Privilege du Roi.

L'ÉDITEUR (*).

LES Interlocuteurs de ces Dialogues font des Personnages réels, à qui l'on a tâché de conferver leurs caracteres. Mr. Bemetzrieder, l'Auteur de l'Ouvrage, y paroît fous le nom du *Maître*, ma Fille fous celui de l'*Eleve*, & moi, fous un titre honorable (**) que je tiens de l'indulgence de quelques amis, & qui, reftreint à fon étymologie, peut me convenir ainfi qu'à tout homme de bien. Il y a peu de fages; mais qui eft-ce qui n'eft pas épris de la Sageffe?

JE confeillerois volontiers aux Parens d'affifter aux leçons qu'on donne à leurs enfans. Elles en feroient moins triftes & plus utiles; & ils en pourroient profiter eux-mêmes, ainfi qu'il m'eft arrivé. J'entends fort peu la pratique de l'Harmonie; mais quelqu'affiduité auprès du Clavecin, entre le Maître & fon Eleve, m'en a rendu la théorie familiere; & les productions de l'Art m'en font devenues plus intéreffantes.

JE m'étois propofé de parler ici de ce qui a donné lieu à M. Bemetzrieder de compofer cet Ouvrage, & de m'étendre fur le caractere, la fureté, & les fuccès de fa méthode. Mais de ces chofes, l'expérience a démontré les unes; & les autres, expofées dans le courant de ces Dialogues, ne feroient ici que des redites.

(*) M. Diderot.
(**) Le Philofophe.

On s'est conformé à la vérité jusques dans les moindres détails; & ce fut, comme on l'a dit (*), un après-dîner, à l'Etoile, que M. Bemetzrieder nous développa ses Principes spéculatifs de Mélodie & d'Harmonie.

La séance avoit duré ; la nuit approchoit ; le sérein commençoit à tomber; & nous reprenions le chemin de la Ville à pied, nous entretenant des dégoûts qui attendent celui qui débute dans la carriere des Arts. Ce texte avoit amené des réflexions moitié sérieuses, moitié plaisantes, sur l'injustice des hommes envers ceux qui se sont occupés ou de leur instruction, ou de leur amusement. Je disois qu'un Poëte ancien avoit fait leur épitaphe commune, lorsqu'il écrivoit, peut-être après l'avoir éprouvé,

> *Ploravere suis non respondere favorem*
> *Speratum meritis.*

Et M. Bemetzrieder répondoit à cela que jusqu'à présent, il n'avoit pas à se plaindre, & qu'il avoit été récompensé de son travail fort au-delà de ses espérances, par le nombre, le Rang distingué, les talens, l'honnêteté & sur-tout les progrès de ses Eleves.

Une petite partie de cet éloge pouvoit s'adresser à ma Fille; elle l'en remercia ; & ce fut la fin des Entretiens suivans.

(*) Troisieme suite du dernier Dialogue.

Puissent ceux qui les étudieront, en tirer la même utilité qu'elle!

Un témoignage que je dois & que je rends de tout mon cœur à M. Bemetzrieder, c'est que ses Leçons, telles ici presque mot à mot qu'il les a données à ma Fille, l'ont mise au-dessus de toutes difficultés, dans un intervalle de sept à huit mois, & au jugement des Maîtres de l'art.

La Piece imprimée sous son nom, au commencement de la deuxieme Suite du douzieme Dialogue, bonne ou mauvaise, est d'elle; dessus, basse & chiffres. L'ouvrage de M. Bemetzrieder conduit jusques-là; & tout Eleve qui le possédera, peut se promettre d'aller plus loin, s'il a de la tête & du génie; mais sur-tout s'il se résout à marcher pas-à-pas, & à ne pas négliger des pages qui lui paroîtront peut-être moins importantes qu'elles ne le sont.

Un autre fait que j'attesterai aussi fermement, parce qu'il est également vrai; c'est qu'il n'y a rien dans cet Ouvrage, mais rien du tout qui m'appartienne, ni pour le fond, ni pour la forme, ni pour la méthode, ni pour les idées. Tout est de l'Auteur, M. Bemetzrieder.

Je n'ai été que le Correcteur de son François Tudesque, mince reconnoissance des soins qu'il a donnés à mon Enfant.

Si M. Bemetzrieder étoit né dans la capitale, ou si cet Ouvrage ne devoit tomber qu'entre les mains de ses Eleves, j'aurois été bien dispensé de cette protestation. Et ceux qui prennent & ceux qui pendront de ses Leçons, y auroient aisément reconnu ces Dialogues; avec cette seule différence, qu'ayant médité plus profondément son objet, ses Leçons d'aujourd'hui doivent être plus parfaites que son Ouvrage.

S'IL arrivoit donc à quelques personnes mal instruites ou mal intentionnées de flétrir mon cœur & de blesser la justice, en m'attribuant la moindre partie du travail d'autrui; je les relegue dans la classe de ces ingrats qui cherchent à contrister ceux qui les éclairent; & je leur réserve le plus souverain mépris. Je n'ai rendu à M. Bemetzrieder que le service que tout Auteur peut recevoir d'un Censeur bienveillant. Et je ne revendique que les fautes de langue & d'impression.

LEÇONS

LEÇONS DE CLAVECIN,
ET
PRINCIPES D'HARMONIE,
EN DIALOGUES.

PREMIER DIALOGUE
ET PREMIERE LEÇON.
LE MAITRE, LE DISCIPLE ET UN AMI.

LE DISCIPLE.

QUELLE expression! quelle légéreté! quel tact! que vous êtes heureux, Monsieur, de jouer si bien d'un instrument aussi difficile!

LE MAÎTRE.

C'est un bonheur que j'ai peu senti, & que je ne sens plus.

LE DISCIPLE.

Et pourquoi?

A

LEÇONS

Le Maître.

C'est qu'il y a des pédans en tout genre, en politique, en Littérature, en Musique. J'ai été mal montré; & au moment où j'aurois pu jouir du fruit de mon travail, des circonstances malheureuses....

Le Disciple.

J'entens; le soir, lorsque vous rentrez, vous êtes si ennuyé, si las; vous avez un si pressant besoin de repos, que vous êtes peu tenté de vous mettre au Clavecin.

Le Maître.

Cela m'arrive pourtant quelquefois.

Le Disciple.

N'y auroit-il point d'indiscrétion à vous demander une certaine piece de Schobert? C'est un si beau morceau de musique!

Le Maître.

Laquelle? Seroit-ce la troisieme Sonnate en Symphonie de son neuvieme Œuvre, en majeur de *fa*, ou le Trio de son Œuvre sixieme, en majeur de *mi* bémol?

Le Disciple.

Je ne sçais ce que c'est que majeur de *fa*, ni majeur de *mi* bémol; mais je vais vous chanter les premieres mesures de la piéce que je veux. (Le Disciple chante.)

Le Maître.

Vous avez la voix juste. C'est la Sonnate en Symphonie. (Le Maître joue.)

Le Disciple.

Que cela est beau & bien exécuté! je donnerois, je crois, dix ans de ma vie pour en sçavoir faire autant.

Le Maître.

Que Schobert?

Le Disciple.

Que vous.

Le Maître.

On peut devenir plus habile à moins de frais.

DE CLAVECIN.
LE DISCIPLE.

Comment cela?

LE MAÎTRE.

En apprenant.

LE DISCIPLE.

A mon âge ! A trente ans ! D'un inftrument qu'il faut commencer à cinq, & fur lequel fouvent on n'eft que médiocre après quinze années d'exercice ? Vous plaifantez. Si je pouvois me promettre feulement de lire une baffe & de connoître l'harmonie & la fcience des Accords.

LE MAÎTRE.

Toute votre ambition fe borne là?

LE DISCIPLE.

Et cela vous femble peu de chofe?

LE MAÎTRE.

Très-peu de chofe; mais à une condition.

LE DISCIPLE.

Et cette condition?

LE MAÎTRE.

De me prendre pour Maître.

LE DISCIPLE.

Quoi, vous m'accepteriez pour Eleve ! Vous ! Quelle obligation je vous aurois ! vous ne le fçavez pas; vous ne le concevrez jamais; c'eft que la Mufique eft ma folie, ma vie, mon exiftence, mon être.... (à un ami qui entre).... Bonjour, mon ami; voyez-vous ce galant homme-là ? Eh bien, il dit, il promet, il jure.....

L'AMI.

Je le permets.

LE DISCIPLE.

Que je ferai, quand il me plaira... Mais cela ne fe peut, il me trompe, il fe mocque.

L'AMI.

J'y confens.

LE MAÎTRE.

Un Virtuofe, entendez-vous, un Virtuofe, un Harmonifte de la premiere volée.

A ij

LEÇONS

L'AMI.

A soixante ans ?

LE DISCIPLE.

Non, dans six mois, dans huit mois, dans un an.

L'AMI.

Allez toujours.

LE DISCIPLE. (*au Maître.*)

A quand, ma premiere Leçon ?

LE MAÎTRE.

Il ne faut pas différer l'œuvre de son bonheur ; à l'instant.

LE DISCIPLE.

Soit.... Que je vais être heureux !... Asseyons-nous.... Mon ami, vous permettez... (En pressant les touches du Clavecin.) Il est d'accord.... J'ai la tête un peu dure, je vous en préviens ; pour les doigts, ils ont déja tracassé les touches, & ils ne sont pas tout-à-fait roides.

LE MAÎTRE.

Je m'en apperçois. Rien de plus simple que la théorie de la Musique ; si vous ne la comprenez pas, ce sera ma faute. Quant à la pratique....

LE DISCIPLE.

C'est autre chose.

LE MAÎTRE.

Mais j'ai un secret qui la rend aisée.

L'AMI.

Un secret ! Je vous en félicite pour Monsieur que voilà, pour vous & pour moi.

LE MAÎTRE.

Seriez-vous aussi tenté d'entrer dans mon école ?

L'AMI.

Dieu m'en préserve! Moi, je me clouerois des journées entieres sur un tabouret, devant un clavier ?

LE MATÎRE.

Qui vous le propose ?

L'AMI.

Vous apparemment ; est-ce que vous ne recommandez pas d'exercer beaucoup ?

DE CLAVECIN.
LE MAÎTRE.

Point du tout.

L'AMI.

Vous ferez excellent pour ma pupille.

LE MAÎTRE.

Monfieur a une pupille?

L'AMI.

Oui, & qui touche du Clavecin, fix heures par jour, depuis fix ans & qui ne fçait rien.

LE MAÎTRE.

Elle doit détefter la Mufique.

L'AMI.

Je vous affure qu'elle en eft folle; c'eft elle qui me l'a dit, non pas une fois, mais cent.

LE MAÎTRE.

Ne vous a t-elle pas dit auffi qu'elle aimoit l'Arabe & l'Hébreu?

L'AMI.

Ma pupille a de la franchife; & je ne la gêne fur rien.

LE MAÎTRE.

Je penfe bien que vous ne lui avez jamais dit : » Je veux que vous » fçachiez jouer du Clavecin; je le veux, & vous périrez d'ennui, » ou vous fçaurez jouer du Clavecin. » On ne parle pas comme cela; mais un jour, dépité de fon peu de progrès, contenant votre impatience & prenant un ton modéré, vous lui aurez dit : » Mademoifelle.. » Mademoifelle, vous ne jouez point. . Vous ne vous exercez pas . . Si la » Mufique vous déplaît, il n'y a qu'à la quitter. Dites, je paie le Maître, » je déchire les livres; je mets l'inftrument en morceaux, & il n'en » fera plus queftion. » Et votre pupille vous aura répondu : » Mon cher » Tuteur, je vous jure que j'aime la Mufique; ... que mon Clavecin » fait .... le bonheur de ma vie.... Ho! oui, le bonheur de ma » vie... Je ferois au défefpoir d'y renoncer. » .... Vous vous en ferez allé vifiter vos ferres; & elle fe fera mife à jouer, en verfant un torrent de larmes.

LE DISCIPLE. (*à fon Ami.*)

Cela reffemble.

L'AMI.

Que cela reffemble ou non; tant il y a, Monfieur, que vous avez un fecret, & qu'il confifte à empêcher vos Eleves de s'exercer. Allez, fi vous avez le fens commun, tous les autres ne l'ont pas.

LE MAÎTRE.

Cela fe peut.

LE DISCIPLE.

Voilà qui eft fort bien; mais tandis que vous difputez, je ne prens pas ma Leçon.... Commençons.. Jouons un air.

LE MAÎTRE.

Un air! je le veux. En voilà un. Jouez-le.

LE DISCIPLE.

Comment l'appellez-vous?

LE MAÎTRE.

Je n'en fçais rien.

LE DISCIPLE.

Ni moi non plus.

L'AMI.

Fort bien. C'eft une Mufette. La Mufette a été condamnée de tout tems à être eftropiée par les commençans.

LE MAÎTRE.

Et c'eft par là que votre pupille a débuté?

L'AMI.

Certainement; & de la Mufette, elle devoit aller à l'Allegro, à l'Andante, à l'Adagio, au Prefto, au Diable.

LE MAÎTRE.

D'abord une Mufette, & puis des Allégros, des Andantes, des Adagios, des Preftos: voilà une étrange bafe à des leçons de Clavecin.

L'AMI.

Parbleu, Monfieur; encore vaut-il mieux commencer par une Mufette que par un air dont on ne fçait pas le nom.

LE MAÎTRE.

Et qui eft l'ignorant qui a commencé par un air dont il ne fçavoit pas le nom?

DE CLAVECIN.

L'AMI.

Mais vous, ce me semble.

LE MAÎTRE.

Moi! & qui vous l'a dit?

L'AMI.

Je le vois, je l'entens.

LE MAÎTRE.

Vous vous trompez ; c'est Monsieur qui veut jouer un air, & en voilà un qui s'appelle, je ne sçais comment. Je ne commençai jamais mes Leçons par des airs.

L'AMI.

Et par quoi donc? Par des danses peut-être.

LE MAÎTRE.

Quelquefois la danse égaie, calme la bile....

LE DISCIPLE.

M'avez-vous entendu ? Ai-je de la disposition ?

LE MAÎTRE.

Vous êtes mon Disciple, & vous en doutez? Sçachez, Monsieur, que pour vous conduire à ce qu'il y a de plus sublime dans la science de l'Harmonie & des Accords, je n'exige qu'autant d'intelligence qu'il en faut pour concevoir que deux & trois font cinq, qu'entre les trois barres d'une grille il n'y a que deux intervalles, & que vous deviendrez un Virtuose, si vous avez deux mains, cinq doigts à chacune, deux yeux, deux oreilles & un pié, encore le pié est-il de trop.

LE DISCIPLE.

C'est un luxe en Musique.

L'AMI.

Ainsi mon fils ne pourroit apprendre à jouer du Clavecin, s'il étoit sourd d'une oreille ?

LE MAÎTRE.

Du moins je ne m'en chargerois pas.

L'AMI.

Et pourquoi ?

LE MAÎTRE.

C'est que, si vous aviez la fantaisie d'assister à mes Leçons, & que par hasard vous vous emparassiez de la bonne oreille par vos réprimandes, il ne lui en resteroit plus pour m'écouter.

LE DISCIPLE. (*à part.*)

Ils sont hargneux l'un & l'autre.

L'AMI.

Adieu, mon Ami; faites de grands progrès, & sur-tout ne vous exercez point.

LE DISCIPLE.

Avez-vous de la patience?

LE MAÎTRE.

Et beaucoup d'autres rares qualités sans lesquelles je serois un mauvais Maître. Il faut qu'un bon Maître sçache ce qu'il veut montrer; il faut qu'il sçache montrer ce qu'il sçait; il faut qu'il sçache varier sa méthode selon le tour de tête de ses Eléves, il faut qu'il soit clair; il faut qu'il soit exact; il faut qu'il soit honnête & désintéressé; il faut sur-tout qu'il soit gai.

LE DISCIPLE,

Vous êtes tout cela?

LE MAÎTRE.

Sans doute.

LE DISCIPLE.

Et nous rirons, & j'apprendrai?

LE MAÎTRE.

Assurément.

LE DISCIPLE.

Et je jouerai, & je sçaurai l'Harmonie?

LE MAÎTRE.

Je vous en répons.

LE DISCIPLE.

Et vous croyez qu'un jour, qu'avec le tems, je pourrois composer? Composer, la belle chose!

LE MAÎTRE.

Et par malheur, la seule qui ne s'enseigne pas : c'est l'affaire du génie.

LE DISCIPLE.

Il y a pourtant ici vingt, trente Maîtres de Composition.

DE CLAVECIN.
Le Maître.

Je ne sçais ce que ces Maîtres font, ni ce qu'on fait avec eux : pour moi, je vous enseignerai l'Harmonie, ou l'art d'enchaîner des Accords : je vous en faciliterai la lecture & l'exécution; & si vous avez du génie, vous trouverez des chants.

Le Disciple.

Et qu'est-ce qu'un chant ?

Le Maître.

C'est une succession de sons agréables, parce qu'ils réveillent en nous quelques sentimens de l'ame ou quelques phénomenes de la nature. Toute Musique qui ne peint ni ne parle, est mauvaise, & vous en ferez sans génie. Vous coudrez de mémoire des lambeaux empruntés avec plus ou moins de goût, des Auteurs qui vous seront familiers. Je vous fournirai le fil & l'éguille ; vous ferez un Œuvre à la tête duquel on lira au centre d'un beau cartouche, en lettres grises : Duos, Trios, Quatuors, Sonnates, Symphonies, Concertos, Opera même, si la manie vous en prend, par Mr. M...; & vous grossirez la foule de ceux que j'appelle des Fripiers en Musique.

Le Disciple.

Je deviendrai ce que je deviendrai : allons toujours, & sur-tout, commençons par le commencement.

Le Maître.

Cela me convient... Cet instrument, c'est un Clavecin.

Le Disciple.

Je le sçavois.

Le Maître.

Et ces languettes mobiles, noires, blanches, ce sont des Touches.

Le Disciple.

Ha, Monsieur!

Le Maître.

Ces touches pressées de l'extrémité des doigts, font rendre à l'instrument des sons plus aigus, à mesure qu'on monte vers la droite, & des sons plus graves à mesure qu'on descend vers la gauche. Remarquez une touche noire placée entre deux touches blanches, précédées & suivies, chacune d'une touche noire.

B

LEÇONS

LE DISCIPLE.

Je la remarque.

LE MAÎTRE.

Cette touche noire s'appelle *Ré*.

LE DISCIPLE (*preſſant la touche.*)

Ré, *Ré*. Ainſi ſur toute la longueur du clavier, il y a cinq *Ré*.

LE MAÎTRE.

Voyez-vous ces touches blanches qui vont trois à trois & qui ſont ſéparées & renfermées par des touches noires, deux touches noires qui les ſéparent, deux autres touches noires qui les renferment?

LE DISCIPLE.

Je les vois.

LE MAÎTRE.

Celle des touches noires qui les renferme à gauche, s'appelle *Fa*, & celle qui les renferme à droite, s'appelle *Si*

LE DISCIPLE.

Il y a donc auſſi cinq *Fa* & cinq *Si*. Je me trompe, il y a ſix *Fa*.

LE MAÎTRE.

Fort bien. La touche la plus grave & la touche la plus aiguë de votre clavier, ſont deux *Fa*.

LE DISCIPLE.

Fa, *Fa*. Quoique ces deux *Fa* ſoient l'un très-aigu & l'autre très-grave, je n'en entens qu'un.

LE MAÎTRE.

C'eſt ce qu'on appelle *uniſſon*. Les *Fa*, les *Ré*, les *Si*, en général toutes les touches de même nom ſont à l'uniſſon; & l'intervalle de l'une à l'autre s'appelle *Octave*. Ainſi l'étendue entiere de votre clavier eſt de cinq octaves.

LE DISCIPLE.

Cinq octaves de *Fa*; mais ſeulement quatre de *Ré*, quatre de *Si*. Je comprens.

LE MAÎTRE.

A merveilles.

LE DISCIPLE.

Mais il nous reſte encore bien des touches à nommer. Comment appelle-t-on les deux noires qui ſéparent les trois blanches?

DE CLAVECIN.

LE MAÎTRE.

La premiere s'appelle *Sol*, la feconde, *La*.

LE DISCIPLE.

Et les deux noires qui emprifonnent les deux blanches?

LE MAÎTRE.

La premiere ou celle de la gauche s'appelle *Ut*, & la feconde *Mi*.

LE DISCIPLE.

Me voilà fçavant: je connois l'octave. Ecoutez-moi.
Des touches blanches qui vont deux à deux.
D'autres touches blanches qui vont trois à trois.
Les touches blanches qui vont deux à deux, renfermées entre deux noires, dont la premiere ou celle de la gauche s'appelle *Ut*, & celle de la droite, *Mi*, & féparées par une touche noire qui s'appelle *Ré*.
Les touches blanches qui vont trois à trois, renfermées entre deux noires, dont la premiere s'appelle *Fa* & l'autre *Si*, & féparées par deux noires dont la premiere s'appelle *Sol*, & la feconde *La*.
Et en les nommant tout de fuite en montant felon l'ordre du clavier, *ut*, *ré*, *mi*, *fa*, *fol*, *la*, *fi*, & en defcendant, *fi*, *la*, *fol*, *fa*, *mi*, *ré*, *ut*.

LE MAÎTRE.

Très-bien, très-bien. Il ne vous en auroit gueres couté davantage pour aller du *fi* à l'*ut* fuivant, & vous eufliez parcouru l'octave d'*ut*.

LE DISCIPLE.

Il eft vrai. Et toutes ces touches blanches dont nous n'avons rien dit, comment les baptiferons-nous?

LE MAÎTRE.

Comme celles qui les précedent ou qui les fuivent. Par exemple, la touche blanche qui eft à droite de *ré* s'appelle *ré* dieze, & celle qui eft à gauche, *ré* bémol. La touche blanche qui eft à droite de *fa*, *fa* dieze, & celle qui eft à gauche de *fi*, *fi* bémol. Vous fçavez, fans doute, ce que fignifient les mots *dieze* & *bémol*.

LE DISCIPLE.

Mes yeux & mon oreille m'apprennent que le dieze rend le fon plus aigu, & que le bémol le rend plus grave; mais de combien?

B ij

Le Maître.

D'un demi-ton ; je suis un étourdi, je vous ai répondu trop vîte, & je vous défens expressément de me demander ce que c'est qu'un ton & un demi-ton.

Le Disciple.

Pourquoi cette défense ?

Le Maître.

C'est que la question en entraîneroit une multitude d'autres dont nous ne sortirions plus.

Le Disciple.

Je m'y soumets..... J'aime les bémols, & je suis fâché qu'on n'ait pas appellé bémol toutes les touches blanches... Il me semble que je connois assez bien les touches de mon clavier, & que j'exécuterois un air dont vous me nommeriez les sons.

Le Maître.

Puisque vous vous croyez si habile, essayons cette Allemande qui vous plaît tant.... *ut*, *ut*, *ut*, *sol*. (Le Maître chante.)

Le Disciple.

De quelle main voulez-vous que je me serve ?

Le Maître.

Cela m'est égal, de la droite. Mais si je vous permets de jouer d'une main, souvenez-vous bien que c'est pour cette fois-ci, sans tirer à conséquence.... *ut*, *ut*, *ut*, *sol*.

Le Disciple.

Vous chantez trop vîte ; & quel *ut* choisirai-je ? Allons, ce premier, le plus grave de tous.... *ut*, *ut*, *ut*, *sol*.

Le Maître.

Il n'y a rien à dire, sinon que la main droite a été sur les brisées de la gauche.

Le Disciple.

Que voulez-vous dire ?

Le Maître.

Que les sons graves appartiennent à la basse & ne doivent être joués que par la main gauche ; & que les sons aigus, depuis l'*ut* du milieu du clavier, doivent être joués par la main droite.

DE CLAVECIN.
Le Disciple.

Et fi j'avois touché trois *ut* différens, pour les trois *ut* que vous m'avez nommés.

Le Maître.

Vous auriez fait une faute, puifque je ne vous ai chanté qu'un même fon. L'*ut* qu'il falloit préférer eft le quatrieme du clavier, en allant de la gauche à la droite.

Autrefois les clavecins ne renfermoient que quatre octaves d'*ut*, auxquelles on a fucceffivement ajouté, à gauche, les fept touches, *fi*, *fi* bémol, *la*, *la* bémol, *fol*, *fol* bémol & *fa*; à droite, les cinq touches *ut* dieze, *ré*, *ré* dieze, *mi*, *fa*. En forte que les Clavecins d'aujourd'hui les plus étendus ont cinq octaves de *fa*, ou quatre octaves d'*ut* précédé à gauche de fept touches & fuivi à droite de cinq. On les appelle Clavecins à *grand ravalement*.

Le Disciple.

Et les Clavecins à *ravalement* fimple, car il y en a de cette forte, à ce que je crois?...

Le Maître.

Ce font en général tous ceux qui ont plus de quatre octaves d'*ut*, & moins de cinq octaves de *fa*.

Examinons maintenant le nombre des touches différentes du clavier. Combien y en a-t-il?

Le Disciple.

Il n'y a qu'à les compter.

Le Maître.

Je vous en difpenfe. Il n'y en a que douze.

Le Disciple.

J'en vois plus de cinquante.

Le Maître.

Vous en voyez tout jufte foixante-une; mais plufieurs portent le même nom; par exemple, il y a fix *fa*, cinq *ré*, cinq *fi*, cinq *ut*. Prenez une octave, celle de *fa*, & vous n'y trouverez que douze touches différentes; la treizieme eft un *fa* à l'uniffon de la premiere, la quatorzieme un *fa* dieze à l'uniffon de la feconde; & ainfi des fuivantes qui donneront toutes les uniſſons des touches de l'octave que vous aurez priſe pour modele.

Le Disciple.

Dans toute la Muſique qu'on a faite, qu'on fait & qu'on fera, il n'y a donc que douze ſons différens?

Le Maître.

Point de réponſe à cela. Si j'allois vous dire qu'on obtient du Violon vingt-quatre ſons différens, je tendrois un piege à votre curioſité. Pour ce moment, contentez-vous de ſçavoir que le Clavecin n'eſt pas le plus riche des inſtrumens, & qu'un grand Violon fait des merveilles impoſſibles au Virtuoſe claveciniſte.

Le Disciple.

Un mot, & je ne queſtionne plus. La voix....

Le Maître.

Je vous entens. Il y a peu, très-peu de Chanteurs capables de faire ces vingt-quatre ſons de ſuite.

Le Disciple.

Mais il y en a. Vingt-quatre ſons différens avec la voix! Vingt-quatre ſons avec le violon! Mon avis feroit de laiſſer-là le clavier, & de prendre l'archet....

Le Maître.

Ou le Maître de chant; je ne m'y oppoſe pas : mais occupons-nous en attendant des douze que nous avons ſous les doigts; peut-être ne nous donneront-ils que trop d'ouvrage; & vous m'obligerez de me les nommer en les exécutant.

Le Disciple.

Ut, *ré* bémol, *ré*, *ré* dieze, *mi*, *fa*, *fa* dieze, *ſol*, *la* bémol, *la*, *ſi* bémol, *ſi*. Ha, ha! il n'y a point de touche blanche ni pour *mi*, ni pour *ſi*! d'où vient cette ſingularité?

Le Maître.

Ce n'en eſt point une. Il n'y a qu'un demi-ton de *mi* à *fa*, non plus que de *ſi* à *ut*; tandis que toutes les autres touches noires ſont ſéparées de l'intervalle d'un ton.

Le Disciple.

Pourquoi ces demi-tons ſe trouvent-ils là? Qui eſt-ce qui les y a placés?

DE CLAVECIN.

Le Maître.

Toujours des queſtions, toujours des écarts. Prenons l'échelle des ſons telle que nous l'avons; ſçachons nous en ſervir, & ſi nous avons du tems de reſte, nous chercherons ſi l'on pouvoit l'ordonner autrement. Revenons aux noms que vous avez donnés aux touches de l'octave d'*ut*, & à la maniere dont vous l'avez doigtée: vous avez trop fatigué l'Index, & les autres doigts n'ont rien fait. Il y a bien auſſi quelque choſe à redire à votre dénomination; mais laiſſons cela.

Le Disciple.

Quoi! ce n'eſt pas *ut*, *ré* bémol, *ré*, *ré* dieze?

Le Maître.

Qui vous le diſpute? Mais moi, j'aurois dit *ut*, *ut dieze*, *ré*, *ré dieze*, *mi*, *fa*, *fa dieze*, *ſol*, *ſol dieze*, *la*, *la dieze*, *ſi*. Vous en êtes pour les bémols; moi pour les diezes: voulez-vous m'ôter mon goût? Et pour diſtribuer le travail entre mes doigts, j'aurois employé d'abord les deux premiers, puis les trois premiers, enſuite les quatre premiers, & finalement les quatre premiers.

Le Disciple.

Attendez que j'eſſaie.... Vous avez raiſon... Cela va mieux... Mais voilà un petit doigt qui reſte oiſif & qui n'en eſt pas plus content.

Le Maître.

On ne ſçauroit contenter tout le monde.

Le Disciple.

Je le ſçais. En vous ſacrifiant en partie ma folie pour les bémols & vous accordant deux touches blanches diezes, ai-je pu réuſſir à vous ſatisfaire?

Le Maître.

Je ſuis plus accommodant que vous ne penſez. Tenez, voici comme je nomme les douze ſons différens de l'octave.

Ut, *ſi*, *ſi* bémol, *la*, *la* bémol, *ſol*, *ſol* bémol, *fa*, *mi*, *mi* bémol, *ré*, *ré* bémol.

Le Disciple.

Cette complaiſance-là ne ſera pas gratuite, je gage.

LE MAÎTRE.

J'en suis pour les bémols quand je descends, & pour les diezes quand je monte; je me conforme à leur caractere.

LE DISCIPLE.

Et point du tout à mon goût : je m'en doutois.

LE MAÎTRE.

Que faites-vous là ?

LE DISCIPLE.

J'essaie l'octave en montant & nommant les sons diezes; & je la descends en les nommant bémols. Voyez si je doigte à votre gré.

Ut, *ut* dieze, *ré*, *ré* dieze, *mi*, *fa*, *fa* dieze, *sol*, *sol* dieze, *la*, *la* dieze, *si*, *ut*. *Ut*, *si*, *si* bémol, *la*, *la* bémol, *sol*, *sol* bémol, *fa*, *mi*, *mi* bémol, *ré*, *ré* bémol, *ut*.

Mais si dans l'octave diezée, j'avois dit *mi*, *mi* dieze, ou *fa*; *si*, *si* dieze, ou *ut*; & dans l'octave bémolifée, si j'avois dit *ut*, *ut* bémol, ou *si*; *fa*, *fa* bémol, ou *mi*; qu'en auroit-il été ?

LE MAÎTRE.

Rien, sinon que vous eussiez empiété sur ce que j'ai à vous dire par la suite.

LE DISCIPLE.

Et quel inconvénient à cela ?

LE MAÎTRE.

De rompre l'ordre des connoissances, & de sçavoir mal pour vouloir trop apprendre à la fois; comme il arrive aux hommes faits. Aussi ne sont-ils jamais aussi sûrs que les enfans qui se laissent mener, & dans la tête desquels les choses n'entrent qu'à tems. Rien ne s'y entasse, ne s'y brouille; tout s'y place à l'aise. Ils sont sans impatience; leur ignorance fait leur docilité. Vive les enfans pour un Maître qui possede son affaire, & qui a de la méthode : avec eux pas un moment de perdu. L'homme, qui réfléchit sans cesse, au contraire vous détourne de votre route par des questions anticipées. Un enfant, par exemple, sçauroit à présent qu'on pouvoit mieux doigter l'octave. Au lieu de bavarder, comme nous venons de faire, je lui aurois dit, après avoir employé en descendant les quatre premiers doigts, prenez deux fois

les

les deux premiers, puis les trois premiers, ensuite les deux premiers, & finissez avec le pouce.

Le Disciple.

En revanche, il ne se seroit pas avisé d'exécuter la chose à mesure que vous l'auriez dite, comme je viens de faire.

Le Maître.

Je m'en serois avisé pour lui.

Le Disciple.

Me permettriez-vous de faire les deux octaves en *fa* ?

Le Maître.

Non ; vous nommerez bien les sons, je n'en doute pas ; mais vous voudrez doigter comme en *ut*, & vous doigterez mal. Croyez-moi, restons encore un peu dans l'octave d'*ut*.

Le Disciple.

Je m'y résous ; mais à une condition.

Le Maître.

Quelle ?

Le Disciple.

Que, pour me délasser, vous me direz d'où naît la difficulté pour les Chanteurs, d'exécuter de suite tous les sons de l'octave ; je les distingue si bien à l'oreille.

Le Maître.

C'est que l'organe est forcé de se prêter successivement à un resserrement en montant, & à une dilatation imperceptibles en descendant, ce qui demande un long exercice.

Le Disciple.

A ce compte, il devroit être plus difficile de descendre que de monter d'*ut* à *si* ; il me semble pourtant que cela n'est pas.

Le Maître.

Vous avez raison. C'est qu'à la construction de l'organe, il faut joindre des principes physiques sur la résonnance des corps ; avoir égard à la distinction du son & du bruit. Si vous écoutez attentivement un instrument, une voix, vous appercevrez qu'il en est du son comme de la lumiere ; & qu'un son, ainsi qu'un rayon, est un faisceau d'autres sons qu'on appelle ses Harmoniques, entre lesquels il y en a qui affectent l'oreille plus fortement, que l'expérience journalière nous a rendus plus familiers, à notre insçu, & qui déterminent l'organe à les entonner après le son principal dont ils sont les harmoniques & qu'on appelle le Générateur, le fondamental.

LE DISCIPLE.

Quels sont les harmoniques d'*ut*?

LE MAÎTRE.

C'est son octave *ut*, sa quinte *sol*, sa tierce *mi*, sa quarte *fa*, ou plutôt des répliques ou octaves aiguës de ces sons.

LE DISCIPLE.

Mais *si* n'est pas plus l'harmonique d'*ut* en descendant qu'en montant?

LE MAÎTRE.

Il est vrai ; mais dans l'explication de ces phénomènes délicats, il ne faut rien négliger ; & vous voyez ici que pour remonter d'*ut* à *si*, l'organe est forcé de passer rapidement de son état naturel à un état de contraction considérable, au lieu qu'en descendant d'*ut* à *si*, il suffit qu'il se prête mollement à une dilatation légère qui le soulage.

LE DISCIPLE.

En conséquence se soulageant de dilatations légères en dilatations légères, on devroit se plaire à descendre les douze échellons de l'octave ; car pourquoi seroit-il plus pénible de se laisser aller d'*ut* à *si*, que de *si* bémol à *la*, que de *la* bémol à *sol*?

LE MAÎTRE.

La peine vient des repos ; éprouvez & vous sentirez que l'organe veut se dilater plus promptement, & plus que la petitesse des intervalles ne le comporte. Mais en voilà assez, & trop sur cette question qui n'a rien de commun avec le but de nos Leçons. Concluez seulement de ce qui précède qu'en général les petits intervalles sont plus difficiles à faire que les grands, sur-tout de suite. Concluez de votre propre expérience que, si l'intonation interrompue des douze sons de l'octave vous a couté, combien il vous en auroit couté davantage pour chanter en la divisant en vingt-quatre sons moindres de la moitié ; concluez qu'il faut plus d'exercice pour les entonner en montant qu'en descen-

DE CLAVECIN.

dant, ne fut-ce que par la raison qu'en montant, l'organe passe à un état forcé, & qu'en descendant il revient à un état naturel; & remarquez que les douze intervalles égaux de l'octave qu'on appelle *sémi-tons*, se réduisent à un seul intervalle de six tons, & n'oubliez pas que de tous les intervalles de l'octave ou game, c'est celui auquel la voix se prête le plus aisément.

Le Disciple.

La Game! qu'est-ce que ce mot?

Le Maître.

C'est celui par lequel on désigne la succession des huit notes soit en montant, soit en descendant. Ainsi, *ut*, *ré*, *mi*, *fa*, *sol*, *la*, *si*, *ut*; ou *ut*, *si*, *la*, *sol*, *fa*, *mi*, *ré*, *ut* est la game dans l'octave d'*ut*.

Le Disciple.

Et *sol*, *la*, *si*, *ut*, *ré*, *mi*, *fa*, *sol*; *sol*, *fa*, *mi*, *ré*, *ut*, *si*, *la*, *sol* est la game de *sol*.

Le Maître.

Tout doucement. Si au lieu de vous occuper de questions oiseuses sur le son & sur sa nature, vous eussiez examiné la game d'*ut* de plus près, vous ne m'auriez pas donné *sol*, *la*, *si*, *ut*, *ré*, *mi*, *fa*, *sol*, pour la game de *sol*. Est-ce que vous ne voyez pas?.... Mais je vois que le jour tombe, qu'il est tard, & qu'il faut que je vous quitte.

Le Disciple.

Encore un moment.

Le Maître.

Adieu, adieu. A demain.

Le Disciple.

A demain donc.

Fin de la premiere Leçon.

SECOND DIALOGUE
ET SECONDE LEÇON.
LE MAITRE ET LE DISCIPLE.
LE DISCIPLE.

EN dépit de votre précepte, je me suis beaucoup exercé.
LE MAITRE.
Et je vous en loue. Quand je montre à des enfans, j'emporte dans ma poche la clef du clavecin; mais je la laisse aux hommes de votre âge. Vous croyez donc que nous sortirons aujourd'hui de l'octave d'*ut*.
LE DISCIPLE.
Je l'espere un peu. Je nomme très-bien les treize sons qui la composent; je les exécute assez lestement, soit en montant, soit en descendant; & je le prouve.
LE MAITRE.
A merveille. Sçavez-vous ce que vous faites là? Du *Chromatique*.
LE DISCIPLE.
Du chromatique, ma sœur!
LE MAITRE.
Le genre chromatique est celui qui procede par sémi-tons.
LE DISCIPLE.
Faites-moi faire du chromatique : je le trouve aisé.
LE MAITRE.
Si vous vous rappelliez ce que nous avons dit des intervalles plus ou moins difficiles à exécuter, vous n'en parleriez pas ainsi; vous concevriez au contraire que la voix doit le redouter, & l'oreille s'en effaroucher; que l'emploi n'en peut être que rare, & qu'il exige une grande délicatesse de goût.
LE DISCIPLE.
Si je me dépars du chromatique, je ne sçaurai plus à quel genre de Musique vous me mettrez.

DE CLAVECIN.

LE MAÎTRE.

A aucun. Nous nous occuperons auparavant des huit notes de notre game.

LE DISCIPLE.

Attendez un moment.

LE MAÎTRE.

De quoi s'agit-il?

LE DISCIPLE.

D'une petite queſtion que j'avois à vous faire, & qui me revient.

LE MAÎTRE.

Point de queſtion, je vous en ſupplie.

LE DISCIPLE.

Ce n'eſt rien, preſque rien; & nous retournerons tout de ſuite à nos moutons. Ces huit notes n'ont que ſept noms qui leur ſont communs avec d'autres ſons tout-à-fait différens: par exemple, il y a trois *ut*. Un *ut*, comment dirai-je?

LE MAÎTRE.

Naturel.

LE DISCIPLE.

Un *ut* naturel, un *ut* dieze, un *ut* bémol: pourquoi ces trois *ut* n'ont-ils pas trois noms?

LE MAÎTRE.

Je n'en ſçais rien.

LE DISCIPLE.

Vous ne voulez pas me l'apprendre?

LE MAÎTRE.

Cela ſe peut.

LE DISCIPLE.

Allons, dites-le moi.

LE MAÎTRE.

Vous m'impatienteriez, ſi cela ſe pouvoit. C'eſt que l'octave s'eſt formée peu à peu, qu'elle s'eſt enrichie d'un ſon dans un tems, d'un autre ſon dans un autre, & que quand elle a eu ſes ſept ſons naturels; par reſpect pour l'antiquité, on a mieux aimé inventer deux ſignes que dix nouveaux noms.

LE DISCIPLE.

La commodité de l'art y a peut-être fait autant & plus que le respect de l'antiquité.

LE MAÎTRE.

Comme il vous plaira. Est-ce là tout ?

LE DISCIPLE.

Oui.

LE MAÎTRE.

Je puis donc continuer. Nous sommes dans l'octave d'*ut*.

LE DISCIPLE.

Vous vous vangez : toujours en *ut*.

LE MAÎTRE.

Outre les noms particuliers de chaque note, il y en a d'autres qui marquent leurs distances de la premiere note de l'octave ou de la game, & quelquefois leurs caracteres ou propriétés.... Doucement... Paix.... Point de question.

La premiere note *ut* de l'octave ou game *ut* s'appelle *Tonique*.

La seconde	ré	s'appelle *Seconde*.
La troisieme	mi	Tierce ou *médiante*.
La quatrieme	fa	Quarte ou *sous-dominante*.
La cinquieme	sol	Quinte ou *dominante*.
La sixieme	la	Sixte.
La septieme	si	Septieme ou *sensible*.
La huitieme	ut	Octave.

LE DISCIPLE.

Je meurs d'envie de vous demander la raison de ces nouvelles dénominations ?

LE MAÎTRE.

Et quand on écrit de la Musique, on désigne encore ces huit notes par les chiffres 1, 2, 3, 4, 5, 6, 7, 8 qu'on emploie tous, excepté le chiffre 1 qui indique la tonique, & qu'on supplée par le chiffre 8 ; en revanche l'unisson à l'octave de la seconde *ré* se marque par le chiffre 9.

LE DISCIPLE.

Et ainsi de suite apparamment ?

DE CLAVECIN.

LE MAÎTRE.

Et comme ce son *ré* est en même tems seconde de la premiere octave, & neuvieme de l'octave qui suit, on confond souvent la seconde avec la neuvieme.

LE DISCIPLE.

Sans inconvénient ?

LE MAÎTRE.

M'avez-vous compris ?

LE DISCIPLE.

Je le crois. Dans la game d'*ut*, *mi* est tierce, *sol* est quinte, *fa* est quarte, *la* est sixte, *si* est septieme ou sensible, *ré* est seconde ou neuvieme, & *ut* est tonique ou octave de la tonique. Mais la raison de ces noms ?

LE MAÎTRE.

Ces huit notes de la game sont séparées par sept intervalles, qu'on appelle tons ou sémi-tons. L'intervalle de la tierce *mi* à la quarte *fa*, & celui de la septieme *si* à l'octave *ut*, sont de sémi-ton ; les cinq autres d'*ut* à *ré*, de *ré* à *mi*, de *fa* à *sol*, de *sol* à *la*, de *la* à *si*, sont d'un ton : me suivez-vous ?

LE DISCIPLE.

Sans peine.

LE MAÎTRE.

Hé bien, monter & descendre par ces intervalles de tons & de sémi-tons, c'est faire de la musique ou du chant dans le genre *Diatonique*.

LE DISCIPLE.

Et ces mots *Diatonique*, chromatique ?

LE MAÎTRE.

Vous les retiendriez plus aisément, si vous en sçaviez la valeur.

LE DISCIPLE.

Il est vrai.

LE MAÎTRE.

On appelle dans la game d'*ut*, la note principale, la premiere, celle qui regle les autres, celle à laquelle on les rapporte, tonique ou note du ton.

LE DISCIPLE.

Ainsi je vois que le mot ton a deux acceptions : il signifie un intervalle tel que celui d'*ut* à *ré* ou de *fa* à *sol*, & il est de plus synonime à game. Je vois encore une autre chose.

LE MAÎTRE.

Quelle est-elle ?

LE DISCIPLE.

C'est que pour me dégoûter des questions, vous avez pris le parti de répondre à celles que je ne fais pas, & de ne pas répondre à celles que je fais.

LE MAÎTRE.

Peut-être qu'oui. Dans la game d'*ut*, on appelle la quinte *sol*, dominante, parce qu'entre les sons harmoniques du corps sonore, c'est le dominant, celui qu'on discerne le plus aisément ; la tierce *mi*, médiante, parce que ce son est moyen entre la dominante & la tonique ; la septieme *si*, sensible, parce qu'elle indique, fait sentir, prononce le ton.

LE DISCIPLE.

Et chromatique ? & diatonique ?

LE MAÎTRE.

J'allois vous l'apprendre, si vous ne me l'eussiez pas demandé.

LE DISCIPLE.

Vous êtes cruel & ingrat, car vous ne sçauriez croire combien de questions je vous sacrifie ; par exemple, comment est-ce que la sensible prononce le ton ?

LE MAÎTRE.

Diatonique, c'est-à-dire, qui procede en suivant l'échelle ou la game des tons & des semi-tons ; Chromatique, c'est-à-dire, qui procede par teintes ou nuances.

LE DISCIPLE.

J'entens ; c'est une métaphore empruntée de la peinture. On a pensé que dans ce genre de musique, les semi-tons étoient ce que les nuances ou teintes rompues étoient en peinture.

LE MAÎTRE.

Je suis de votre avis. A présent êtes-vous satisfait, & pourriez-vous
parcourir

DE CLAVECIN.

parcourir les huit notes de la game diatonique, tant en montant qu'en descendant.

LE DISCIPLE. (*exécute cette game, & dit*)
Est-ce cela?

LE MAÎTRE.

Oui; mais vous doigtez mal. Arrangez-vous de maniere que le mouvement des mains & des doigts soit commode & facile; & songez que la tonique *ut* doit être pour le pouce, & l'octave de cet *ut* pour le petit doigt.

LE DISCIPLE.

Je trouve qu'en employant les trois premiers doigts, ensuite tous les cinq, cela ne va pas mal.

LE MAÎTRE.

Dans l'octave d'*ut*, où vous descendrez tout aussi commodément, en faisant aux cinq doigts succéder les trois premiers.

LE DISCIPLE.

J'ai fait travailler la main droite; il s'agit de faire travailler la main gauche.

LE MAÎTRE.

Non, non. Arrêtez. Le doigter de l'une n'est pas celui de l'autre.

LE DISCIPLE.

Et la différence de ces doigters, quelle est-elle?

LE MAÎTRE.

Voilà deux divisions de l'octave constituant deux genres de musique; l'une fournit des tons entremêlés de sémi-tons, pour le diatonique.

LE DISCIPLE.

Vous avez un singulier tic! aimer mieux revenir sur ce que je sçais, que de m'apprendre ce que j'ignore!

LE MAÎTRE.

L'autre formée de sémi-tons, pour le genre chromatique; mais ne pourroit-on pas supposer l'octave divisée en vingt-quatre parties ou quarts de tons, & obtenir un troisieme genre?

LE DISCIPLE.

Je ne m'en soucie pas. L'usage du chromatique doit être rare & délicat, à ce que vous m'avez dit ; que ferois-je de cet autre ? & puis il me faudroit un Clavecin où les moindres intervalles fuſſent d'un quart de ton.

Le Maître.

Quoi, vous dédaignez le genre *enharmonique* ! Penſez un moment à l'étendue qu'il donneroit à la Muſique, & à la multitude de nuances ou teintes qu'il fourniroit au chant.

Le Disciple.

Et que m'importent ces avantages, ſi les difficultés croiſſent en proportion !

Le Maître.

Ce genre n'eſt pas ſeulement difficile ; il eſt impoſſible. C'eſt une affaire de pure ſpéculation ; & rien n'eſt plus incertain que les Anciens qui ont connu l'enharmonique, l'aient jamais pratiqué.

Le Disciple.

Ah, Monſieur, ces Anciens ont été de terribles gens ; & de ce que nous ne pouvons employer l'enharmonique, je n'oſerois pas en conclure qu'ils ne l'ont pas fait

Le Maître.

Il n'eſt pas queſtion dans la pratique d'apprécier le quart de ton ; il faut encore apprécier les intervalles d'un quart de ton à un autre quart de ton quelconque.

Le Disciple.

Il eſt vrai ; mais laiſſons cet enharmonique, puiſqu'il eſt inuſité ; & apprenez-moi à faire la game diatonique de la main gauche, afin que je puiſſe eſſayer un air.

Le Maître.

En quel ton ? En *ut* ?

Le Disciple.

Franchement, vous m'obligerez de me tirer de ce ton d'*ut*.

Le Maître.

Beaucoup ?

Le Disciple.

Beaucoup.

Le Maître.

Sçachez donc que, s'il y a trois genres de Muſique, il a y auſſi trois modes dans le genre diatonique.

DE CLAVECIN.

LE DISCIPLE.

Et qu'eſt-ce qu'un *mode* ?

LE MAÎTRE.

Une maniere d'être.

LE DISCIPLE.

Quoi, il y auroit trois manieres d'être en *ut*. Miſéricorde, je n'en ſortirai jamais !

LE MAÎTRE.

Il faut avoir pitié de vous. Mettez-vous en *la*, & faites-moi la game...., avec le même doigter, en commençant par *la*.... C'eſt cela.... Obſervez que les ſémi-tons ont changé de place. En *ut*, ils étoient de la tierce à la quarte, & de la ſeptieme à l'octave ; ici, ils ſont de la ſeconde à la tierce, & de la quinte à la ſixte.

LE DISCIPLE.

Il eſt vrai.

LE MAÎTRE.

Conſervons notre doigter, & changeons encore une fois de tonique. Faites la game, en commençant par le *mi*.... Fort bien....

LE DISCIPLE.

Autre déplacement des ſémi-tons, dont l'un ſe trouve de la tonique à la ſeconde, *mi*, *fa*, & l'autre, de la quinte à la ſixte, *ſi*, *ut*.

LE MAÎTRE.

Ces trois manieres d'être, ces trois games, ces trois ordres ou ſucceſſions des mêmes ſons conſtituent trois modes différens qu'on appelle *majeur*, *mineur*, *mixte*.

LE DISCIPLE.

Je commence à me brouiller avec le genre diatonique.

LE MAÎTRE.

Pourquoi cela ? J'en ſerois fâché, car c'eſt la ſource la plus féconde des chants.

LE DISCIPLE.

J'ignore ſes prérogatives : mais je vois qu'avec les ſémi-tons entrelacés avec des tons, il complique l'art ; il engendre ces trois modes qui me chifonnent par la multitude des difficultés qu'ils me promettent : au lieu que dans l'octave ou game partagée en douze ſémi-tons égaux,

D ij

quel que foit le fon que je prenne pour tonique, tout refte comme il étoit ; mais ce qui eft fait eft fait, & mon fouci ne changera rien à la chofe. Revenons donc fur ce que vous venez de me dire.... Dans le genre diatonique trois modes.... Game en *ut*, mode majeur..... Game en *la*, mode mineur..... Game en *mi*, mode mixte.... Game en *ut* & majeure où des deux fémi-tons l'un eft placé de la tierce à la quarte, & l'autre de la feptieme à l'octave.... Game en *la* & mineure, où des deux fémi-tons l'un eft placé de la feconde à la tierce, & l'autre de la quinte à la fixte... Game en *mi* & mixte, où des deux fémi-tons l'un eft placé de la premiere ou tonique à la feconde, & l'autre de la quinte à la fixte.... Le chromatique n'a pas cette incommode famille. Mais à ce que je vois, nous ne fatiguerons gueres les touches blanches qui n'entrent que dans ce dernier genre.

LE MAÎTRE.

Vous êtes prompt dans vos goûts, dans vos dégoûts & dans vos jugemens.

LE DISCIPLE.

Pas trop ; au refte je fuis conféquent. Tenez, me voilà dans le mode majeur de *fi*. *Si*, *ut*, *ré*, *mi*, *fa*, *fol*, *la*, *fi*, en montant; *fi*, *la*, *fol*, *fa*, *mi*, *ré*, *ut*, *fi* ; à quoi m'ont fervi les touches blanches ?

LE MAÎTRE.

A rien.

LE DISCIPLE.

Convenez donc qu'à moins d'y fourer du chromatique, elles refteront oifives.

LE MAÎTRE.

Vous plairoit-il de comparer cette game en majeur de *fi*, telle que vous venez de me la jouer, avec la game en majeur d'*ut*, telle que vous la connoiffez.

LE DISCIPLE.

Pardon, Monfieur, pardon. Je fuis un idiot. Dans le mode majeur, l'ordre des fons eft un ton de la premiere ou tonique à la feconde ; un ton de la feconde à la troifieme ou tierce ; un fémi-ton de la troifieme ou tierce, à la quatrieme ou quarte ; donc, en majeur de *fi*, il faut *fi*, *ut* dieze, *re* dieze, *mi*.

DE CLAVECIN.

LE MAÎTRE.
Continuez.

LE DISCIPLE.
En majeur d'*ut*, un ton de la quatrieme ou quarte à la cinquieme, ou quinte, ou dominante ; un ton de la cinquieme, ou quinte, ou dominante à la sixieme ou sixte ; un ton de la sixieme ou sixte à la septieme ou sensible ; un sémi-ton de la septieme ou sensible à la huitieme ou octave. Donc en majeur de *si*, *fa* dieze, *sol* dieze, *la* dieze, & *si*, & l'octave ou game en majeur de *si*....

LE MAÎTRE.
En majeur de *si*, dans le mode majeur de *si*, dans la modulation majeure de *si*, est très-bien dit, & non en *si* majeur, comme disent communément & mal les Musiciens, car *si*, ni aucune autre note n'est majeure ou mineure.

LE DISCIPLE.
La modulation majeure en *si*, est *si*, *ut* dieze, *ré* dieze, *mi*, *fa* dieze, *sol* dieze, *la* dieze, *si*. Cinq diezes ou touches blanches, & réparation au genre diatonique & aux touches blanches. Je tâcherai dorénavant de penser avant que de parler.

LE MAÎTRE.
C'est le mieux, quoique ce ne soit gueres l'usage.

LE DISCIPLE.
Monsieur.... Un air... Un petit air en majeur de *si*, avec un peu de chromatique, afin que je m'exerce aussi sur les touches noires *ut*, *ré*, *fa*, *sol*, *la*.

LE MAÎTRE.
Je le veux ; mais choisissez le mode.

LE DISCIPLE.
Dans le mixte.... Oui, dans le mixte : J'aime le mélange.

LE MAÎTRE.
Tandis que je vais rêver à votre air ; de votre côté, pratiquez ce que vous avez appris.

LE DISCIPLE.
Allons.... Je suis en majeur de *si*.... C'est en montant, *si*, *ut* dieze, *ré* dieze, *mi*, *fa* dieze, *sol* dieze, *la* dieze, *si*. C'est en descendant, *si*, *la* dieze, *sol* dieze, *fa* dieze, *mi*, *ré* dieze, *ut* dieze, *si*.

LEÇONS

LE MAÎTRE.

Fort bien. Vous me demandez un air dans le mode mixte, & vous occupez mon oreille du mode majeur.

LE DISCIPLE.

Appaisez-vous. Me voici dans la modulation mixte de *si*.... Mais voyons d'abord l'ordre & la marche de ce mode... Un fémi-ton.... Un ton.... Un ton.... Un fémi-ton... Un ton... Un ton... Un ton.... *mi*, *fa*, *fol*, *la*, *si*, *ut*, *ré*, *mi*.... *Si*, *ut*, *ré*, *mi*, *fa* dieze, *fol*, *la*, *si*. C'est cela.

LE MAÎTRE.

Toutes les notes en majeur d'*ut*, en mineur de *la*, en mixte de *mi*, naturelles.

LE DISCIPLE.

Vous appellez les touches noires, notes naturelles?

LE MAÎTRE.

Non. J'appelle notes naturelles, toutes celles qui ne font affectées ni d'un dieze, ni d'un bémol. Exemple: *mi* dieze devient pour la touche un *fa*; ce *fa* touche noire n'est plus une note naturelle; c'est une note dieze. *Ut* bémol devient pour la touche un *si*; ce *si*, touche noire, n'est plus une note naturelle; c'est une note bémol.

LE DISCIPLE.

Voilà qui est fort bien; mais mon air ne se fait pas, & je ne sçais plus où j'en suis de ma game... Recommençons.... En montant, *si*, *ut*, *ré*, *mi*, *fa* dieze, *fol*, *la*, *si*; en descendant, *si*, *la*, *fol*, *fa* dieze, *mi*, *ré*, *ut*, *si*.... Une seule touche blanche.... Mes doigts ont plus de prise sur les touches noires.... Monsieur, écoutez comme je me tire de cette game en mixte de *si*.

LE MAÎTRE.

Vous m'interrompez. Répétez ces modulations, ce qui sera beaucoup mieux que de vous entêter de la fantaisie de jouer un air.

LE DISCIPLE.

Cherchez toujours mon air, tandis que je m'exercerai sur le petit clavier, afin de vous faire moins de bruit... En *si* mixte; non en mixte de *si*, les fémi-tons entre la premiere & la seconde, & entre la quinte

& la sixte.... En majeur d'*ut*, les sémi-tons entre la tierce & la quarte, & entre la septieme & l'octave.... En mineur de *la*, entre la seconde & la tierce, & entre la quinte & la sixte.... Oui, entre la quinte & la sixte ; je ne me trompe pas, cela sera dans la modulation mineure d'*ut* ; *ut*, *ré*, *ré* dieze....

LE MAÎTRE.

Point de *ré* dieze ; mais *mi* bémol.

LE DISCIPLE.

La raison ?

LE MAÎTRE.

C'est que dans l'ordre diatonique, il ne faut ni omettre une note dans la game, ni répéter la même.

LE DISCIPLE.

Vous m'écoutez, vous n'êtes donc pas à mon air ?

LE MAÎTRE.

Non, non ; point d'air ; je n'y ai pas même pensé. Mais je me suis promis de vous tirer aujourd'hui d'*ut*, & il faut que je me tienne parole. Suivez votre modulation mineure d'*ut*.

LE DISCIPLE.

Si les autres me coutent autant que ce maudit *ut*, je ne suis pas à la fin de mes peines.... *Ut*, *ré*, *mi* bémol, *fa*, *sol* ; & puis.... Et puis, *la*, *si*, *ut* ; & voilà ma game trouvée... Mais vous hochez de la tête. Est-ce que ce n'est pas cela ?.... Non, il faut que la quinte ne soit distante de la sixte que d'un sémi-ton.... C'est en montant, *ut*, *ré*, *mi* bémol, *fa*, *sol*, *sol* dieze ; non, *la* bémol, *si* bémol, *ut*. Et en descendant, *ut*, *si* bémol, *la* bémol, *sol*, *fa*, *mi* bémol, *ré*, *ut*. Et vous allez voir comme je vous expédierai cette game.

LE MAÎTRE.

Doucement, doucement.... Comparons un peu la modulation majeure, avec la modulation mineure ; qui sçait si nous n'en déduirons pas quelque propriété générale qui nous servira ?

LE DISCIPLE.

J'écoute. Voici du nouveau.

LE MAÎTRE.

La tonique *ut*, la seconde *ré*, la quarte *fa*, la quinte *sol* & l'octave *ut* ne changent point dans les deux modulations. La tierce, la sixte & la septieme suivent seules la loi du mode auquel elles appartiennent. Ainsi dans la modulation majeure d'*ut*, la tierce est *mi* ; dans la modulation mineure, *mi* bémol. En majeur la sixte est *la* ; en mineur, *la* bémol. En majeur la septieme est *si* ; en mineur, *si* bémol ; c'est-à-dire, ces trois intervalles d'un sémi-ton plus grave en mineur qu'en majeur, tirez vous-même la conclusion.

LE DISCIPLE.

Je vous ai prévenu que j'étois un peu obtus ; & la preuve c'est que je ne conclus rien.

LE MAÎTRE.

Cependant il s'ensuit évidemment qu'il y a trois bémols de plus en mineur qu'en majeur.

LE DISCIPLE.

Sans exception ?

LE MAÎTRE.

Sans exception.

LE DISCIPLE.

Et s'il y a cinq bémols dans une modulation majeure, il y en aura huit dans la même modulation mineure ? Cela ne se peut, il n'y a que sept notes.

LE MAÎTRE.

Après ? Est-ce qu'une de ces notes ne peut pas être double bémol ?

LE DISCIPLE.

Un exemple, s'il vous plaît.

LE MAÎTRE.

En voici un fort simple. Vous conviendrez, je crois, qu'en majeur d'*ut* bémol, toutes les notes de l'octave ou game sont bémols.

LE DISCIPLE.

Sans doute ; car puisqu'on suppose la tonique *ut* baissée d'un sémi-ton ; il faut, pour que la game reste la même, que les six autres notes soient baissées d'un sémi-ton.

LE MAÎTRE.

Nous aurons donc en majeur d'*ut* bémol, sept bémols.

Ut

DE CLAVECIN.

Ut bémol, *ré* bémol, *mi* bémol, *fa* bémol, *sol* bémol, *la* bémol, *si* bémol, *ut* bémol. Et en mineur d'*ut* bémol ?

Le Disciple.

Vous avez raifon ; la tierce, la fixte & la feptieme feront double bémol.

Le Maître.

Donc ; *ut* bé, *ré* bé, *mi* bb , *fa* b , *fol* b , *la* bb , *fi* bb ; dix bémols.

Le Disciple.

Monfieur.

Le Maître.

Qu'eft-ce qu'il y a ?

Le Disciple.

Je crois que nous ferions bien de fermer le Clavecin , & d'en refter où nous en fommes.

Le Maître.

Pourquoi ?

Le Disciple.

C'eft que cet art excede de beaucoup l'étendue de mon efprit. Comment ? Si l'on me propofe de préluder en majeur d'*ut* double bémol, me voilà embarqué dans quatorze bémols ; & en mineur d'*ut* double bémol, dans dix-fept bémols ; quelle tête pourroit y fuffire ?

Le Maître.

La vôtre.

Le Disciple.

Vous lui faites trop d'honneur.

Le Maître.

Il y a un petit efcamotage, qui n'eft rien ; dont je vous inftruirai , quand il en fera tems , & qui vous débarraffera de tout ce fatras de diezes & de bémols. Vous pourriez le deviner.

Le Disciple.

J'entens paffablement ce qu'on me dit ; mais je ne devine rien.

Le Maître.

Continuons donc.

Le Disciple.

J'y confens ; mais vous me promettez....

E

LE MAÎTRE.

Oui, je vous promets, je vous jure tout ce qu'il vous plaira. Mais retenez que dans l'octave ou la game, la tierce, la sixte & la septieme sont majeures ou mineures ; & sçachez que la septieme en majeur s'appelle aussi *septieme superflue*, & en mineur, simplement *septieme*.

LE DISCIPLE.

Et qu'est-ce d'être majeur ou mineur ?

LE MAÎTRE.

De quoi parlez-vous ? Du ton ? Je vous l'ai dit. Des intervalles ? Un intervalle est majeur, lorsque dans une game, il a la même étendue que dans la modulation majeure d'*ut*; il est mineur, lorsqu'il a un sémi-ton de moins que dans la même game majeure d'*ut*.

LE DISCIPLE.

Et s'il avoit un sémi ton de plus, ou deux sémi tons de moins que dans cette modulation, comment l'appelleroit-on ?

LE MAÎTRE.

Et voilà les questions qui reviennent. Ainsi l'intervalle d'une tierce majeure est de deux tons, *ut mi* ; d'une tierce mineure, d'un ton & demi, *ut mi* bémol; d'une sixte majeure, de quatre tons & demi, *ut la* ; d'une sixte mineure, de trois tons & de deux sémi-tons, ou de quatre tons, *ut la* bémol ; d'une septieme majeure ou superflue, de cinq tons & demi, *ut si* ; d'une septieme mineure ou simple, de quatre tons & deux sémi-tons, ou cinq tons, *ut si* bémol. De la sensible à l'octave, il n'y a jamais qu'un sémi-ton. A présent, vous pouvez examiner seul la modulation mixte.

LE DISCIPLE.

D'abord il faut se la rappeller ; *mi, fa, sol, la, si, ut, ré, mi*. Un demi-ton, trois tons, un demi-ton, deux tons ; & en *ut*, *ut*, *ut* dieze.... Non, il ne faut pas nommer deux fois la même note dans le genre diatonique.... *Ut, ré* bémol, *mi* bémol, *fa, sol*.... Je vais d'abord jusqu'à la quinte ; là, je reprens haleine.... Ensuite, *la* bémol, *si* bémol, *ut*.... Et la game entiere, *ut, ré* bémol, *mi* bémol, *fa, sol, la* bémol, *si* bémol, *ut*, en montant ; *ut, si* bémol, *la* bémol, *sol, fa, mi* bémol, *ré* bémol, *ut*, en descendant.

DE CLAVECIN.

Le Maître.

Ainſi la tonique *ut*, la quarte *fa*, la quinte *ſol*, & l'octave *ut*, immuables en mixte, comme en majeur & en mineur. La tierce, la ſixte & la ſeptieme, comme en mineur ; la ſeconde ſeule, en ne s'éloignant de la tonique que d'un ſémi-ton, le caractériſe & le diſtingue du majeur & du mineur. La ſeconde en mixte, étant d'un ſémi-ton plus grave qu'en majeur & en mineur, concluez.

Le Disciple.

Que je conclue ? à tout hazard, je conclus que... une game , un ton, une modulation quelconque ayant trois bémols de plus en mineur qu'en majeur, la modulation mixte en aura quatre de plus qu'en majeur.

Le Maître.

C'eſt cela. Récapitulons. Vous ſçavez parcourir l'octave d'*ut* chromatique & ſon octave diatonique ſuivant les trois modes, majeur, mineur & mixte. La différence de ces trois manieres de moduler vous eſt connue. Les dénominations différentes des huit notes de la game vous ſont familieres. Il me reſte à vous parler des noms qu'on donne aux treize ſons de l'octave chromatique.

De ces treize ſons, il y en a huit de communs à l'échelle diatonique, & à celle-là ; & on les appelle de même.

Dans l'octave chromatique d'*ut*, le ſon qui eſt au-deſſus de la tonique ou le *ré* bémol, s'appelle *neuvieme diminuée*.

Le ſon qui eſt au-deſſus de la ſeconde *ré*, s'appelle *ſeconde ſuperflue*, s'il eſt pris pour *ré* dieze ; & *tierce mineure*, s'il eſt pris pour *mi* bémol.

Le ſon qui eſt au deſſus de la quarte, s'appelle *quarte ſuperflue* ou *triton*, s'il eſt pris pour *fa* dieze; & *fauſſe-quinte*, s'il eſt pris pour *ſol* bémol.

Le ſon qui eſt au-deſſus de la quinte, s'appelle *quinte ſuperflue*, s'il eſt pris pour *ſol* dieze ; & *ſixte mineure*, s'il eſt pris pour *la* bémol.

Le ſon qui eſt au-deſſus de la ſixte, s'appelle *ſixte ſuperflue*, s'il eſt pris pour *la* dieze ; & *ſeptieme*, s'il eſt pris pour *ſi* bémol.

La ſixte *la* ſe prend auſſi pour *ſi* double bémol; & alors ce ſon double bémol s'appelle *ſeptieme diminuée*.

Je vous ai dit comment on indiquoit par des chiffres les huit notes

E ij

de la game diatonique ; je vais vous dire à préfent.. ...

LE DISCIPLE.

Un moment, s'il vous plaît. Pourquoi le fon qui eft au-deffus de la tonique *ut*, qui peut être *ut* dieze ou *ré* bémol, n'a-t-il pas auffi deux noms ?

LE MAÎTRE.

Voilà une demande faite à propos, & qui fera répondue. En quelle octave fommes-nous ?

LE DISCIPLE.

En *ut*.

LE MAÎTRE.

Si cet *ut* pouvoit être dieze, nous n'y ferions plus ; donc il ne peut avoir deux dénominations.

LE DISCIPLE.

Cela eft jufte.

LE MAÎTRE.

Voici les caracteres & les chiffres dont on fe fert pour défigner les treize fons de la game chromatique.

Le premier fe défigne par un 1 ou par un 8 .... 1 ou 8.
Le fecond par un 9 barré .... 9̸.
Le troifieme par un 2 ou par un 9 .... 2 ou 9.
Le quatrieme {
  par un 2 fuivi d'un dieze .... 2✶
  par un 2 fuivi d'une croix .... 2+
  par un 3 3
  par un 3 précédé d'un bémol .... ♭3
  par un 3 précédé d'un béquarre .... ♮3
  par un bémol .... ♭
  par un béquarre .... ♮
}
Le cinquieme {
  par un 3 3
  par un 3 précédé d'un dieze .... ✶3
  par un dieze ....
}
Le fixieme par un 4 4
Le feptieme {
  par un 4 fuivi d'un dieze .... 4✶
  par un 4 fuivi d'une croix .... 4+
  par un 4 barré .... 4̸
  par un 5 barré .... 5̸
}

Le huitieme par un 5............................5

Le neuvieme
{
par un 5 suivi d'un dieze..............5✶
par un 5 suivi d'une croix............5+
par un 6............................6
par un 6 précédé d'un bémol............♭6
}

Le dixieme
{
par un 6............................6
par un 6 précédé d'un dieze............✶6
par un 6 précédé d'une croix............6
par un 7 barré.........................7̸
}

Le onzieme
{
par un 6 suivi dieze ....6✶
par un 6 suivi d'une croix............6+
par un 7............................7
par un 7 précédé d'un bémol............♭7
}

Le douzieme { par un 7 suivi d'un dieze.............7✶
par un 7 suivi d'une croix............7✚

Le treizieme par un 8............................8

LE DISCIPLE.
Quelle forêt de signes ! Quand me feront-ils familiers ?

LE MAÎTRE.
J'expose les difficultés ; c'est la pratique & le tems qui les levent. Tous les sons qui font avec la tonique des intervalles superflus sont suivis d'un dieze ou d'une croix; d'un dieze, s'ils sont en même tems notes diezes ; comme dans l'octave chromatique d'*ut*, la quinte superflue *sol* dieze ; d'une croix, s'ils sont notes naturelles ; comme la septieme superflue *si*, dans la même octave.

LE DISCIPLE.
Pourquoi tant de signes pour treize sons ? Treize n'auroient-ils pas été suffisans ?

LE MAÎTRE.
Non. Ce nombre qu'on pourroit à la vérité diminuer, est la suite nécessaire du double emploi d'un même son. Dans l'octave chromatique d'*ut*, le son qui est au-dessus de la quarte, peut être ou *fa* dieze ou *sol* bémol.

LEÇONS

LE DISCIPLE.

Qu'importe, puisque c'est la même touche de mon clavier, le même son.

LE MAÎTRE.

Il importe si fort que, selon le nom qu'on lui donne, il appartient à telle ou telle modulation, il dérive de telle ou telle harmonie; l'accord qu'il portera sera différent; il sera le conducteur à certaines routes, & que c'est à ce nom que je reconnoîtrai le Compositeur par principe & le Compositeur de routine: mais vous m'avez fait enfreindre un serment.

LE DISCIPLE.

Un serment!

LE MAÎTRE.

Oui; celui de ne jamais dire à mon Eleve ce qu'il n'est pas en état d'entendre. Avez-vous compris quelque chose à ce que je viens de vous répondre? Non? Il étoit donc inutile que je vous répondisse. Revenons à la raison des autres signes. Le quatrieme son de l'octave chromatique en a sept.

LE DISCIPLE.

Enrayons ici, de grace; ma pauvre tête se perd là-dedans. Je m'en tiendrai pour le moment à exécuter ces treize sons chromatiques, de la main droite; à moins que vous ne fussiez assez honnête pour m'en apprendre le doigter de la main gauche.

LE MAÎTRE.

Si j'ai cette complaisance, j'en exigerai une autre.

LE DISCIPLE.

Dites?

LE MAÎTRE.

C'est de faire avec moi une petite tournée dans les octaves de *la* & de *mi*.

LE DISCIPLE.

Volontiers.

LE MAÎTRE.

Remarquez que les notes de la modulation mineure en *la*, sont toutes naturelles, ainsi que celles de la modulation majeure en *ut*.

DE CLAVECIN.

Que les huit notes de la modulation mixte en *mi* sont aussi toutes naturelles.

Que cette qualité commune à ces trois modulations, les a fait appeller *relatives*.

Que la modulation mineure en *la* est d'un ton & demi, ou d'une tierce mineure plus grave que sa relative majeure *ut*.

Que la modulation mixte en *mi*, est de deux tons, ou d'une tierce majeure plus aiguë que sa relative majeure *ut*.

Que les relatives, mineure *la* & mixte *mi*, sont éloignées d'un intervalle de quinte; car *mi* est la dominante de *la*.

Que vous n'avez exécuté en *la*, que la modulation mineure, & que ce son a ses modulations majeure & mixte.

Le Disciple.

Je conçois; & ce sont ces deux dernieres modulations en *la* que vous me demandez; il est aisé de vous contenter.

En majeur d'*ut*, deux tons, un demi-ton, un ton; donc en majeur de *la*; *la*, *si*, *ut* dieze, *ré*, *mi*.

En majeur d'*ut*, depuis la quinte jusqu'à l'octave, deux tons & un sémi-ton. Donc, en majeur de *la*; *fa* dieze, *sol* dieze, *la*.

Et en montant, *la*, *si*, *ut* dieze, *ré*, *mi*, *fa* dieze, *sol* dieze, *la*.
En descendant, *la*, *sol* dieze, *fa* dieze, *mi*, *ré*, *ut* dieze, *si*, *la*.
Pas plus d'embarras pour la modulation mixte en *la*.
En montant, *la*, *si* bémol, *ut*, *ré*, *mi*, *fa*, *sol*, *la*.
En descendant, *la*, *sol*, *fa*, *mi*, *ré*, *ut*, *si* bémol, *la*.

Le Maître.

Et cela ne vous dit-il rien?

Le Disciple.

Attendez... Oui... Cela me dit que la modulation majeure a trois diezes de plus que la modulation mineure; cela est évident, puisque la tierce, la sixte & la septieme sont d'un demi-ton plus aiguës en majeur qu'en mineur.

Le Maître.

Bien vu.

Le Disciple.

Laissez-moi aller en *mi*; la modulation mineure en montant est, *mi*,

LEÇONS

fa dieze, *sol*, *la*, *si*, *ut*, *ré*, *mi*; en descendant, *mi*, *ré*, *ut*, *si*, *la*, *sol*, *fa* dieze, *mi*.

Sa game majeure est *mi*, *fa* dieze, *sol* dieze, *la*, *si*, *ut* dieze, *ré* dieze, *mi*, en montant; *mi*, *ré* dieze, *ut* dieze, *si*, *la*, *sol* dieze, *fa* dieze, *mi*, en descendant.

Donc, la modulation mineure a un dieze de plus que la mixte.

LE MAÎTRE.

Donc, la mixte enchérit sur la mineure en bémols, & la mineure en diezes sur la mixte. Donc, si la modulation majeure a un bémol, la mineure du même son en aura quatre, & la mixte cinq.

LE DISCIPLE.

Donc, si la modulation mixte a un dieze, la modulation mineure du même son en aura deux, & la majeure cinq. Qu'en dites-vous?

LE MAÎTRE.

Que vous vous arrêtez tout court, ou que vous galoppez. Puisque vous voilà parti, faites-moi la modulation majeure de *sol*.

LE DISCIPLE.

Sol, *la*, *si*, *ut*, *ré*, *mi*, *fa* dieze, *sol*, en montant.
Sol, *fa* dieze, *mi*, *ré*, *ut*, *si*, *la*, *sol*, en descendant.
J'aime cette modulation: elle n'a qu'un dieze, qu'une touche blanche.

LE MAÎTRE.

Et qu'aura-t-elle en mineur, cette modulation qui vous plaît? Des diezes? Des bémols? Et combien?

LE DISCIPLE.

Attendez, il faut que je raisonne.... Toute modulation mineure a trois bémols de plus que la majeure du même nom.... Ces trois bémols tombent sur la tierce, la sixte & la septieme.... Il s'agit de *sol*... La tierce *si* sera bémol, la sixte *mi* sera bémol, la septieme *fa* sera bémol... Mais en majeur, ce *fa* est dieze... Le bémol détruira le dieze. Le *fa* deviendra naturel; & en *sol* mineur, il y aura deux bémols; donc en *sol* mixte, trois.

LE MAÎTRE.

Grand Logicien!

DE CLAVECIN.
Le Disciple.

Ne plaifantez pas ; je vous affure que ces combinaifons-là ont leur difficulté. Sept notes naturelles, fept notes diezes, fept notes bémols ; & trois modes.

Le Maître.

Et la modulation mineure, la modulation mixte relatives à la majeure de *fol*, quelles font-elles ?

Le Disciple.

Nous fçavons que la mineure eft d'une tierce mineure plus grave que la majeure ; donc la modulation mineure relative de la majeure de *fol* eft celle de *mi*, qui n'aura qu'un dieze, non plus que la majeure de *fol* : nous fçavons que la mixte relative eft d'une tierce majeure plus aiguë que la majeure ; donc cette mixte fera *f*. En vérité, je prends courage.

Le Maître.

Jufqu'à la premiere difficulté qui fe préfentera.

Le Disciple.

Déja je connois trois modulations relatives naturelles ; trois modulations relatives avec un dieze ; je parcours l'octave d'*ut* diatoniquement fuivant les trois modes ; je fuis fublime dans les octaves de *la*, de *fol* & de *fi* ; je me tire des modulations majeure & mixte ; ce que j'exécute dans quelques octaves, je puis l'exécuter en toutes. Je ne parle pas de l'octave chromatique d'*ut* ; vous en penferez de mon caractere, ce qu'il vous plaira, mais j'ai pris en dédain un genre hériffé de noms & de fignes. Par quelle octave voulez-vous à préfent que je pourfuive mes excurfions diatoniques ?

Le Maître.

Voilà une belle ardeur dont il faut fe preffer de profiter.

Le Disciple.

Se preffer n'eft pas obligeant.

Le Maître.

Ne vous fâchez pas d'une plaifanterie qui fera fuivie d'un fervice important. Soyez foulagé du mode mixte.

Le Disciple.

Ha, ce pauvre mode mixte !

F

LE MAÎTRE.

Oui, je le fupprime; & pour que le mode mineur n'ait rien de commun avec ce monftre moderne, je donne une note fenfible au premier.... Mais férieufement, eft-ce que vous boudez?

LE DISCIPLE.

Et mon tems, & ma peine....

LE MAÎTRE.

Et la mienne que je ne regrette pas? Comment, vous vous révoltez contre le genre chromatique, & vous ne pouvez fouffrir que je faffe main-baffe fur le mode mixte!

LE DISCIPLE.

La modulation mineure de *la* fera donc en montant, *la*, *fi*, *ut*, *ré*, *mi*, *fa*, *fol* dieze, *la*; & en defcendant?

LE MAÎTRE.

Tous les fons naturels, & vous direz, *la*, *fol*, *fa*, *mi*, *ré*, *ut*, *fi*, *la*.

LE DISCIPLE.

Cette marche du mineur en montant, eft-elle bien felon la loi du genre diatonique? Au lieu d'aller par tons & fémi-tons, fauter à la fenfible par un ton & demi; cela eft fingulier. Et la raifon de cette fingularité?

LE MAÎTRE.

La meilleure que je fçache, c'eft que l'organe s'en accommode, & qu'il y a quelque principe Phyfique de fon indulgence qu'on découvrira peut-être un jour. Le croyez-vous plus fecret que celui de l'intonnation naturelle de la quinte, de la tierce & de la quarte de l'octave?

LE DISCIPLE.

Vous m'avez déja dit quelque chofe de cette prédilection de la voix; mais je ne m'en rapelle plus rien; un mot feulement qui me remette fur la voie.

LE MAÎTRE.

Tout corps fonore, outre fon propre fon, en fait encore réfonner fenfiblement deux autres plus aigus, l'un à la quinte au-deffus de fon octave; l'autre à la tierce majeure au-deffus de fa double octave.

DE CLAVECIN.

LE DISCIPLE.

Qu'on appelle ses harmoniques.

LE MAÎTRE.

Le premier fait une douzieme, & l'autre une dix-septieme avec le corps sonore.

LE DISCIPLE.

Quoi, quand je touche le second *ut* de mon clavier, le quatriéme *sol* & le quatrieme *mi* résonnent?

LE MAÎTRE.

Et en rapprochant ces deux sons de leur générateur, en les prenant au grave, on a la quinte & la tierce, deux sons que la tonique détermine & qui préoccupent presqu'en naissant nos oreilles.

Le même *ut* fait frémir sa quinte au grave, & cette quinte prise à l'aigu & rapprochée du générateur, est la quarte *fa*.

Ainsi dans ce cortege de sons que la nature associe à la résonnance de tout corps, & qui l'accompagnent à plus ou moins de distance....

LE DISCIPLE.

Les plus familiers pour l'oreille & les plus faciles pour la voix sont l'octave *ut ut*, la quinte *ut sol*, la tierce *ut mi*, la quarte *ut fa*.

LE MAÎTRE.

D'où il s'ensuit que toutes les notes naturelles, *ut*, *ré*, *mi*, *fa*, *sol*, *la*, excepté *si*, produisent pour leurs quintes des notes naturelles.

LE DISCIPLE.

Pourvu que cela soit aussi vrai que facile à entendre. La quinte de *si* est le *fa* dieze.

LE MAÎTRE.

Que toutes les notes naturelles, excepté le *fa*, ont aussi des notes naturelles pour quarte.

LE DISCIPLE.

En effet la quarte de *fa* est le *si* bémol.

LE MAÎTRE.

Que le *fa* dieze a pour quinte l'*ut* dieze.

F ij

Que l'*ut* dieze a pour quinte le *sol* dieze.

Le *sol* dieze pour quinte le *ré* dieze.

Le *ré* dieze pour quinte le *la* dieze.

Le *la* dieze pour quinte le *mi* dieze.

Le *mi* dieze pour quinte le *si* dieze.

Le *si* dieze pour quinte le *fa* double dieze.

Que l'*ut* dieze suppose le *fa* dieze dans une modulation quelconque.

Le Disciple.

Que le *sol* dieze y suppose le *fa* & l'*ut* diezes.

Que le *ré* dieze y suppose le *fa*, l'*ut* & le *sol* diezes.

Que le *la* dieze y suppose le *fa*, l'*ut*, le *sol* & le *ré* diezes.

Que le *mi* dieze y suppose le *fa*, l'*ut* le *sol*, le *ré* & le *la* diezes.

Que le *si* dieze y suppose le *fa*, l'*ut*, le *sol*, le *ré*, le *la* & le *mi* diezes, & ainsi de suite.

Le Maître.

Donc, s'il n'y a qu'un dieze dans une modulation, il doit être sur le *fa*.

S'il y en a deux, ils seront sur le *fa* & l'*ut*.

S'il y en a trois, ils seront sur le *fa*, l'*ut* & le *sol*.

S'il y en a quatre, ils seront sur le *fa*, l'*ut*, le *sol* & le *ré*.

S'il y en a cinq, ils seront sur le *fa*, l'*ut*, le *sol*, le *ré* & le *la*.

Le Disciple.

S'il y en a six, ils seront sur le *fa*, l'*ut*, le *sol*, le *ré*, le *la* & le *mi*; & ainsi de suite; & même raisonnement sur les bémols. Les diezes s'engendrent en montant de quinte en quinte, & les bémols en montant de quarte en quarte.

Le Maître.

Et comment cela?

Le Disciple.

Comment?.... Un peu de patience.

Le *fa* a pour quarte en montant ou pour quinte en descendant le *si* bémol.

Le *si* bémol pour quarte le *mi* bémol.

Le *mi* bémol pour quarte le *la* bémol.

Le *la* bémol pour quarte le *ré* bémol.

Le *ré* bémol pour quarte le *sol* bémol.

Le *sol* bémol pour quarte l'*ut* bémol, & cætera.

Donc, dans une modulation quelconque, le *mi* bémol suppose le *si* bémol.

Le *la* bémol y suppose le *si* & le *mi* bémols.

Le *ré* bémol y suppose le *si*, le *mi* & le *la* bémols.

Le *sol* bémol y suppose le *si*, le *mi*, le *la* & le *ré* bémols.

L'*ut* bémol y suppose le *si*, le *mi*, le *la*, le *ré* & le *sol* bémols.

Le *fa* bémol y suppose le *si*, le *mi*, le *la*, le *ré*, le *sol* & l'*ut* bémols, & cætera.

Donc, toutes les notes de l'octave sont bémols en *ut* bémol.

Donc, s'il n'y a dans une modulation qu'un bémol, c'est le *si*.

S'il y en a deux, ce sont le *si* & le *mi*.

S'il y en a trois, ce sont le *si*, le *mi* & le *la*.

S'il y en a quatre, ce sont le *si*, le *mi*, le *la* & le *ré*.

S'il y en a cinq, ce sont le *si*, le *mi*, le *la*, le *ré* & le *sol*.

S'il y en a six, ce sont le *si*, le *mi*, le *la*, le *ré*, le *sol* & l'*ut*.

S'il y en a sept, ce sont le *si*, le *mi*, le *la*, le *ré*, le *sol*, l'*ut* & le *fa*.

Ce qui me ramene à la premiere conclusion que j'avois tirée sur l'octave ou game de *fa*.

LE MAÎTRE.

Bravo, bravissimo.

LE DISCIPLE.

Il n'y a pas tant à se récrier sur ma pénétration; je n'ai fait que répéter mot pour mot sur les bémols, ce que vous avez dit sur les dièzes.

LE MAÎTRE.

Voici donc l'ordre des notes naturelles. *Ut*, *ré*, *mi*, *fa*, *sol*, *la*, *si*.

L'ordre nécessaire des dièzes, selon moi. *Fa*, *ut*, *sol*, *ré*, *la*, *mi*, *si*.

L'ordre nécessaire des bémols, selon vous. *Si*, *mi*, *la*, *ré*, *sol*, *ut*, *fa*.

D'où vous voyez que l'ordre des dièzes est l'inverse des bémols, & que le dernier dièze est le premier bémol, & le premier dièze le dernier bémol.... A quoi rêvez-vous?.... Vous ne m'écoutez pas.

LE DISCIPLE.

Je calcule.... Sept notes naturelles.... Sept notes dièzes.... Sept notes bémols.... De bon compte vingt-un sons; & l'octave chromatique qui renferme tous les sons, n'en a que treize, même en y comprenant les deux unissons. Comment accordez-vous cela ?

LE MAÎTRE.

Vous avez donc oublié que le *ré* dieze & le *mi* bémol...

LE DISCIPLE.

Je suis un imbécile.... Je trouve que nous avons beaucoup dit & peu exercé. Quelle est la modulation majeure de sept bémols ?

LE MAÎTRE.

Combien y a-t-il de notes dans une game ?

LE DISCIPLE.

Sept.

LE MAÎTRE.

Toutes les notes en majeur d'*ut* ne sont-elles pas naturelles ?

LE DISCIPLE.

Toujours un imbécile. C'est le majeur d'*ut* bémol.... Voyons comment je m'en démêlerai.... Cette modulation est commode; point d'intervalles à combiner.... Tout est bémol.... *Ut* bémol, *ré* bémol, *mi* bémol, *fa* bémol.... Mais c'est, je crois, la même chose que la modulation majeure de *fi*.... Oui... Mais en majeur de *fi*, il y a cinq diezes... Ne me seroit-il pas plus aisé de jouer avec cinq diezes qu'avec sept bémols ?

LE MAÎTRE.

Et vous laisseriez là vos chers bémols ?

LE DISCIPLE.

Je prens mes aises où je les trouve.

LE MAÎTRE.

Voudriez-vous me chercher la modulation majeure en *ut* dieze ?

LE DISCIPLE.

Belle difficulté ! toutes notes naturelles en *ut*; toutes diezes en *ut* dieze.

LE MAÎTRE.

Puisque vous dédaignez les choses faciles, dites-moi la modulation majeure en *ré* bémol.

DE CLAVECIN.

LE DISCIPLE.

Deux tons, un sémi-ton, un ton.. *Ré* bémol, *mi* bémol, *fa*, *sol* bémol, *la* bémol... En voici bien d'une autre ; ce sont les mêmes touches qu'en majeur d'*ut* dieze.

LE MAÎTRE.

Et vous voilà revenu avec vos bons amis les bémols ; car il y a sept diezes en majeur d'*ut* dieze, & il n'y a que cinq bémols en majeur de *ré* bémol.

LE DISCIPLE.

Vous vous jouez de mon ignorance.

LE MAÎTRE.

Nous nous amusons l'un & l'autre. Nous trompons par un peu de gaieté la sécheresse de la matiere. Mais puisque nous en sommes sur les diezes & les bémols, ne ferions-nous pas bien de les couler à fond ?

Dans la succession nécessaire des diezes *fa*, *ut*, *sol*, *ré*, *la*, *mi*, *si*, ne voyez-vous pas que le dernier est toujours note sensible, en majeur ?

LE DISCIPLE.

Pas trop.

LE MAÎTRE.

Quel est l'intervalle de la sensible à l'octave ?

LE DISCIPLE.

Un sémi-ton.

LE MAÎTRE.

Donc, en *sol*, c'est *fa* dieze ; en *ré*, c'est *ut* dieze.

LE DISCIPLE.

J'y suis. En *sol*, c'est le *fa* dieze, & il est seul : mais en *ré*, c'est l'*ut* dieze avec le *fa* dieze ; en *la*, c'est le *sol* dieze avec le *fa* dieze & l'*ut* dieze... Voilà sur les diezes une belle propriété ! pourquoi ne me l'avoir pas indiquée tout de suite ? Vous m'eussiez épargné bien de la peine, que je me suis donnée à les chercher.

LE MAÎTRE.

Et vous eussiez ignoré bien des choses que vous avez apprises en les trouvant.

LE DISCIPLE.

Hélas, je ne sçais rien, & le mois s'écoulera sans avoir eu la douceur de jouer un malheureux petit air.

LE MAÎTRE.

C'eſt votre faute, c'eſt la faute de votre ami; nous allions débuter par l'air, *Je n'en ſçais rien.* Je vous ſolfiois la belle Allemande qui vous plaît; lorſque tout-à coup vous faites des queſtions, il vous faut des principes, vous courez après l'érudition muſicale, vous vous livrez à toutes ſortes d'écarts; & nous arrivons où nous en ſommes, au lieu d'aller où vous vouliez.

LE DISCIPLE.

Malgré votre haine pour les queſtionneurs & les queſtions, il faut pourtant que je vous demande, ſi le dernier dieze eſt auſſi la ſenſible en modulation mineure.

LE MAÎTRE.

Non. Vous voyez bien qu'en mineur de *mi*, *fa* dieze, le premier des diezes eſt la ſeconde de cette octave.

LE DISCIPLE.

C'eſt peut-être le dernier bémol.

LE MAÎTRE.

Et pourquoi?

LE DISCIPLE.

Pourquoi? Parce que les bémols vont au rebour des diezes.

LE MAÎTRE.

Méfiez vous de ces analogies-là; & en général de toute analogie. Quel eſt le ſeptieme bémol dans la ſucceſſion des bémols?

LE DISCIPLE.

Fa bémol.

LE MAÎTRE.

Quelle eſt la modulation de ſept bémols.

LE DISCIPLE.

Ut bémol.

LE MAÎTRE.

Donc, le dernier bémol eſt quarte de la game.

LE DISCIPLE.

Mais en *ſol* mineur; je ſçais qu'il y a deux bémols, dont le dernier eſt *mi*, qui n'eſt pas la quarte de *ſol*; donc, votre regle n'eſt pas générale.

DE CLAVECIN.
LE MAÎTRE.

Vous parlez du mineur, & moi je parle du majeur; & ce *mi*, qu'est-il dans la game de *sol* ?

LE DISCIPLE.

Sixte.

LE MAÎTRE.

Concluez donc que le dernier bémol est quarte en majeur, & sixte en mineur, & non la note sensible.

Dites-moi à présent quelle est la modulation majeure d'un bémol ?

LE DISCIPLE.

Puisqu'il n'y a qu'un bémol, ce bémol est *si*. Ce *si* est la quarte de la game. Donc la modulation est la majeure de *fa*.

LE MAÎTRE.

Vous voyez....

LE DISCIPLE.

Ce que je veux voir à présent, c'est si tous vos principes s'accordent. Un seul bémol *si*; modulation en majeur de *fa*.... Mais la modulation mineure a trois bémols de plus que la majeure, vous me l'avez dit. Donc en mineur de *fa*, quatre bémols, *si*, *mi*, *la*, *ré*... Mais le dernier est la sixte, vous venez de me le dire... Le dernier est *ré*: en effet, sixte de *fa*.... Tout tient, vous pouvez continuer.

LE MAÎTRE.

Vous voyez que la modulation majeure d'*ut* a toutes ses notes naturelles ; que la modulation majeure de sa quinte *sol* a un dieze ; & que la modulation majeure de sa quarte *fa* a un bémol. Concluez.

LE DISCIPLE.

Je conclus à jouer, soit en *ut*, parce que le naturel me plaît, soit en *fa*, parce que j'aime le bémol.

LE MAÎTRE.

Et moi, qu'en général si vous passez de la modulation d'un son, à la modulation de sa quinte, vous aurez un dieze de plus, & à la modulation de sa quarte, un bémol deplus.

LE DISCIPLE.

Comme il vous plaira ; mais je n'y vois plus rien..... Je mens ; je vois que votre conclusion est juste. Je sçais qu'en majeur de *la*, il y a trois

G

diezes, & qu'en majeur de *mi*, quinte de *la*, il y en a quatre. Donc, en majeur de *si* quinte de *mi*, il y en aura cinq ; en majeur de *fa* dieze, quinte de *si*, il y en aura six; en majeur d'*ut* dieze, quinte de *fa* dieze, il y en aura sept ; ce qui est évident ; & ce qui ne l'est pas moins, c'est que le *si* dieze sera la note sensible, de même que dans la modulation majeure de six diezes, ou de *fa* dieze, le *mi* dieze sera pareillement la note sensible.

LE MAÎTRE.

Et la modulation majeure de six bémols ?

LE DISCIPLE.

Succession des bémols, *si*, *mi*, *la*, *ré*, *sol*, *ut*. . . . Le dernier *ut* est la quarte. . . . Donc la modulation majeure de six bémols est *sol* & *sol* bémol. . . . Rien à gagner.

LE MAÎTRE.

Que dites-vous ?

LE DISCIPLE.

Que le *fa* dieze peut être pris pour le *sol* bémol, ou le *sol* bémol pour le *fa* dieze ; mais qu'il y a six diezes d'un côté, & six bémols de l'autre.

LE MAÎTRE.

Je prens cette tonique pour *fa* dieze, lorsque j'y suis conduit par des diezes ; pour *sol* bémol, lorsque j'y arrive par des bémols ; & vous serez de mon avis dans la suite. A présent, écoutez.

LE DISCIPLE.

Si je puis.

LE MAÎTRE.

La modulation majeure de *fa* dieze a six diezes, & la modulation majeure de *sol* bémol a six bémols ; six & six font douze.

La modulation majeure d'*ut* dieze a sept diezes, & la modulation majeure de *ré* bémol a cinq bémols. Sept & cinq font douze.

La modulation mineure de *sol* dieze a cinq diezes, & la modulation mineure de *la* bémol a sept bémols. Cinq & sept font douze.

Donc toujours douze pour la somme des diezes & des bémols de deux modulations majeures ou mineures, qui ont l'une & l'autre pour tonique la même touche, sous deux noms différents.

DE CLAVECIN.

LE DISCIPLE.

Je m'en réjouis pour le nombre douze. Mais je suis tellement excédé de diezes & de bémols, que je n'aurois pas la force d'exécuter une game, pas même le courage de vous demander un air.

LE MAÎTRE.

Je ne vous ai cependant entretenu que de sept diezes & sept bémols.

LE DISCIPLE.

Est-ce qu'il y en a davantage ?

LE MAÎTRE.

Mais le *fa*, l'*ut* & le *sol* deviennent souvent double diezes; & le *si*, le *mi* & le *la*, double bémols.

LE DISCIPLE.

Et vous espérez m'engager dans ces doubles-là ?

LE MAÎTRE.

Non, ce sera pour une autre fois; mais il y a une belle propriété du nombre sept, & très-analogue à celle du nombre douze.

LE DISCIPLE.

Je m'en moque.

LE MAÎTRE.

Celle du nombre douze est relative à deux modulations majeures, ou à deux modulations mineures, prises dans une même octave....

LE DISCIPLE.

Je n'écoute plus.

LE MAÎTRE.

Celle du nombre sept est relative à deux modulations majeures, ou à deux mineures, prises dans deux octaves éloignées l'une de l'autre d'un demi-ton.

LE DISCIPLE.

Je n'entens plus. Je suis sourd.

LE MAÎTRE.

La somme des diezes & des bémols de ces deux modulations, est toujours sept.

LE DISCIPLE.

Sept ?

G ij

LEÇONS

LE MAÎTRE.

Oui sept.

LE DISCIPLE.

Malgré ma lassitude, vous m'entraînez.

En majeur de *fa*, un bémol ; en majeur de *fa* dieze, six diezes. Six & un font sept.

En majeur de *sol*, un dieze ; en majeur de *sol* bémol, six bémols. Six & un font sept.

En majeur de *la* bémol, quatre bémols ; en majeur de *la*, trois diezes. quatre & trois font sept.

En majeur de *mi* bémol, trois bémols ; en majeur de *mi*, quatre diezes. Trois & quatre font sept.

En majeur de *si* bémol, deux bémols ; en majeur de *si*, cinq diezes. Deux & cinq font sept.

.... Toujours sept.... Non, cela n'est pas vrai ; car en majeur de *sol* un dieze ; & en majeur de *sol* dieze, huit diezes, à cause du *fa* double dieze. Huit & un font neuf.

LE MAÎTRE.

Oui, neuf diezes. Mais vous ai-je dit qu'il falloit prendre la somme des diezes ou des bémols des deux modulations, ou la somme de leurs diezes & de leurs bémols ? Si l'une donne des diezes, ne faut-il pas, selon ma regle, que l'autre donne des bémols ? Votre exemple la laisse donc intacte.

LE DISCIPLE.

Il est vrai. C'est que je n'y suis plus. Ça, finissons. Parlez-moi du beau-tems, de la pluie. ... Je crois que les saisons sont dérangées ; il y a dix ans qu'on n'a vu de printems ; & les étés, on ne sçait ce qu'ils sont devenus... Ha, qu'est-ce que ce bruit aigu ?

LE MAÎTRE.

Ce n'est rien. C'est une corde de votre instrument qui vient de se casser ; c'est l'effet de l'atmosphere qui relâche ou tend les cordes.

LE DISCIPLE.

Et il en arrive....

LE MAÎTRE.

Qu'elles se prêtent à cette tension, & rendent un son plus aigu, ou qu'elles s'y refusent & se cassent. Dans les tems secs & froids, elles se tendent & rendent un son plus aigu ; au contraire, dans les tems chauds, humides & pluvieux, elles se relâchent, & rendent un son plus grave.

LE DISCIPLE.

Et cette tension, ce relâchement se fait-il proportionnellement sur toutes les cordes?

LE MAÎTRE.

Nullement.

LE DISCIPLE.

Mon instrument n'est donc jamais d'accord, les cordes étant soumises à la loi de l'atmosphere qui est dans une vicissitude continuelle?

LE MAÎTRE.

Non, à la rigueur. Il y a des instrumens qui tiennent bien l'accord ; il y en a d'autres où la caisse travaille sans cesse & qui le perdent facilement. Dans tous, les vieilles cordes sont moins sujettes à se tendre & à se relâcher que les neuves.

LE DISCIPLE.

Quelle multitude de cordes, grosses, petites, longues & courtes ! Il y en a.... ma foi, je n'en sçais rien ; & moins encore la raison de leurs effets.

LE MAÎTRE.

Elle est toute simple. Si l'on pince une corde tendue, elle rend un son ; plus elle est grosse ou longue, plus le son est grave ; plus elle est courte & menue, plus le son est aigu.

LE DISCIPLE.

Mais il ne s'agit pas seulement de la faire résonner grave ou aigu ; il faut qu'elle résonne à un certain intervalle, soit au grave, soit à l'aigu, d'une autre corde ; & comment en obtenir cet intervalle?

LE MAÎTRE.

L'art & l'oreille ont résolu ce problème. Ayez une corde tendue qui rende, par exemple le son *ut* ; coupez-la par la moitié ; & cette moitié rendra encore un *ut*, mais à l'octave aigue du premier.

Prenez les deux tiers de la même corde entiere ; ces deux tiers rendront la quinte aigue.

Prenez les quatre cinquiemes ; & ces quatre cinquiemes rendront a tierce majeure.

Ainſi de diviſions en diviſions, vous formerez tous les ſons de l'octave à l'aide d'un Monocorde, ou d'une ſeule longue corde tendue entre deux chevalets fixes, ſous laquelle vous promenerez à votre gré un chevalet mobile.

Le Disciple.

Et voilà le principe de la conſtruction de tous les inſtrumens connus. Je ne ſerois pas fâché d'en trouver un nouveau.

Le Maître.

Moi, je m'en ſoucierois aſſez peu ; il y en a déja tant & de ſi parfaits.

Le Disciple.

J'en voudrois du moins connoître l'étendue, comme je connois celle de mon Clavecin.

Le Maître.

Vous connoiſſez donc bien votre Clavecin ?

Le Disciple.

Je le crois.

Le Maître.

De combien de cordes eſt-il monté ?

Le Disciple.

Soixante-un ſons ; ſoixante-une touches ; donc ſoixante-une cordes.

Le Maître.

Belle conſéquence ! Votre Clavecin a cent quatre-vingt-trois cordes, dont on n'obtient que ſoixante-un ſons ; & le Violon n'a que quatre cordes dont on tire près de cinquante ſons chromatiques. Levez la barre qui couvre les ſautereaux, & voyez.

Le Disciple.

Le Clavecin eſt une machine plus compliquée que je ne penſois. On a fait de la muſique long-tems avant la découverte de cet inſtrument ?

Le Maître.

Aſſurément. Les premiers inſtrumens étoient ſimples & de peu d'étendue. Chez les anciens Grecs, la Lyre de Mercure n'avoit que quatre cordes qui rendoient les ſons de l'octave qui correspondent à *ſi, mi, la, mi*. L'octave des Chinois eſt de deux ſons plus riche... Je crois que vous avez quelque choſe à me dire ?

DE CLAVECIN.

Le Disciple.

Je veux vous dire que je vous prens en défaut à mon tour. Et parce que les anciens Grecs n'avoient à leur Lyre que les quatre cordes, *si*, *mi*, *la*, *mi* ; donc ils n'en tiroient que ces trois sons. Belle conséquence !

Le Maître.

C'est un fait. Leur game n'étoit pas encore formée.

Le Disciple.

Tremblez.

Le Maître.

De quoi ?

Le Disciple.

De la foule de questions qui me viennent : mais je ne veux pas vous arrêter. Quelles sont les six cordes des Chinois ?

Le Maître.

Elles répondent à nos six sons, *si*, *mi*, *la*, *ré*, *sol*, *si*.

Les Grecs continuerent à perfectionner leur octave, & eurent un Eptacorde, ou instrument à sept cordes, dont les sons étoient correspondans aux sons de notre game *si*, *mi*, *la*, *ré*, *sol*, *ut*, *si* ; puis un Octocorde dont les cordes résonnerent nos sons *si*, *mi*, *la*, *ré*, *sol*, *ut*, *fa*, *si*. Enfin le célebre, le grand, le fameux Pithagore composa son Systême qui comprit les sons suivans de notre game, *si*, *mi*, *la*, *ré*, *sol*, *ut*, *fa*, *si* bémol, *si*.

Les cordes de la Lyre de Mercure, étoient dans cet ordre *mi*, *la*, *si*, *mi*.
Les cordes de l'Eptacorde, dans l'ordre *mi*, *sol*, *la*, *si*, *ut*, *ré*, *mi*.
Les cordes de l'Octocorde, dans l'ordre *mi*, *fa*, *sol*, *la*, *si*, *ut*, *ré*, *mi*.
Les cordes du Systême de Pithagore, dans l'ordre qui suit : *La*, *si*, *ut*, *ré*, *mi*, *fa*, *sol*, *la*, *si* bémol, *si*, *ut*, *ré*, *mi*, *fa*, *sol*, *la*.

Les cordes de l'instrument des Chinois, dans l'ordre *mi*, *sol*, *la*, *si*, *ré*, *mi*.

Le Disciple.

Pourquoi les Grecs laisserent-ils à Pithagore l'honneur d'introduire dans l'octave le *si* bémol ? car l'art & l'oreille le leur inspiroient, l'art qui procédoit par quinte tant en montant, qu'en descendant. Cette fausse-quinte *si fa*, ou ce triton *fa si* de l'Octocorde m'interloque ;

car leur oreille frappée des harmoniques du corps sonore devoient se porter naturellement au *si* bémol.

LE MAÎTRE.

Vous avez raison ; mais je n'en sçais pas assez pour vous expliquer cette bizarrerie.

LE DISCIPLE.

Et les autres bémols qui compléterent l'octave chromatique, *mi* bémol, *la* bémol, *ré* bémol, *sol* bémol, quand les trouva-t-on ?

LE MAÎTRE.

Je l'ignore. Le sçavant Abbé Roussier prétend que la découverte en est très-ancienne, & que le grand Système de Pithagore & celui des Chinois dont les cordes sont bémols, formant ensemble l'octave chromatique complette, il y a toute apparence que cette octave existoit chez quelque peuple que les Grecs & les Chinois, ignorans & fripons, ont dépouillé ; chacun emportant une piece de la richesse étrangere dans son pays. Quoi qu'il en soit, on voit d'un coup d'œil les échelons de ces différentes games se multiplier dans l'ordre des quintes, *si, mi, la, ré, sol, ut, fa, si♭, mi♭, la♭, ré♭, sol♭*.

LE DISCIPLE.

Ce qui inclineroit à penser qu'en effet les premiers hommes ont été entraînés par le plus sensible des harmoniques du corps sonore, à procéder de cette maniere.

LE MAÎTRE.

Cela se peut.

LE DISCIPLE.

Pithagore chez les Grecs, ou un autre chez les Egyptiens ou ailleurs, à l'aide d'un grand Monocorde, aura tâtonné d'oreille jusqu'à ce qu'il ait eu un son à la quinte de la corde entiere ; puis comparant la longueur qui résonnoit la quinte, avec la longueur de la corde entiere, il aura vu, comme vous me l'avez dit, que l'une étoit les deux tiers de l'autre ; il aura fait sur ces deux tiers, ce qu'il avoit fait sur la corde entiere, & il aura eu la quinte de ces deux tiers, & ainsi de suite. Prenant donc la corde entiere pour *fa*, & la divisant par deux tiers, & par tiers de deux tiers, il aura trouvé :

Fa, ut, sol, ré, la, mi, si, fa ✳, ut ✳, sol ✳, ré ✳, la ✳, mi ✳, si ✳, fa ✳✳.

DE CLAVECIN.

LE MAÎTRE.

Et en continuant, une longue suite de sons qui, rapprochés, se succédoient par des degrés imperceptibles, un genre enharmonique, qui a existé du moins dans la théorie ; quand vous auriez lu l'Histoire de la Musique, vous n'auriez pas mieux dit. Il ne vous restoit plus qu'une chose à appercevoir.

LE DISCIPLE.

Quelle est-elle ?

LE MAÎTRE.

Cela nous menera loin.

LE DISCIPLE.

N'importe. J'aime l'érudition, & j'ai la tête fraîche pour tout ce qu'il vous plaira, exceptez les diezes & les bémols.

LE MAÎTRE.

Quel est le rapport de la corde entiere avec sa portion qui rendroit la tierce majeure ?

LE DISCIPLE.

C'est, je crois, ses quatre cinquiemes.

LE MAÎTRE.

Comment vous y prendriez-vous pour avoir l'octave d'un son ?

LE DISCIPLE.

Son octave grave ? ou son octave aiguë ? Je couperois la corde par moitié pour celle-ci ; je doublerois sa longueur pour celle-là.

LE MAÎTRE.

Fort bien. Soit la corde entiere *ut*. Les quatre cinquiemes de cette corde résonneront *mi* ; les deux cinquiemes encore *mi* ; son cinquieme, encore *mi* ; son dixieme, encore *mi* ; son vingtieme, encore *mi* ; son quarantieme, encore *mi* ; & son quatre-vingtieme, encore *mi*. M'avez-vous compris ?

LE DISCIPLE.

A merveilles ; & tous ces *mi* seront à l'octave aiguë les uns des autres.

LE MAÎTRE.

Me permettez-vous une autre question ?

LE DISCIPLE.

Oui ; que je puisse y répondre ou non.

LEÇONS

LE MAÎTRE.

Quelle est la portion d'une corde *ut*, qui résonneroit sa quinte *sol* ?

LE DISCIPLE.

Les deux tiers.

LE MAÎTRE.

Et que résonnera la moitié de ces deux tiers, ou le tiers ?

LE DISCIPLE.

Il résonnera *sol* ; & le tiers de ce tiers, *ré* ; & le tiers de ce neuvieme, ou le vingt-septieme, *la*, & le tiers de ce vingt-septieme, ou le quatre-vingt-unieme, *mi* ; & le tiers de ce quatre-vingt-unieme....

LE MAÎTRE.

Halte-là. Quoi ! rien ne vous choque dans tout cela ?

LE DISCIPLE.

Non.

LE MAÎTRE.

En procédant par le rapport de la corde entiere à sa tierce majeure...

LE DISCIPLE.

Je vois, je vois ; j'y suis ; j'ai trouvé que son quatre-vingtieme sonneroit un *mi* ; & en procédant par le rapport de la même corde entiere à sa quinte, j'ai trouvé que le son *mi* seroit le produit de son quatre-vingt-unieme. Hé bien, sçavez-vous ce qu'il s'ensuit ?

LE MAÎTRE.

Qu'à votre avis, il y a une des deux regles fausse ; ce qui n'est pas.

LE DISCIPLE.

Ce qui n'est pas ?

LE MAÎTRE.

Non. On a aprécié le *mi* tierce majeure d'*ut*, à quatre cinquiemes, en se conformant peut-être à la résonnance du corps sonore ; & le même *mi* quinte de *la*, en se conformant à la division des cordes.

LE DISCIPLE.

Voilà donc deux loix contradictoires.

LE MAÎTRE.

Point du tout ; mais il y a une loi pour la résonnance des corps sonores, & une loi pour la division des cordes vibrantes.

DE CLAVECIN.
LE DISCIPLE.

Est-ce qu'une corde vibrante n'est pas un corps sonore?

LE MAÎTRE.

D'accord ; mais deux expériences diverses ont donné deux résultats différens, en conséquence desquels il a fallu tempérer les instrumens à touches fixes, comme le Clavecin, fortifiant ou affoiblissant certains sons, de maniere que le *mi* qui feroit la quinte de *la*, fît aussi la tierce majeure d'*ut*.

LE DISCIPLE.

Comment ? Tous les intervalles de mon Clavecin sont altérés ?

LE MAÎTRE.

Ou à peu près.

LE DISCIPLE.

Fi, le vilain instrument ; ne m'en parlez plus, & vive le Violon, où l'on promene ses doigts le long des cordes, & où l'on forme des intervalles aussi justes qu'il plaît à l'oreille. Je veux chanter.

LE MAÎTRE.

Chanter ! j'y consens. La voix est sans contredit le plus beau des instrumens ; la Musique vocale la plus belle Musique ; la Musique instrumentale la plus parfaite n'est qu'une imitation inarticulée du cri animal. Je vous conseille de chanter. Mais avez-vous une voix?

LE DISCIPLE.

Belle demande ! Chacun a la sienne ; & j'ai la mienne comme un autre.

LE MAÎTRE.

Et quelle est la vôtre ?

LE DISCIPLE.

Mais, c'est une voix.

LE MAÎTRE.

Une Basse-taille, une Taille, une Haute-contre, un premier, un second Dessus.

LE DISCIPLE.

Je ne sçais ce que c'est que tout cela.

LE MAÎTRE.

Hé bien, la premiere fois, nous fermerons le Clavecin, & nous chercherons quelle voix vous avez.

LEÇONS

LE DISCIPLE.

En attendant, un air, s'il vous plaît ; je veux essayer un air.

LE MAÎTRE.

Si vous chantez, que vous servira-t-il de sçavoir jouer un air ?

LE DISCIPLE.

De rien, peut-être. Mais si je n'ai pas une voix, je ne chanterai pas & il faudra que je joue. Ainsi à tout hazard, un air : il y a assez long-tems que je soupire après.

LE MAÎTRE.

Je vous l'enverrai ce soir.

LE DISCIPLE.

N'y manquez pas, je vous en prie ; faites aussi qu'il ne soit pas difficile.

Fin du second Dialogue & de la seconde Leçon.

TROISIEME DIALOGUE
ET TROISIEME LEÇON.
LE MAÎTRE ET LE DISCIPLE.

LE MAÎTRE.

HE bien, l'air que je vous ai envoyé, comment le trouvez-vous ? C'est un Ménuet de Filtz : il est charmant & facile ; & vous devez le jouer à ravir.... Vous vous taisez.... Allons. Jouez donc.... Qu'est-ce qu'il y a... Est-ce qu'il vous est arrivé quelque chose de déplaisant ?

LE DISCIPLE.

Très-déplaisant.

LE MAÎTRE.

Peut-on, sans indiscrétion, demander ce que c'est.

LE DISCIPLE.

C'est de tourner le papier en tout sens, de n'y voir que des lignes horisontales coupées de petites barres perpendiculaires & parsemées de tâches rondes à queue, & d'une quantité d'autres figures & signes dont vous auriez bien dû m'expliquer la valeur.

LE MAÎTRE.

Vous ne sçavez donc pas lire la Musique ?

LE DISCIPLE.

Non.

LE MAÎTRE.

Et que diable ne le disiez-vous !

LE DISCIPLE.

Vous ne me l'avez pas demandé, & je pensois que vous vous en appercevriez de reste.

LE MAÎTRE.

J'aurois pu vous montrer toute la science théorique & pratique de l'harmonie, sans m'en douter ; cependant, pour suivre la route commune, au lieu de vous tourmenter sur les diezes, les bémols, les games, &c.

j'aurois commencé par vous faire connoître les lettres, & vous apprendre à épeler; car la Musique est une langue, & ces caracteres dontvous dites que mon papier est barbouillé, sont des lettres, une écriture; & l'air est une sorte de discours.

Le Disciple.

Ne vous fâchez ni contre vous, ni contre moi. Tout ce que nous avons dit jusqu'à présent ne supposoit que du bon sens, & pouvoit s'entendre sans aucune connoissance pratique de la Musique, & sans vous donner le moindre soupçon de mon ignorance. Ne regrettez ni votre tems, ni votre peine; car ce qui est appris n'est plus à apprendre; & un peu plutôt, un peu plus tard, il auroit toujours fallu y venir: d'ailleurs quand j'aurois quelque plaisir à lire la Musique, je préfere de beaucoup la théorie de l'art à l'exécution.

Le Maître.

Je ne vous demanderai pas si vous persistez dans votre dédain du Clavecin; ce que j'ai à vous dire ce matin, vous servira également & pour la voix, si vous en avez une, & pour tout instrument.

Le Disciple.

Si j'en ai une ! mais je me rappelle, lorsque je vous chantai les premieres mesures de la Sonate en symphonie de Schobert, que vous me dîtes que je l'avois juste; pour avoir la voix juste, il faut avoir une voix.

Le Maître.

L'expérience a prouvé que l'étendue ordinaire & franche de la voix n'excédoit pas une octave & trois notes. C'est apparemment ce qui a déterminé les premiers Instituteurs de l'art à se borner à cinq lignes horisontales. Elles leur suffisoient pour écrire les onze notes de la voix, cinq sur les lignes, quatre dans leurs intervalles, une au-dessus de la plus haute, une au-dessous de la plus basse. Ils ont distingué sept sortes de voix, depuis la plus grave, jusqu'à la plus aiguë; & ils ont employé des signes qu'on appelle *Clefs*, qui changeassent à discrétion le nom & la gravité du son écrit sur chaque ligne; & voilà ce que l'on peut appeler la croix de par Dieu de la Musique.

Le Disciple.

Je ne rougis point d'en être là. L'homme ignore avant que de sçavoir.

DE CLAVECIN.

Ignorer, apprendre & sçavoir; voilà la condition de tout âge.

LE MAÎTRE.

La voix la plus grave s'appelle *Basse*, & son étendue est du second *fa* de votre clavier jusqu'au *si* inclusivement de l'octave suivante. Et c'est ce que l'on désigne par le signe que vous voyez sur la quatrieme ligne, qu'on appelle *Clef de fa* sur la quatrieme ligne. Toutes les notes placées sur la ligne de cette Clef, se nomment *fa*; & par conséquent, la note écrite au-dessous de la plus basse est un *fa*; & la note écrite au-dessus de la plus haute est un *si*.

 BASSE.

La seconde voix s'appelle *Basse-taille*, & son étendue est du second *la* de votre Clavecin, jusqu'au *ré* inclusivement de l'octave suivante; & c'est ainsi que cela s'écrit.

 BASSE-TAILLE.

LE DISCIPLE.

La même Clef de *Fa* est descendue de la quatrieme ligne sur la troisieme; & toutes les notes placées sur cette troisieme ligne vont apparemment s'appeller *fa*; & en montant de là, *fa*, *sol*, *la*, *si*, *ut*, *ré*; en descendant de la même ligne, *fa*, *mi*, *ré*, *ut*, *si*, *la*.

LE MAÎTRE.

La troisieme voix s'appelle *Taille*, & son étendue est du second *ut* de votre clavier, jusqu'au *fa* de l'octave suivante.

LE DISCIPLE.

Permettez que j'écrive cela de moi-même; *ut* au-dessous de la premiere ligne; en partant de là, *ut*, *ré*, *mi*, *fa*; & par conséquent, la Clef de *fa* placée sur la seconde ligne, & descendue de la troisieme qu'elle occupoit.

LE MAÎTRE.

Vous avez dû conjecturer ainsi; mais la chose est autrement. On a

84   LEÇONS

imaginé le nouveau signe que vous voyez sur la quatrieme ligne. Il s'appelle *Clef d'ut* sur la quatrieme ligne; toutes les notes écrites sur cette ligne sont des *ut*; & par conséquent la note qui est au-dessus de la derniere des cinq est un *fa*; & celle qui est au-dessous de la premiere, un *ut*.

 TAILLE.

La quatrieme voix s'appelle *Haute-contre*, & son étendue est du second *mi* de votre clavier, jusqu'au quatrieme *la* ou le *la* de l'octave suivante; & c'est ce qu'on écrit ainsi.

 HAUTE-CONTRE.

LE DISCIPLE.

Je vois; la Clef d'*ut* descendue de la quatrieme ligne sur la troisieme, comme il est avenu à la Clef de *fa*. Mais je persiste dans ma remarque. Au lieu de cette Clef d'*ut*, on pouvoit encore se servir de la Clef de *fa* sur la premiere ligne. On n'auroit eu qu'une Clef pour ces quatre voix; Clef qu'on auroit fait passer successivement de la quatrieme ligne, à la troisieme, à la seconde, à la premiere.

LE MAÎTRE.

La cinquieme voix s'appelle *Troisieme Dessus*, & son étendue est du troisieme *sol* de votre clavier, jusqu'à l'*ut* de l'octave qui suit. Ce qui se désigne ainsi.

TROISIEME DESSUS.

La sixieme voix s'appelle *Second Dessus*, & son étendue est du troisieme *si* de votre clavier, jusqu'au *mi* de l'octave au-dessus; comme vous le voyez marqué.

Mi.

DE CLAVECIN.

 SECOND DESSUS.

L'étendue de la septieme voix ou de la plus aiguë, est du troisieme *re* de votre clavier, jusqu'au *sol* de l'octave suivante inclusivement ; ce que vous reconnoîtrez à ce qui suit.

 PREMIER DESSUS.

LE DISCIPLE.

Et le signe placé sur la seconde ligne se nomme *Clef de sol* sur la seconde ligne, & toutes les notes de cette ligne sont autant de *sol*.

LE MAÎTRE.

L'étendue des sept voix est donc renfermée entre le second *fa* de votre clavier, & le cinquieme *sol* ; ce qui forme trois octaves & une note, ou deux octaves d'*ut* précédées de quatre notes plus graves, & suivies de quatre notes plus aiguës.

LE DISCIPLE.

Sçachons à présent si j'ai une voix, & quelle elle est.

LE MAÎTRE.

Chantez, car votre voix de conversation n'est pas votre voix de chant. Faites le son le plus grave ou le plus aigu que vous pourrez. Essayez de vous mettre à l'unisson avec l'*ut* du milieu de votre clavier... Vous êtes bien à l'unisson d'un *ut* ; mais cet *ut* est d'une octave plus grave, & il est si net & si plein, que je crois que vous pouvez descendre à la quarte *sol*.

LE DISCIPLE.

Sol, *sol*. Je crois que je peux encore descendre d'un ton. Oui. *Fa*, *fa*. J'ai donc une voix de Basse ; tant mieux, c'est une voix mâle.

LE MAÎTRE.

Vous faites le *fa*, mais il est sourd & maigre ; votre *sol* est même

I

un peu peiné, & je vous rangerois plutôt parmi les Basses-tailles que parmi les Basses. Entonnez le *la*.

LE DISCIPLE.

La, *la*.

LE MAÎTRE.

Il est bon. Vous faites le son le plus grave de la Basse-taille ; mais cela ne suffit pas pour décider votre voix ; montez au *sol*.... Allez au *la*.... Ce *la* est déja foible.... Faites le *si*..... Vous ne chantez plus, vous criez ; vous n'avez donc pas une octave. Pour être Basse-taille, il faudroit aller au *ré*, & vous en êtes éloigné d'une quinte.

LE DISCIPLE.

Hé bien ?

LE MAÎTRE.

Hé, mal. Vous avez une voix à parler, mais non à chanter.

LE DISCIPLE.

Et serviteur à la Musique vocale. J'en suis un peu consolé, ma poitrine se fatigue aisément. Mais croyez-vous que tous les Chanteurs de ce monde aient une étendue de voix de onze notes ?

LE MAÎTRE.

Je crois que la plûpart n'ont pas huit sons nets & pleins. Ils s'imaginent aller à deux octaves, mais ils comptent les sons foibles, maigres ou faussets, les sons peinés ; ils chantent avec plusieurs voix. D'autres riches en étendue, ont les sons si durs, si secs, si désagréables, qu'ils font plutôt du bruit que du chant.

LE DISCIPLE.

C'est dommage que je manque d'étendue, car j'ai du timbre.

LE MAÎTRE.

Oui, mais la poitrine....

LE DISCIPLE.

Seroit meilleure, si la voix étoit plus étendue.

LE MAÎTRE.

Erreur. Vous avez la voix dix fois plus sonore & deux fois plus étendue & plus forte que moi, & ma poitrine est excellente. Mais faites comme moi ; jouez du Clavecin. Les doigts ne sont pas sujets au rhume.

DE CLAVECIN.
Le Disciple.

Allons ; revenons donc à la Musique instrumentale ; & familiarisez-moi promptement avec la Clef de *fa* sur la troisieme ligne, afin de faire d'une pierre deux coups, connoître une Clef dont j'aurai besoin pour l'instrument & pour ma voix dont vous approuvez les sons dans le bas.

Le Maître.
Quelle est la premiere note de votre voix ?

Le Disciple.
Dites de ma portion de voix ; c'est le *la*, & sur la premiere ligne, le *si*, & sur les cinq lignes en montant, *si*, *ré*, *fa*, *la*, *ut*. Les notes sur les lignes, montent & descendent par tierces.

Le Maître.
Et celles qui occupent les intervalles ?

Le Disciple.
Pareillement, *la*, *ut*, *mi*, *sol*, *si*, *ré*.

Le Maître.
Vous venez de les faire sur le clavier ; mais de la main droite, & c'est de la gauche qu'il falloit se servir.

Le Disciple.
Il est vrai, je m'en souviens. Ha ça, je connois les Clefs, les notes des lignes, celles de leurs intervalles, & rien n'empêche que je ne joue un petit air.

Le Maître.
Mais les sons d'un air ne sont pas tous d'une égale durée ; cette inégalité de durée se marque par des notes de différentes formes & valeurs, des rondes, des blanches, des noires, des croches, des doubles, triples, quadruples, quintuples croches ; un air ne se chante pas toujours d'un chant continu, il y a des pauses d'une, de deux, de trois, de quatre, de cinq mesures, d'un soupir, d'un demi, un quart, un huitieme, un seizieme de soupir ; ces silences ont leurs durées & leurs signes ; les connoissez-vous ? Toute la durée d'un air se partage en parties égales qu'on appelle mesures, & la durée de chaque mesure se sous-divise en d'autres moindres parties égales qu'on appelle tems ? Connoissez-vous la diversité des mesures & leurs caracteres, & la variété des tems propres

à chaque mesure? Un air se chante sur une game ou sur une autre game; il est dans la modulation d'*ut*, ou la modulation de *ré*? Connoissez-vous les signes de chaque modulation ; sa modulation est majeure ou mineure ? Comment la distinguerez-vous ? Il marche avec plus ou moins de vîtesse ; il a son caractere particulier, son expression ; il est doux, tendre, pathétique, gai, affectueux ? Qu'est-ce qui vous apprendra à discerner son mouvement, & le reste.

LE DISCIPLE.

Et vous me ferez avaler tout cela ; il faudra que je digere tout ce détail, avant que de jouer un air.

LE MAÎTRE.

Si vous pouvez vous en dispenser, j'y consens.

LE DISCIPLE.

Armons-nous de patience.

LE MAÎTRE.

Vous connoissez les clefs ; les premiers signes qu'on voit après la clef, lorsqu'il y en a, indiquent la modulation ; ils s'appellent diezes ou bémols, & ils ont cette figure ∗, ♭. La premiere est le dieze ; la seconde est le bémol ; & si le Musicien veut que la note dieze ou bémol cesse de l'être, il en avertit par ce caractere ♮, qu'on appelle bécarre.

LE DISCIPLE.

Ainsi des vingt-quatre modulations dont douze sont majeures & douze mineures ; si le Musicien a choisi la majeure de *la* ou la mineure de *fa* dieze, il y aura trois diezes après la clef ; mais qui m'indiquera que c'est la mineure de *fa* dieze, & non la majeure de *la* ?

LE MAÎTRE.

La premiere mesure de l'air, & plus surement la derniere de la Basse.

LE DISCIPLE.

Passons à la mesure ; car c'est le signe qui suit apparemment celui de la modulation.

LE MAÎTRE.

Il est vrai ; mais vous ne le comprendrez bien que par la valeur des notes. Nos Ancêtres s'imaginerent....

LE DISCIPLE.

Voici de l'érudition. C'est mon autre folie.

DE CLAVECIN.

Le Maître.

Qu'aucun son de la Musique ne pouvoit durer plus d'une seconde ou pulsation du pouls ; & ils désignerent ce plus long de leurs sons par la figure qui suit, & qu'ils appellerent une ronde................𝅝

Ils partagerent la durée de ce son en deux moitiés égales, d'une demi-pulsation chacune qu'ils nommerent une blanche, & qu'ils figurerent comme vous le voyez..................𝅗𝅥

Dans la suite, on divisa des sons de moindre durée ; aujourd'hui on passe jusqu'à soixante-quatre sons & plus dans une pulsation.

La note d'un quart de pulsation, dont la durée est la moitié de la blanche, comme la durée de la blanche est la moitié de la ronde, qu'on nomme quart de note, s'appelle noire, & voici sa figure.........𝅘𝅥

La moitié de la noire s'appelle croche, & vous voyez une croche. 𝅘𝅥𝅮
A mesure que l'art fit des progrès, & que le gosier & les doigts s'exercerent, on employa des sons de moindre durée, & l'on sous-divisa la croche en deux parties égales, qu'on appella doubles croches ; la double croche en deux parties égales, qu'on appella triples croches ; la triple croche en deux parties égales, qu'on appella quadruples croches ; & il fallut autant de figures différentes qu'on fit de divisions & de sous-divisions.

Voici la figure de la double croche......................𝅘𝅥𝅯

Celle de la triple croche...............𝅘𝅥𝅰

Celle de la quatruple croche..........𝅘𝅥𝅱

Si vous comparez la quadruple croche à la ronde ou note d'une pulsation, vous verrez qu'elle équivaut à un soixante-quatrieme de la premiere, ou qu'il faut passer soixante-quatre quadruples croches dans une seconde.

Mais on n'a plus d'égard à ces durées fixes & absolues ; c'est la mesure, le mouvement & le caractere de la piece qui disposent de la valeur des sons.

Le Disciple.

Le goût est le vrai Chronometre.

LEÇONS
LE MAÎTRE.

Autrefois on indiquoit la mesure & le mouvement par les notes mêmes écrites après la clef ; le nombre des tems par le nombre des notes ; la durée de la mesure par la qualité de la note. Ainsi pour une piece à deux tems, après la clef, il y avoit ou deux rondes, ou deux blanches, ou deux noires ; & de même pour les autres mesures & leurs durées. Dans la suite, on substitua des chiffres & d'autres caracteres aux notes.

On marqua la mesure à deux tems par 2

   Ou par le signe suivant   ₵

   Ou par un .... $\frac{2}{4}$

Ce $\frac{2}{4}$ est plus expressif que les autres signes. Le 2 qui est au-dessus de la ligne marque le nombre des notes de la mesure, & le 4 qui est au-dessous en marque la qualité. Ainsi la mesure $\frac{2}{4}$ est de deux sons, dont chacun est le quart de la ronde ou une noire.

Même méthode des Anciens pour la mesure à trois tems ; c'étoient après la clef, ou trois rondes, ou trois blanches, ou trois noires.

Même réforme des Modernes. Ils ont désigné la mesure à trois tems par un .... 3.

  Ou par un .... $\frac{3}{2}$

  Ou par un .... $\frac{3}{4}$

Ce $\frac{3}{4}$ dit aussi qu'il y a trois notes dans la mesure, & que chacune de ces notes est le quart de la ronde ou une noire.

Voulut-on que la mesure fût à quatre tems, & chaque tems de la durée d'une noire, on se servit du signe que vous voyez.   C

Le nombre de nos mesures tant à deux qu'à trois & quatre tems, s'est fort accru.

Nous avons à deux tems, comme les Anciens, le 2 & le ₵ & $\frac{2}{4}$

  à trois tems, comme eux... le 3 & le $\frac{3}{2}$ & $\frac{3}{4}$

  à quatre tems, leur............ C

DE CLAVECIN.

Et de plus qu'eux, à deux tems............ le $\frac{6}{8}$

à trois tems, le $\frac{3}{8}$ le $\frac{3}{16}$ le $\frac{6}{4}$ le $\frac{6}{8}$ & le $\frac{9}{8}$

à quatre tems ,.. le $\frac{12}{8}$

Et au lieu de cette durée de la mesure fixée par le pendule ou la pulsation du pouls, nous écrivons au-dessus ou au-dessous des cinq lignes, Largo, Adagio, Andante, Andantino, Allegro, Presto assai, molto, poco, Prestissimo, Minuetto, Giga, Allemanda, &c. & pour l'expression, Cantabile, Vivace, Graziozo, Affettuoso, Triste, Lamentabile, &c.... Ce qui n'obvie pas à l'arbitraire du goût, mais ce qui le restreint dans des limites assez étroites pour que tout Musicien expérimenté ait une notion assez juste de l'Adagio, pour ne pas le confondre avec l'Andante, de l'Andante pour ne pas le jouer Allegro; & ainsi des autres mouvemens.

Ce n'est pas tout, on met des points après les notes, & ces points en augmentent la durée de moitié ; ainsi la durée de la ronde pointée o. équivaut à une ronde & une blanche. o d

On accélere la durée des sons en les renfermant sous un arc, & en écrivant le chiffre 3 sous l'arc en cette maniere ou sans chiffre en cette maniere

La durée de ces trois sons se réduit à la durée de deux sons de la même espece. Pareillement les six notes ainsi liées, avec le chiffre ou sans le chiffre, n'en durent que quatre de la même espece.

L'arc qui embrasse deux notes prescrit aussi quelquefois de ne chanter que la premiere dont on traîne la durée d'autant qu'on en auroit donné à la seconde. C'est ce que vous observerez dans les mesures suivantes.

S'il arrive que le chant soit interrompu dans le courant d'une mesure, soit par goût, soit par disette d'imagination, ou quelque regle de l'art ; on a des signes pour la durée de ces silences ou repos.

LEÇONS

Si la durée du silence est d'une noire, voici son signe ⸲, & on l'appelle soupir.

D'une croche, on l'appelle demi-soupir & on le marque ainsi ⸲

D'une double croche, on l'appelle quart de soupir, & voilà son signe ⸲

D'une triple croche, on l'appelle huitieme de soupir, & voilà son signe ⸲

D'une quadruple croche, c'est un seizieme de soupir qu'on désigne ainsi ⸲

Si sa durée est d'une blanche, on écrit deux soupirs; d'une ronde, quatre; d'une demi-mesure quelconque, voilà comme on le désigne

d'une mesure entiere; comme vous voyez,

de deux mesures; en cette maniere,

Voici la maniere de marquer les pauses de trois, quatre, cinq, six, sept, huit mesures

Mais vous me laisseriez parler jusqu'à demain, si je n'avois envie de pauser. A présent, voulez-vous essayer un air?

Le Disciple.

Pourquoi non? Voilà bien des choses à pratiquer, mais qu'importe? il faut en passer par-là.

Le Maître.

Votre intrépidité marque du feu, de l'imagination, peut-être du génie. Qui sçait si je ne brise pas la coque d'où sortira un Compositeur de la premiere volée? Combien j'en serois fier! Un jour, je dirois: C'est moi qui lui ai appris ce que c'étoit qu'une ronde, une noire, un soupir; car tout pere se glorifie des vertus de son fils; tout ami, des grands talens de son ami; tout Maître, des prodiges de son éleve; tout Souffleur d'Orgue, du jeu de son Organiste. Mais pour écrire vos futures mélodies sublimes, il faudroit sçavoir lire & écrire la Basse, la Haute-contre, les premier & second Dessus, & les autres voix.

Le Disciple.

Soit fait ainsi qu'il est requis, & que la postérité reçoive mes Œuvres

& les admire ; que ma nation me nomme, & se vante de moi. Les Pergoleses & les Hasses en ont été où j'en suis ; partis du même point que moi, pourquoi n'irois-je pas aussi loin qu'eux ? J'en accepte l'augure, & les difficultés disparoissent... Où en étions-nous ?

LE MAÎTRE.

A lire & à écrire les voix. La Basse-taille est plus aiguë que la Basse...

LE DISCIPLE.

Et même d'une tierce ; bref, si j'ai bien compris ce que vous m'avez dit de l'étendue des voix, la Basse-taille est d'une tierce plus aiguë que la Basse ; la Taille d'une tierce plus aiguë que la Basse-taille ; la Haute-contre d'une tierce plus aiguë que la Taille ; le troisieme Dessus d'une tierce plus aigu que la Haute-contre ; le second Dessus d'une tierce plus aigu que le troisieme, & le premier d'une tierce plus aigu que le second....

LE MAÎTRE.

Donc les cinq lignes...

LE DISCIPLE.

Laissez-moi aller ; ne refroidissez pas mon enthousiasme. Vous avez dit assez longtems, & j'écoutois. Il faut que vous écoutiez à votre tour, & que je dise :

Donc les cinq lignes de Basse sont,	*sol*, *si*, *ré*, *fa*, *la*.
Les cinq lignes de Basse-taille,	*si*, *ré*, *fa*, *la*, *ut*.
Les cinq lignes de Taille,	*ré*, *fa*, *la*, *ut*, *mi*.
Les cinq lignes de Haute-contre,	*fa*, *la*, *ut*, *mi*, *sol*.
Les cinq lignes du troisieme Dessus,	*la*, *ut*, *mi*, *sol*, *si*.
Les cinq lignes du second Dessus,	*ut*, *mi*, *sol*, *si*, *ré*.
Les cinq lignes du premier Dessus,	*mi*, *sol*, *si*, *ré*, *fa*.

Puisque je connois les notes placées sur les lignes, je connois aussi celles qui occupent leurs intervalles ; & j'avois bien retenu la note la plus grave & la plus aiguë de chaque voix.

LE MAÎTRE.

Ajoutez que pour jouer les voix plus commodément sur le Clavecin, il faut retenir encore que le *fa* de la clef est toujours le troisieme *fa* du clavier ; l'*ut* de la clef, toujours le troisieme *ut* du clavier, ou celui du milieu, & le *sol* de la clef, toujours le quatrieme *sol* du clavier.

K

Le Disciple.

Cela sera retenu, & même une autre chose que l'instrument me montre; c'est que la seconde ligne de la Basse est la premiere de la Basse-taille; la seconde de la Basse-taille, la premiere de la Taille; la seconde de la Taille, la premiere de la Haute-contre; la seconde de la Haute-contre, la premiere du troisieme Dessus; la seconde du troisieme Dessus, la premiere du second Dessus; la seconde du second Dessus, la premiere du premier Dessus.

Le Maître.

Et conséquemment que les premieres lignes des sept voix, en partant de la Basse, sont *sol*, *si*, *ré*, *fa*, *la*, *ut*, *mi*.

Le Disciple.

Je l'aurois deviné; & les cinquiemes lignes des sept voix, *la*, *ut*, *mi*, *sol*, *si*, *ré*, *fa*

Je ne serois pas plus embarrassé de vous nommer les notes les plus graves de chaque voix. En partant du deuxieme *fa*, le son le plus grave de la Basse, & en allant vers l'aigu du Clavecin par tierces, ce sont *fa*, *la*, *ut*, *mi*, *sol*, *si*, *ré*; & leurs notes les plus aiguës, *si*, *ré*, *fa*, *la*, *ut*, *mi*, *sol*. Ainsi plus de difficulté sur les lignes, les clefs, & l'étendue des voix; je n'en chanterois pas les airs, car je pense qu'il faut une longue habitude pour former juste les différens intervalles des games; mais je les jouerois.

Le Maître.

Quelqu'habitude que vous eussiez, vous chanteriez tout-au-plus certains airs de Basse-taille; mais votre voix ne se mettroit jamais à l'unisson vrai de la premiere ligne du second Dessus. Voyez, ce que vous pourriez faire? les notes des quatre dernieres lignes de la Basse; celles des trois premieres de la Taille; celles des deux premieres de la Haute-contre; la premiere ou la plus grave du troisieme Dessus; néant du second Dessus & du premier, sous peine de fatiguer votre poitrine, & d'écorcher nos oreilles.

Le Disciple.

Mais sur mon instrument, avec mes doigts?

Le Maître.

Vous trouverez certainement les sons de toutes les voix; mais les

DE CLAVECIN.

Jouer, c'est autre chose; il faut de l'application, du travail & du tems.

LE DISCIPLE.

J'ai peu de tems; mais j'en étendrai la durée par l'application & le travail. Avoir peu de tems, & travailler beaucoup; avoir beaucoup de tems, & en travailler d'autant moins, c'est presque la même chose.

LE MAÎTRE.

C'est-à-dire, que vous proposez d'aller en raison composée de la directe du travail & de l'inverse du tems; tant-mieux. Et le doigter?

LE DISCIPLE.

Le doigter des games de vingt-quatre modulations, de la main droite, de la main gauche, je conçois que c'est une affaire, & même une affaire qui ne se fera pas.

LE MAÎTRE.

La raison?

LE DISCIPLE.

C'est que si je vous les demande, je ne les aurai pas, & que je ne les aurai pas davantage, si je ne vous les demande pas. On ne sçait comment faire, pour obtenir quelque chose de vous. On s'y prend toujours trop tôt ou trop tard.

LE MAÎTRE.

Modérez-vous, je vais vous les écrire à l'instant; je débuterai par les games de l'octave d'*ut*, & je continuerai par quintes.

GAME EN MAJEUR D'*UT*,
Doigtée pour la main droite.

GAME EN MAJEUR D'*UT*,
Doigtée pour la main gauche.

76 LEÇONS

GAME EN MINEUR D'*UT*,
Doigtée pour la main droite.

GAME EN MINEUR D'*UT*,
Doigtée pour la main gauche.

Voyez ; lifez ; exécutez.

LE DISCIPLE.

Tout de fuite, & fans difficulté. Pour la main droite, clef d'*ut* fur la premiere ligne, clef du fecond Deffus, & les notes des cinq lignes, *ut*, *mi*, *fol*, *fi*, *ré*.

Pour la main gauche, clef de *fa* fur la troifieme ligne, clef de Baffe-taille, & les notes de cinq lignes, *fi*, *ré*, *fa*, *la*, *ut*.

Pour la mefure, il n'y a pas à s'y tromper, ce font toutes noires ; mais après la clef, point de figne qui m'indique fi c'eft à deux, à trois ou à quatre tems.

Quant aux chiffres écrits au-deffous des notes, c'eft le doigter.

LE MAÎTRE.

Le chiffre 1, marque le pouce, & le chiffre 5, le petit doigt. Je n'ai point déterminé de mefure ; allez feulement avec retenue & égalité, & je ferai content.

LE DISCIPLE.

Occupons-nous de ces Games.... La main droite, le pouce fur l'*ut* du milieu du clavier ; car c'eft l'*ut* de la clef... La main gauche, le petit doigt fur le deuxieme *ut* du clavier, & le *fa* de la clef tombera fur le troifieme *fa*.... Je vais bien ; votre vifage riant me le dit.... Mais pourquoi les fignes & les clefs de la Mufique vocale employés à de la Mufique inftrumentale, à la leçon d'un inftrument qui a une

DE CLAVECIN.

étendue de trente-six notes, dont dix-huit pour chaque main. Il me semble que ces dix-huit notes exigeoient neuf lignes.

LE MAÎTRE.

J'en conviens ; mais vous avez voulu chanter ; vous avez voulu jouer ; vous avez crié comme un enfant, après un air ; vous n'avez eu ni cesse, ni repos que je ne vous eusse doigté des games. Je me suis tant hâté, que je n'ai pu penser à tout. Il faut, pour le moment, que vous vous en teniez à la clef du premier & du second Dessus pour la main droite ; pour la gauche dans la suite, j'userai de la clef de *fa* sur la quatrieme ligne....

LE DISCIPLE.

Clef & ligne de la Basse.

LE MAÎTRE.

Et s'il se rencontre des notes plus graves ou plus aiguës que celles des cinq lignes, je les porterai sur d'autres lignes au-dessus & au-dessous de celles-ci. Passons aux Games en *sol*.

LE DISCIPLE.

Un dieze à la clef & sur le *fa*, pour le majeur ; deux bémols pour le mineur, l'un sur le *si*, l'autre sur le *mi*.

LE MAÎTRE.

GAME EN MAJEUR DE *SOL*,
Doigtée pour la main droite.

1 2 3 1 2 3 4 5   5 4 3 2 1 3 2 1

GAME EN MAJEUR DE *SOL*,
Doigtée pour la main gauche.

5 4 3 2 1 3 2 1   1 2 3 1 2 3 4 5

GAME EN MINEUR DE *SOL*,
Doigtée pour la main droite.

1 2 3 1 2 3 4 5   5 4 3 2 1 3 2 1

LEÇONS
GAME EN MINEUR DE SOL,
Doigtée pour la main gauche.

LE DISCIPLE.

Qu'eſt-ce que ces deux barres qui ſéparent la Game qui monte, de la Game qui deſcend ? Et ces notes ? aux unes pourquoi la tête en haut, aux autres la queue ?

LE MAÎTRE.

Les deux barres, vous l'avez dit, ne ſervent qu'à ſéparer les Games. Quant aux notes dont les têtes & les queues ſont tournées tantôt en haut, tantôt en bas, ce n'eſt que pour la netteté de l'écriture. Games en *ré*.

LE DISCIPLE.

En majeur de *ré*, deux diezes à la clef, l'un ſur le *fa*, l'autre ſur l'*ut*; en mineur, un bémol ſur le *ſi*.

LE MAÎTRE.

GAME EN MAJEUR DE RÉ,
Doigtée pour la main droite.

GAME EN MAJEUR DE RÉ,
Doigtée pour la main gauche.

GAME EN MINEUR DE RÉ,
Doigtée pour la main droite.

DE CLAVECIN.
GAME EN MIENUR DE RÉ,
Doigtée pour la main gauche.

LE DISCIPLE.

Je suis perdu. Je ne sçais plus ce que c'est que ces deux premieres notes de la premiere Game, plus graves que l'étendue des cinq lignes de la Basse.

LE MAÎTRE.

Si les notes montent & descendent de tierce sur les lignes; la note placée sur la ligne la plus basse étant un *sol*, descendez d'une tierce, & vous aurez *mi* sur la ligne sur-ajoutée : ou plus briévement, vous êtes en *ré*, donc la premiere note, celle que j'ai écrite au-dessous de la ligne sur-ajoutée est un *ré*. Vous vous effrayez beaucoup de peu de chose.

LE DISCIPLE.

C'est la tournure de mon caractere. Que voulez-vous? je suis inégal, & je ne m'en estime pas moins. Je vois qu'au-dessous du *sol* grave, il seroit possible de tirer quatre autres lignes, *mi*, *ut*, *la*, *fa*. Mon embarras durera plus que ma crainte, je le prévois. Pourriez-vous me dire pourquoi, dans les Games en mineur, ce dieze avant la septieme note, en montant, & point à la clef?

LE MAÎTRE.

C'est qu'il est accidentel. Son effet est de corriger par la sensible, l'âpreté du mineur, en montant. En descendant, je l'ai supprimé. Mis après la clef, il eût regné sur toute la Game. Games en *la*.

LE DISCIPLE.

En majeur de *la*, trois diezes, *fa*, *ut*, *sol*; en mineur de *la*, ni bémol, ni dieze, excepté celui de la sensible *sol*, en montant.

LE MAÎTRE.
GAME EN MAJEUR DE LA,
Doigtée pour la main droite.

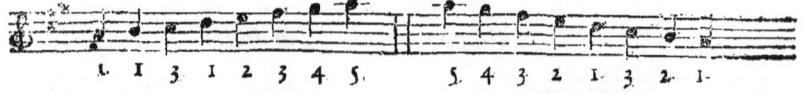

LEÇONS

GAME EN MAJEUR DE *LA*,
Doigtée pour la main gauche.

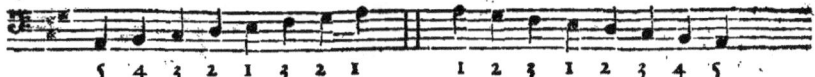

GAME EN MINEUR DE *LA*,
Doigtée pour la main droite.

GAME EN MINEUR DE *LA*
Doigtée pour la main gauche

N'avez-vous eu aucune peur de cette ligne sur-ajoutée au-dessus, en majeur de *la* ?

LE DISCIPLE.

Nulle... *sol*, *si*, *ré*, *fa*, *la*... c'est un *la* sur lequel on pourroit faire grimper *ut* & *mi* par deux autres lignes plus élevées. Mais pourquoi ce doigter de la main gauche au rebours du doigter de la main droite ? & puis un exemple ne suffisoit-il pas pour les Games *ut*, *sol*, *ré*, *la*, où tout se ressemble.

LE MAÎTRE.

Si cette uniformité vous ennuie, consolez-vous, elle ne durera pas. Games en *mi*.

LE DISCIPLE.

En majeur de *mi*, quatre diezes, *fa*, *ut*, *sol*, *ré*; un dieze, *fa*, en mineur de *mi*.

LE MAÎTRE.

GAME EN MAJEUR DE *MI*,
Doigtée pour la main droite.

DE CLAVECIN.
GAME EN MAJEUR DE *MI*,
Doigtée pour la main gauche.

GAME EN MINEUR DE *MI*,
Doigtée pour la main droite.

GAME EN MINEUR DE *MI*,
Doigtée pour la main gauche.

Gámes en *si*.

LE DISCIPLE.
En majeur de *si*, cinq diezes, *fa*, *ut*, *sol*, *ré*, *la*; en mineur de *si*, deux diezes.

LE MAÎTRE.
GAME EN MAJEUR DE *SI*,
Doigtée pour la main droite.

GAME EN MAJEUR DE *SI*,
Doigtée pour la main gauche.

GAME EN MINEUR DE *SI*,
Doigtée pour la main droite.

LEÇONS
GAME EN MINEUR DE SI,
Doigtée pour la main gauche.

LE DISCIPLE.
M. le doigter change à la basse, pour la main gauche, tant au majeur qu'au mineur.
LE MAÎTRE.
Games en *fa* dieze.
LE DISCIPLE.
En majeur de *fa* dieze, six diezes, *fa*, *ut*, *sol*, *ré*, *la*, *mi*; en mineur de *fa* dieze, trois diezes.
LE MAÎTRE.
GAME EN MAJEUR DE FA DIEZE,
Doigtée pour la main droite.

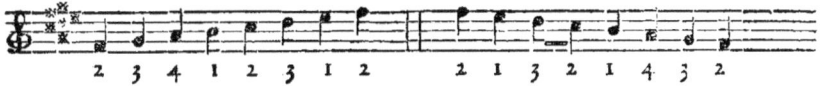

GAME EN MAJEUR DE FA DIEZE,
Doigtée pour la main gauche.

GAME EN MINEUR DE FA DIEZE,
Doigtée pour la main droite.

GAME EN MINEUR DE FA DIEZE,
Doigtée pour la main gauche

DE CLAVECIN.

LE DISCIPLE.

Le doigter change encore ici ; & peut-être changera-t-il aussi en *ut* dieze où nous allons. La pratique se complique diablement.

LE MAÎTRE.

Games en *ut* dieze.

LE DISCIPLE.

En majeur d'*ut* dieze, sept diezes, *fa, ut, sol, ré, la, mi; si*, en mineur d'*ut* dieze, quatre, *fa, ut, sol, ré*.

LE MAÎTRE.

GAME EN MAJEUR D'*UT* DIEZE,
Doigtée pour la main droite.

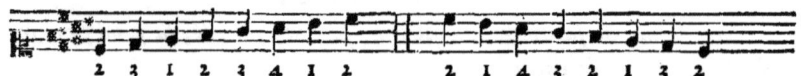

GAME EN MAJEUR D'*UT* DIEZE,
Doigtée pour la main gauche.

GAME EN MINEUR D'*UT* DIEZE.
Doigtée pour la main droite.

GAME EN MINEUR D'*UT* DIEZE,
Doigtée pour la main gauche.

Games en *sol* dieze.

LE DISCIPLE.

En majeur de *sol* dieze, huit diezes, *fa, ut, sol, ré, la, mi, si; fa* double dieze. En mineur de *sol* dieze, cinq diezes, *fa, ut, sol, ré, la*.

LEÇONS
Le Maître.
GAME EN MAJEUR DE *SOL* DIEZE,
Doigtée pour la main droite.

GAME EN MAJEUR DE *SOL* DIEZE,
Doigtée pour la main gauche.

GAME EN MINEUR DE *SOL* DIEZE,
Doigtée pour la main droite.

GAME EN MINEUR DE *SOL* DIEZE,
Doigtée pour la main gauche

Games en *ré* dieze.
Le Disciple.
En majeur de *ré* dieze, neuf diezes, *fa*, *ut*, *fol*, *ré*, *la*, *mi*, *fi*; *fa* & *ut* doubles diezes; en mineur, fix, *fa*, *ut*, *fol*, *ré*, *la*, *mi*.
Le Maître.
GAME EN MAJEUR DE *RÉ* DIEZE,
Doigtée pour la main droite.

DE CLAVECIN.

GAME EN MAJEUR DE *RÉ* DIEZE,
Doigtée pour la main gauche.

GAME EN MINEUR DE *RÉ* DIEZE,
Doigtée pour la main droite

GAME EN MINEUR DE *RÉ* DIEZE,
Doigtée pour la main gauche.

Games en *la* dieze.

LE DISCIPLE.

En majeur de *la* dieze, dix diezes, *fa*, *ut*, *fol*, *ré*, *la*, *mi*, *ſi*; *fa* double dieze, *ut* double dieze, *fol* double dieze; en mineur de *la* dieze, ſept diezes, *fa*, *ut*, *fol*, *ré*, *la*, *mi*, *ſi*.

LE MAÎTRE.

GAME EN MAJEUR DE *LA* DIEZE,
Doigtée pour la main droite.

GAME EN MAJEUR DE *LA* DIEZE,
Doigtée pour la main gauche.

LEÇONS

GAME EN MINEUR DE *LA* DIEZE,
Doigtée pour la main droite.

GAME EN MINEUR DE *LA* DIEZE,
Doigtée pour la main gauche.

Games en *fa*.

LE DISCIPLE.

En majeur de *fa*, un bémol *si*; en mineur de *fa*, quatre bémols *si*, *mi*, *la*, *ré*.

LE MAÎTRE.

GAME EN MAJEUR DE *FA*,
Doigtée pour la main droite.

GAME EN MAJEUR DE *FA*,
Doigtée pour la main gauche.

GAME EN MINEUR DE *FA*,
Doigtée pour la main droite.

DE CLAVECIN.
GAME EN MINEUR DE *FA*,
Doigtée pour la main gauche.

Games en *si* bémol.

LE DISCIPLE.

En majeur de *si* bémol, deux bémols, *si*, *mi* ; en mineur de *si* bémol, cinq bémols, *si*, *mi*, *la*, *ré*, *sol*.

LE MAÎTRE.

GAME EN MAJEUR DE *SI* BÉMOL,
Doigtée pour la main droite.

GAME EN MAJEUR DE *SI* BÉMOL,
Doigtée pour la main gauche.

GAME EN MINEUR DE *SI* BEMOL,
Doigtée pour la main droite.

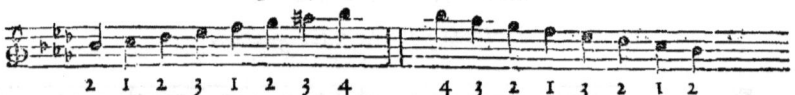

GAME EN MINEUR DE *SI* BEMOL,
Doigtée pour la main gauche.

Games en *mi* bémol.

LEÇONS

LE DISCIPLE.

En majeur de *mi* bémol, trois bémols, *si, mi, la*; en mineur de *mi* bémol, six bémols, *si, mi, la, ré, sol, ut.*

LE MAÎTRE.

GAME EN MAJEUR DE *MI* BEMOL,
Doigtée pour la main droite.

GAME EN MAJEUR DE *MI* BEMOL,
Doigtée pour la main gauche

GAME EN MINEUR DE *MI* BEMOL,
Doigtée pour la main droite.

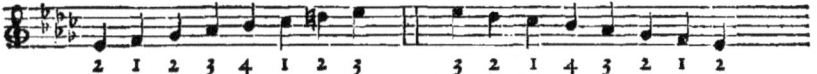

GAME EN MINEUR DE *MI* BEMOL,
Doigtée pour la main gauche.

Games en *la* bémol.

LE DISCIPLE.

En majeur de *la* bémol, quatre bémols, *si, mi, la, ré*; en mineur de *la* bémol, sept bémols, *si, mi, la, ré, sol, ut, fa.*

LE MAÎTRE.

GAME EN MAJEUR DE *LA* BEMOL,
Doigtée pour la main droite.

GAME

DE CLAVECIN.

GAME EN MAJEUR DE *LA* BÉMOL,
Doigtée pour la main gauche.

GAME EN MINEUR DE *LA* BEMOL,
Doigtée pour la main droite.

GAME EN MINEUR DE *LA* BEMOL,
Doigtée pour la main gauche.

Games en *ré* bémol.

LE DISCIPLE.

En majeur de *ré* bémol, cinq bémols, *si*, *mi*, *la*, *ré*, *sol*; en mineur de *ré* bémol, huit bémols *si*, *mi*, *la*, *ré*, *sol*, *ut*, *fa* ; *si* double bémol.

LE MAÎTRE.

GAME EN MAJEUR DE *RÉ* BÉMOL,
Doigtée pour la main droite.

GAME EN MAJEUR DE *RÉ* BEMOL,
Doigtée pour la main gauche.

LEÇONS

GAME EN MINEUR DE RÉ BEMOL,
Doigtée pour la main droite.

GAME EN MINEUR DE RÉ BEMOL,
Doigtée pour la main gauche

Games en *sol* bémol.

LE DISCIPLE.

En majeur de *sol* bémol, six bémols, *si, mi, la, re, sol, ut*; en mineur de *sol* bémol, neuf bémols, *si, mi, la, ré, sol, ut, fa*; *si* double bémol; *mi* double bémol.

LE MAÎTRE.

GAME EN MAJEUR DE SOL BEMOL,
Doigtée pour la main droite.

GAME EN MAJEUR DE SOL BEMOL,
Doigtée pour la main gauche.

GAME EN MINEUR DE SOL BEMOL,
Doigtée pour la main droite.

DE CLAVECIN.

GAME EN MINEUR DE SOL BEMOL,
Doigtée pour la main gauche.

Games en *ut* bémol.

LE DISCIPLE.

En majeur d'*ut* bémol, sept bémols, *si*, *mi*, *la*, *ré*, *sol*, *ut*, *fa*; en mineur d'*ut* bémol, dix bémols, *si*, *mi*, *la*, *ré*, *sol*, *ut*, *fa*; *si* double bémol, *mi* double bémol, *la* double bémol.

LE MAÎTRE.

GAME EN MAJEUR D'UT BEMOL,
Doigtée pour la main droite.

GAME EN MAJEUR D'UT BEMOL,
Doigtée pour la main gauche.

GAME EN MINEUR D'UT BEMOL,
Doigteé pour la main droite.

GAME EN MINEUR D'UT BEMOL,
Doigtée pour la main gauche.

LEÇONS

LE DISCIPLE.
Monsieur, Monsieur...

LE MAÎTRE.
Qu'est-ce qu'il y a?

LE DISCIPLE.
Je crois que vous écrivez de distraction.

LE MAÎTRE.
Sur quoi le croyez-vous?

LE DISCIPLE.
Sur les doubles emplois que vous faites. Arrivé à dix bémols, rien ne vous empêche d'aller à cent, si cela vous convient.

LE MAÎTRE.
Est-ce que vous m'auriez suivi jusqu'ici?

LE DISCIPLE.
Assurément ; je me suis même occupé à vous dicter tout bas les bémols & les diezes ; & je ne vous aurois pas trompé une seule fois.

LE MAÎTRE.
Vous avez fait de vous-même, ce que j'aurois dû vous prescrire.

LE DISCIPLE.
Et j'ai remarqué que vous avez écrit les Games d'*ut* bémol, de *la* dieze, de *ré* dieze, de *sol* dieze ; & il m'a semblé que c'étoit peine perdue.

LE MAÎTRE.
Pourquoi?

LE DISCIPLE.
C'est que je ne passerai jamais par là. Le plus court est d'aller par *si*, *si* bémol, *mi* bémol, *la* bémol.

LE MAÎTRE.
J'approuve ce chemin ; mais ces games qui vous ont paru superflues, ne vous ont-elles rien présenté de nouveau ?

LE DISCIPLE.
Peu de chose... Seulement, j'ai vu un bécarre devant la septieme note en mineur.

LE MAÎTRE.
Vous sçavez que le bécarre supprime le dieze ou le bémol. S'il arrive donc que la note qu'il précede soit affectée ou d'un double dieze ou

DE CLAVECIN.

d'un double bémol, ce signe n'en laissera subsister qu'un.

Le Disciple.

Dans cette éternelle suite de games, n'avez-vous pas abandonné l'ordre que vous vous étiez proposé de suivre ? ne deviez-vous pas aller de quinte en quinte, en partant d'*ut* ; pourquoi n'en avez-vous rien fait ?

Le Maître.

J'ai voulu épuiser les bémols, après avoir épuisé les Diezes. Croyez-moi, ne dédaignez pas ces games. Vous les avez sous vos yeux ; exercez-les beaucoup ; ce travail fixera dans votre mémoire le nombre de diezes & de bémols qui appartiennent à chaque modulation ; vous familiarisera avec le clavier ; déliera vos doigts ; vous donnera le doigter, & vous disposera à des progrès rapides & faciles. Je ne cherche point à gagner du tems & à vous amuser. Si vous pouviez sçavoir aujourd'hui tout ce qu'il me reste à vous apprendre, demain vous n'auriez point de leçon. Je vais à présent vous enchaîner les modulations relatives.

Le Disciple.

Tous les jours nous avançons d'un pas.

Le Maître.

Et c'est ainsi qu'on finit la route la plus longue, sans se fatiguer.

MODULATIONS relatives, majeure d'*ut* & mineure de *la*,
Doigtées pour la main droite.

Les mêmes Modulations
Doigtées pour la main gauche.

LEÇONS

MODULATIONS relatives d'un dieze, majeure de *sol* & mineure de *mi*,
Doigtées pour la main droite.

Les mêmes Modulations
Doigtées pour la main gauche.

MODULATIONS relatives de 2 diezes, majeure de *ré* & mineure de *si*,
Doigtées pour la main droite.

Les mêmes Modulations,
Doigtées pour la main gauche.

MODULATIONS relatives de trois diezes, majeure de *la* & mineure de *fa* dieze,

Doigtées pour la main droite.

Les mêmes Modulations,
Doigtées pour la main gauche.

MODULATIONS relatives de quatre diezes, majeure de *mi* & mineure d'*ut* dieze,

Doigtées pour la main droite.

Les mêmes Modulations,
Doigtées pour la main gauche.

MODULATIONS relatives de cinq diezes, majeure de *si* & mineure de *sol* dieze;
Doigtées pour la main droite.

Les mêmes Modulations,
Doigtées pour la main gauche.

MODULATIONS relatives de six diezes, majeure de *fa* dieze & mineure de *ré* dieze,
Doigtées pour la main droite.

Les mêmes Modulations,
Doigtées pour la main gauche.

DE CLAVECIN. 97

MODULATIONS relatives de cinq bémols, majeure de *ré* bémol & mineure de *si* bémol,
Doigtées pour la main droite.

Les mêmes Modulations,
Doigtées pour la main gauche.

MODULATIONS relatives de quatre bémols, majeure de *la* bémol & mineure de *fa*,
Doigtées pour la main droite.

Les mêmes Modulations,
Doigtées pour la main gauche.

LEÇONS

MODULATIONS relatives de trois bémols, majeure de *mi* bémol
& mineure d'*ut*,
Doigtées pour la main droite.

Les mêmes Modulations,
Doigtées pour la main gauche.

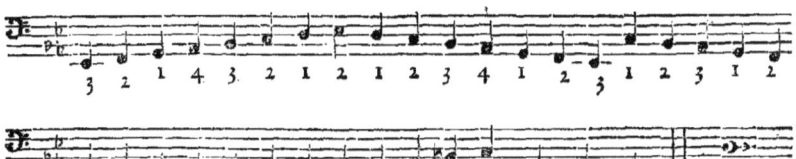

MODULATIONS relatives de deux bémols, majeure de *si* bémol &
mineure de *sol*,
Doigtées pour la main droite.

Les mêmes Modulations
Doigtées pour la main gauche.

DE CLAVECIN.

MODULATIONS relatives d'un bémol, majeure de *fa* &
mineure de *ré*,
Doigtées pour la main droite.

Les mêmes Modulations,
Doigtées pour la main gauche.

J'ai des égards ; je m'arrête où commenceroient les octaves qui vous déplaisent. Examinez celles-ci, & voyez s'il n'y a rien qui soit matiere à question.

Le Disciple.

Non, rien... ce dieze est accidentel ; ce bécarre contremarque la septiéme en mineur... Vous débutez par le majeur, vous finissez par le relatif mineur... L'exécution de ces games ne me paroît pas même difficile... Permettez que j'essaye... cela vise à du chant.

Le Maître.

Ne négligez pas les games qui précédent ces petits enchaînements de modulations relatives que je vais vous écrire sous une autre forme, allant seulement à la quinte du majeur & du mineur ; & continuant par quarte, marche qui produira tout de suite les bémols, & qui rompra un peu la monotonie de ce détail.

LEÇONS

Modulations relatives naturelles,
Doigtées pour la main droite.

Les mêmes,
Doigtées pour la main gauche.

Modulations relatives d'un bémol,
Doigtées pour la main droite.

Les mêmes,
Doigtées pour la main gauche.

Modulations relatives de deux bémols,
Doigtées pour la main droite.

Les mêmes,
Doigtées pour la main gauche.

Modulations relatives de trois bémols,
Doigtées pour la main droite.

DE CLAVECIN.

Les mêmes,
Doigtées pour la main gauche.

Modulations relatives de quatre bémols,
Doigtées pour la main droite.

Les mêmes,
Doigtées pour la main gauche.

Modulations relatives de cinq bémols,
Doigtées pour la main droite

Les mêmes,
Doigtées pour la main gauche.

Modulations relatives de six bémols,
Doigtées pour la main droite.

Les mêmes,
Doigtées pour la main gauche.

LEÇONS

Modulations relatives de cinq dièzes,
Doigtées pour la main droite.

Les mêmes,
Doigtées pour la main gauche.

Modulations relatives de quatre dièzes,
Doigtées pour la main droite.

Les mêmes,
Doigtées pour la main gauche.

Modulations relatives de trois dièzes,
Doigtées pour la main droite.

Les mêmes,
Doigtées pour la main gauche.

Modulations relatives de deux dièzes,
Doigtées pour la main droite.

DE CLAVECIN.

Les mêmes,
Doigtées pour la main gauche.

Modulations relatives d'un dieze,
Doigtées pour la main droite.

Les mêmes,
Doigtées pour la main gauche.

Ecoutez. Je vais vous jouer ces dernieres modulations relatives... que vous en semble?

LE DISCIPLE.

Cela dit quelque chose; mais ces exemples sont & plus courts & plus aisés que les précédents. Je voudrois montrer un peu plus d'habileté. J'aime le sçavant.

LE MAÎTRE.

Ou ce qui en a l'air, à la bonne heure; quoique la parade ne soit pas de mon goût, je vais vous satisfaire par une roulade qui enchaînera les modulations relatives, & qui exécutée lestement tant de la main droite que de la main gauche en imposera. Vous aurez parcouru toutes les modulations; & pour achever d'éblouir, nous donnerons à cela une mesure.

Enchaînement de Modulations relatives, par quarte,
Doigtées pour la main droite.

LEÇONS

LE DISCIPLE.

Je vois que la roulade est finie, par le signe placé après la ronde *ut*, & par l'éclipse totale de diezes ; mais ces clefs de la main droite, de la main gauche jettées pêle-mêle, qu'est-ce que cela signifie ?

LE MAÎTRE.

Le mélange des clefs étoit nécessaire ; si je n'en avois employé qu'une, il eût fallu monter au-deſſus de la derniere ligne & deſcendre au-deſſous de la premiere, au moins d'une demie douzaine d'autres lignes, & la lecture ſeroit devenue difficile. Si la main droite empiete par-ci par-là ſur le domaine de la gauche; cela eſt bien réciproque. Ces perpendiculaires ſi ſouvent répétées ſéparent les meſures; les notes renfermées entre deux de ces barres font une meſure; toutes les meſures ſont complettes, excepté la premiere; car on peut commencer un chant en levant, ou par une portion de meſure, dont la derniere eſt le complément.

Le Disciple.

J'entends. Le ſigne qui ſuit la clef me dit que la meſure eſt à deux tems. La roulade commence par un quart de meſure; chaque tems a quatre croches ou la valeur d'une blanche; & le mouvement eſt... Je n'en ſçais rien... Eſt-ce adagio, andante, allegro, preſto?

Le Maître.

Ce ſera preſtiſſimo, ſi vous voulez ou ſi vous pouvez; mon avis, à moi, eſt que ce ſoit d'abord largo, adagio, andante, afin d'aller d'un mouvement égal & prendre l'habitude de jouer rondement, qualité eſſentielle qui n'eſt ſi rare que parce qu'on a commencé par jouer trop vîte.

Le Disciple.

Comme mes doigts ſont déja dégourdis, je vais eſſayer allegro.

Le Maître.

Eſt-ce que vous ſçavez ce que c'eſt qu'allégro? Je ne croyois pas la durée des mouvements déja fixée dans votre tête.

Le Disciple.

Point de diſpute; ce que je crois allégro.

Le Maître.

Moins vîte... vous barbouillez... ſi vous n'y prenez garde, vous vous accoutumerez à barbouiller... Sagement, clairement, nettement, lentement, lentement... comme cela... fort bien... mais afin que la main gauche ne chome pas, tandis que la droite s'exerce, je vais vous écrire le même enchaînement de modulations relatives pour la gauche.

LEÇONS

Enchaînement de Modulations relatives, par quarte,
Doigtées pour la main gauche.

DE CLAVECIN.

Voilà du travail pour la main gauche.
LE DISCIPLE.
Vous m'avez arrêté dans le plus beau chemin. Je tenois la premiere roulade presque jusqu'aux diezes. Allez votre train, & laissez-moi aller le mien.
LE MAÎTRE.
Voilà une ferveur, mais une si admirable ferveur, que je souhaite plus que je n'espere qu'elle dure.
LE DISCIPLE.
Elle durera.
LE MAÎTRE.
Tant mieux... tandis que vous étudiez, je continue à vous tailler de la besogne... Autre roulade.
LE DISCIPLE.
Faites-en deux... dans un instant, je suis quitte des précédentes. A quoi pensez-vous ?
LE MAÎTRE.
A vous arranger les mêmes modulations relatives, mais enchaînées par quinte, afin de produire d'abord les diezes.
LE DISCIPLE.
Souvenez-vous que j'ai deux mains.
LE MAÎTRE.
Enchaînement de Modulations relatives, par quinte,
Doigtées pour la main droite.

LEÇONS

[Musical exercises with fingerings in various keys:]

En M. de *mi*.   En m. d'*ut* dieze.

En M. de *si*.   En m. de *sol* dieze.   En M. de *fa* dieze.   En m. de *ré* dieze.

En M. de *ré* bémol.   En m. de *si* bémol.   En M. de *la* bémol.   En m. de *fa*.

Passage Chromatique.

En M. de *mi* bémol.   En m. d'*ut*.   En M. de *si* bémol.   En m. de *sol*.

En M. de *fa*.   En m. de *ré*.   En M. d'*ut*.

Et d'un ; passons à l'autre.

Enchaînement de Modulations relatives, par quinte,
Doigtées pour la main gauche.

En Majeur d'*ut*.   En mineur de *la*.   En M. de *sol*.   En m. de *mi*.

En M. de *ré*.   En m. de *si*.   En M. de *la*.   En m. de *fa* dieze.

DE CLAVECIN.

* Voilà ma tâche faite, & la vôtre préparée.

LE DISCIPLE.

Il a raison... oui, c'est ainsi...

LE MAÎTRE.

Je vous l'ai dit, & je vous le répéterai souvent encore ; il faut d'abord faire mal, pour faire bien.

LE DISCIPLE.

Je le tiens à la fin, ce maudit passage de six bémols... oui, c'est cela? A celui de sept.... Point. Il a mieux aimé écrire cinq dièzes... Vous

vous levez; vous me quittez dans un moment brillant... Sçavez-vous qu'il faut aux hommes un approbateur?

LE MAÎTRE.

Demain, je suis aux ordres de votre vanité. L'heure me presse; tandis que je chercherai ma canne & mon chapeau, jettez un coup d'œil sur ces dernieres roulades; voyez s'il n'y a rien qui vous soit étranger, & vous reprendrez ensuite.

LE DISCIPLE.

Enchaînement de modulations par quinte... c'est l'inverse de ce que j'étudie... Qu'est-ce que c'est que ces petites notes?

LE MAÎTRE.

Un passage chromatique non mesuré; il m'a servi à remonter le clavier de deux octaves. Vous vous en tirerez comme vous pourrez; le point important pour cette fois & pour toutes les autres, c'est de faire les notes bien égales, quels que soient le mouvement & la mesure que vous choisissiez.

LE DISCIPLE.

Qui est-ce qui vient m'interrompre... Ah! c'est une invitation d'aller passer quelques jours à la campagne... Dites que je ne sçaurois... J'aime mieux rester... Trois jours!... Au bout de trois jours, j'aurai tout désappris.

LE MAÎTRE.

N'y auroit-il pas un clavecin à cette campagne?

LE DISCIPLE.

Oui, mauvais, désaccordé; & je n'en perdrai pas moins trois leçons... Dites que je ne sçaurois.

LE MAÎTRE.

Si pendant ces trois jours, vous vous exerciez au point d'exécuter un peu couramment ce que je vous laisse, je serois content, & vous auriez raison de l'être.

LE DISCIPLE.

J'irai donc.... Mais priez votre maître de ma part de faire accorder le clavecin, entendez-vous?.. Non, non; ne lui dites rien... Il vaut mieux que j'écrive; c'est le plus sûr... Il n'auroit qu'à oublier ma com-

DE CLAVECIN.

miſſion ou la faire de travers, comme c'eſt leur uſage, il y auroit de quoi me déſeſpérer.

LE MAÎTRE.

Il fait beau. Amuſez-vous bien. Fatiguez le plus que vous pourrez, vos pieds & vos mains. Promenez-vous beaucoup, & jouez d'autant.

LE DISCIPLE.

C'eſt mon projet.

LE MAÎTRE.

Après les fêtes.

LE DISCIPLE.

Après les fêtes.

Fin du troiſieme Dialogue & de la troiſieme Leçon.

QUATRIEME DIALOGUE ET QUATRIEME LEÇON.

LE MAITRE, LE DISCIPLE ET LE PHILOSOPHE.

LE MAÎTRE.

Hé bien, comment vous trouvez-vous de votre campagne ?

LE DISCIPLE.

A merveilles. Liberté, gaîté, bonnes gens, bon vin, jolies femmes, & belles promenades.

LE MAÎTRE.

Et par conséquent, nos games & nos modulations relatives bien oubliées.

LE DISCIPLE.

Vous vous trompez.

LE MAÎTRE.

Tant pis pour vous. Nous sommes donc fort habiles ?

LE DISCIPLE.

Les mains vont assez bien ; mais la tête va mal.

LE MAÎTRE.

Qu'est-il arrivé à cette chere tête ? En effet vous paroissez triste.

LE DISCIPLE.

C'est que je le suis ; mais laissons cela, & parlons d'autre chose. J'exécute la premiere roulade presqu'allégro de la main droite ; pour la gauche....

LE MAÎTRE.

Un peu andante. Faites-moi entendre cela ?

LE DISCIPLE.

Volontiers. Je ne regarde pas le livre.

LE MAÎTRE.

Mais vous regardez le clavier, ce qui est pis... Bravo... Un peu trop vîte. Ne vous pressez pas... Encore une fois ; allez lentement, sans quoi vous n'irez jamais également.

DE CLAVECIN.
LE DISCIPLE.

Je fais mieux, quand je suis seul, parce que j'ai moins de prétention. Hier, je jouai cinq à six fois de suite la bonne partie des leçons précédentes devant un ami, & je jouai à ravir... Tenez, le voilà qui entre; vous lui demanderez.

LE PHILOSOPHE.

Il est vrai... Mais le voyage va diablement retarder vos progrès. Quand partez-vous?

LE DISCIPLE.

Ce soir, & je m'en vais peut-être pour six mois. C'est une sœur que je n'ai pas vue depuis long-tems, qui habite une Province éloignée, & qui s'avise de se marier à quarante ans. Qui sçait quand je pourrai me tirer de-là? Cela me contriste plus que vous ne sçauriez croire.

LE MAÎTRE.

Vous êtes bien singulier, si une noce ne vous amuse pas plus que des leçons de clavecin.

LE DISCIPLE.

Je déteste les noces, & j'ai pour la Musique un atttrait, mais un attrait!... C'est un charme, mais un charme!...

LE PHILOSOPHE.

Qu'on ne peut rendre; tant la langue est indigente dans les grandes passions!

LE DISCIPLE.

Pauvre clavecin! que vas-tu devenir?... Vous riez... Mon ami, voyez-vous cet homme-là avec son air ironique; personne n'entend mieux la théorie de la Musique; il joue du clavecin comme un ange; deux mois d'exercice le mettroient sur la ligne des virtuoses; hé bien, il n'en veut rien faire. Y comprenez-vous quelque chose?

LE PHILOSOPHE.

Sans doute. C'est que l'enthousiasme que vous avez pour la Musique, il l'a pour un autre objet.

LE MAÎTRE.

Il est vrai.

LE DISCIPLE.

Mais on n'en vient pas où il en est, sans avoir beaucoup réfléchi, beau-

P

coup travaillé ? Comment donne-t-on tant de tems & de soins à un art qu'on n'aime pas ?

Le Maître.

Et qui vous a dit que je ne l'aimois pas ? A la vérité, je n'en suis pas fou.

Le Disciple.

On ne l'aime pas, quand on n'en est pas fou.

Le Maître.

Mais en revanche, je le suis de Géographie, d'Histoire, de Mathématiques.

Le Disciple.

Ecoutez-moi donc, Philosophe.... Comme je vais !... Quel regret de s'arrêter en si beau chemin !.. Maudits soient les mariages !

Le Philosophe.

Bizarres.

Le Disciple.

Non, tous.

Le Philosophe.

Il est certain que vos progrès n'ont nulle proportion avec le peu de tems que vous avez donné à cette étude.... C'est qu'indépendamment de votre goût & de vos dispositions naturelles, la méthode de Monsieur est excellente.

Le Disciple.

Merveilleuse.

Le Philosophe.

Monsieur, vous allez perdre un Eleve ; je vous en offre un autre, si cela vous convient.

Le Maître.

Vous, Monsieur, peut-être ?

Le Philosophe.

Non ; mais ma fille. Elle se tire passablement d'Honavre, d'Eckart, de Schobert, de Wagenseil, & des autres ; mais je la crois tout-à-fait neuve dans la théorie.

Le Maître.

La fille de Monsieur... d'un homme aussi distingué ! Quel honneur pour un Maître dont les succès répondroient au nom du pere & aux talents de l'enfant.

DE CLAVECIN.
LE PHILOSOPHE.

Elle conçoit facilement.

LE MAÎTRE.

Elle en sçait peut-être plus que moi.

LE PHILOSOPHE.

Rassurez-vous... Autrefois j'ai été tenté d'apprendre l'harmonie. J'ai connu Rameau; j'ai parcouru ses Ouvrages; & je suis resté convaincu que les vrais éléments étoient encore à faire... Ces notions préliminaires qui remplissent vos premieres leçons, ma fille les ignore... Quant à son jeu, si vous acceptiez mon souper, ce soir vous en jugeriez.

LE DISCIPLE.

Tout cela peut s'arranger. Nous dînerons ensemble. Monsieur nous parlera Musique; nous le rembourserons en politique, morale, poësie; vous m'étourdirez un peu l'un & l'autre sur la peine que je souffre à vous quitter, & à six heures, je vous fais mes adieux... Philosophe, allons; point de refus, point de mauvaises défaites. Nous vous tenons, & possession vaut titre.

LE PHILOSOPHE.

Je souscris à votre principe de droit, quoique l'usage ordinaire en soit moins honnête que licite...

LE DISCIPLE.

Et vous?

LE MAÎTRE.

Moi; j'ai des huîtres & du vin blanc qui m'attendent.

LE DISCIPLE.

Vous vous moquez; est-ce que nous ne valons pas mieux que des huîtres, nous les plus graves Philosophes de l'Europe? Pour du vin blanc, on peut vous en trouver de bon. Qu'en dites-vous, Philosophe?

LE PHILOSOPHE.

Une cloyere d'huîtres de Marenne!... des entretiens philosophiques!... Ma foi, au hazard de vous scandaliser... c'est une bonne chose qu'une cloyere d'huîtres.

LE MAÎTRE.

Et vous êtes d'avis qu'on tienne parole.

LE PHILOSOPHE.

Même aux huîtres.

LE MAÎTRE.

Permettez-donc, Monsieur, que je vous embrasse, & que je vous souhaite un bon voyage, & un prompt retour.

LE DISCIPLE.

Vous, Philosophe ; vous me restez ?

LE PHILOSOPHE.

Je vous reste.

Le Philosophe & son Ami dînerent ensemble. Mr. B... alla à son rendez-vous, d'où il vint chez le Philosophe qui n'étoit pas encore rentré; mais il trouva sa Fille qui le reçut.

LE MAITRE, L'ELEVE ET LE PHILOSOPHE.

L'ELEVE.

Monsieur, mon papa est absent.

LE MAÎTRE.

J'attendrai, si vous le permettez.

L'ELEVE.

Vous pourrez attendre un peu long-tems.

LE MAÎTRE.

S'il vous plaisoit de vous mettre à ce Clavecin ; peut-être, Mademoiselle, m'appercevrois-je moins de l'absence de Monsieur votre pere ?

L'ELEVE.

Avec plaisir, Monsieur, si cela peut vous désennuyer ; mais je vous préviens que je ne suis pas très-forte. Mon papa m'aime ; & il parle souvent de moi, non comme je suis, mais comme il me voudroit. Les talens ne sont pas héréditaires. Mais, Monsieur, par hasard, seriez-vous Monsieur B...

LE MAÎTRE.

Oui, Mademoiselle.

L'ELEVE.

J'en suis fort aise. Rien de moins indulgent que les ignorants.

DE CLAVECIN.

LE MAÎTRE.

Et pourquoi, s'il vous plaît?

L'ELEVE.

C'est qu'ils n'ont aucune idée des difficultés.

LE MAÎTRE.

Et moins encore de la perfection. On les contente à si peu de frais.

L'ELEVE.

Cela se peut ; mais ils louent & reprennent à tort & à travers ; & ils offensent également & par leur éloge, & par leur critique ; inconvénient que je n'encourerai point avec vous. Mon Clavecin est bon ; j'ai de l'excellente Musique ; il ne me manque que des doigts dociles. *(Elle joue.)*

LE MAÎTRE.

Ces doigts-là en valent bien d'autres.... La piece est belle, & à peu-près jouée.

L'ELEVE.

Je ne débute pas avec vous, par ce que je fais de plus mal.

LE MAÎTRE.

Da capo.... Bravo..... Ce passage-là, bien, bien ; & il n'est pas trop aisé.

L'ELEVE.

C'est le mérite de mon doigter.

LE MAÎTRE.

Vous connoissez l'Harmonie, sans doute ; vous préludez ; vous accompagnez?

L'ELEVE.

Je ne sçais ce que c'est qu'Harmonie ; je ne prélude point ; j'ignore ce que c'est qu'accompagner. Tout mon sçavoir se réduit à anoner, comme vous voyez, presque tous les Auteurs.

LE MAÎTRE.

C'est bien quelque chose. Qui est-ce qui vous a montrée?

L'ELEVE.

Une femme charmante dans laquelle on ne sçait quoi louer de préférence, l'esprit, le caractere, les mœurs ou le talent. Tenez ; il faut que je vous joue une de ses pieces.... Ne convenez-vous pas que sa composition a de la facilité, de l'expression, de la grace, du chant...

LE PHILOSOPHE *en rentrant.*

Ha, ha! vous voilà à l'ouvrage : j'en suis charmé : vous êtes homme de parole, & cela me convient. Asseyez-vous, Monsieur, point de cérémonie ; vous êtes ici chez vous, & vous m'obligerez d'agir en conséquence. Continuez : si vous le permettez, j'irai me mettre à l'aise, & puis je vous reviens. Ma fille, joue à Monsieur cette piece d'Emmanuel Back.....

L'ELEVE.

Elle est très-difficile.

LE MAÎTRE.

Hé bien, vous la jouerez mal ; la premiere chose qu'il faut que je connoisse, ce sont vos défauts. J'en ai déja remarqué quelques-uns.

L'ELEVE.

Ne vous lassez pas.

LE MAÎTRE.

Egalement, Mademoiselle, également... Et pourquoi sauter, comme vous faites, sur votre banquette ? cela est déplaisant... Bien cela, bien, très-bien.. Moins d'application ; moins de contention. Il faut aux choses de pur agrément, de l'aisance, de la facilité, de la grâce. L'ombre de la peine dépare le plaisir : & l'on souffre du tourment d'un virtuose....

LE PHILOSOPHE.

Vous l'avez entendue, qu'en dites-vous ? Parlez-moi net, j'aime la vérité, & je l'écoute avec autant de plaisir que je la dis. Je mets beaucoup d'importance à la droiture de l'esprit, à la bonté du cœur, aux connoissances utiles ; médiocrement aux talents agréables. Lorsque je trouverai mon enfant avec un bon livre à la main, jamais je ne lui dirai pourquoi n'êtes-vous pas à votre Clavecin ; il y a peu de grandes Musiciennes, & peut-être encore moins d'excellentes Meres de famille, surtout dans la capitale ; & soyez persuadé que ma fille ne me sera pas moins chere, quand vous m'aurez appris qu'elle ne sçait rien, & qu'elle ne sçaura jamais rien en musique.

LE MAÎTRE.

La piece que Mademoiselle vient d'exécuter est belle & difficile ; elle

DE CLAVECIN.

a les mains très-bien placées ; il ne tiendra qu'à elle d'exceller. Sa physionomie vive annonce de la pénétration. Je ne sçais si elle composera jamais ; mais si elle compose, ce sera de la musique forte ; car je vois que son goût la préfere à la musique fine & délicate.

L'Eleve.

C'est peut-être que je trouve celle-ci d'une exécution plus difficile.

Le Maître.

Son intelligence, son énonciation aisée promettent beaucoup d'agrément à un Maître ; & il ne dépendra pas de moi qu'elle n'acquierre incessamment ce qui lui manque.

Le Philosophe.

Si l'on voit tant de femmes reléguer dans le garde-meuble, l'instrument sur lequel elles ont eu si longtems les mains étant filles, c'est qu'elles n'étoient pas assez avancées ; & je pense que ce qu'elles ont abandonné, ne valoit pas la peine d'être conservé : voici donc une question à laquelle j'espere que vous répondrez sans détour. Croyez-vous qu'en s'appliquant, ma fille puisse se mettre au-dessus de toute difficulté.

Le Maître.

Au-dessus de toute difficulté ? Il n'y a peut-être personne qui en soit venu là ; mais voici ce que j'ose vous assurer ; c'est qu'elle resteroit où elle en est, que son instrument fera l'amusement de sa vie ; qu'il y a très-peu de Musiciens qui lisent & exécutent avec la même promptitude qu'elle, & que moi-même....

L'Eleve.

Vous pouvez, Monsieur, me faire grace des complimens ; c'est la chose dont je sçais me passer le plus aisément.

Le Maître.

Vous y êtes faite.

L'Eleve.

Tout ce que je puis vous dire, c'est que je recevrai vos leçons avec le plus grand desir d'en profiter, & que si mes progrès ne répondent pas à vos soins, ce ne sera ni faute d'application, ni manque de bonne volonté. Ce que je veux, je le veux bien. Voyons, Monsieur, par où commencerons-nous ?

LE PHILOSOPHE.

Mon avis feroit, Monsieur, que vous lui écrivissiez les leçons que vous avez données à notre voyageur ; elle les liroit. Je ne serois pas fâché moi-même de les lire : vous compteriez pour rien ou peu de chose ce qu'elle sçait, & elle auroit l'avantage de commencer par le commencement ; ce qui lui faciliteroit extrêmement l'intelligence du reste.

LE MAÎTRE.

Je ne me refuse point à cette tâche, quoique j'en sente très-bien la difficulté. Je vais m'engager dans une étude de la musique beaucoup plus réfléchie que je ne l'ai fait jusqu'à présent ; il faudra que j'ordonne mes idées ; que je cherche un plan, une méthode ; mais ce travail que j'entreprendrai en faveur de Mademoiselle, utile à moi-même, servira beaucoup aux autres Eleves que j'aurai. Je rédigerai d'abord les trois premieres Leçons que j'ai données à votre ami : si Mademoiselle y trouve des choses qui lui soient familieres, elle les omettra.

LE PHILOSOPHE.

Non, non, elle n'omettra rien ; on saisit mal un tout, quand on en néglige quelques parties.

LE MAÎTRE.

Nous passerons de-là aux principes de l'Harmonie ; & lorsque nous aurons fini, j'espere de mon côté, que vous ne me refuserez pas quelques-uns de ces momens dont vous êtes si prodigue envers les autres, pour revoir l'ouvrage entier.

L'ELEVE.

C'est un service que vous obtiendriez de mon Papa, quand il n'auroit aucunement l'avantage de vous connoître.

LE PHILOSOPHE.

Je m'y engage, & je vous remercie d'avance du moyen simple que vous m'offrez, de vous marquer une petite partie de ma reconnoissance.

L'ELEVE.

Il est donc convenu que Monsieur écrira, que je lirai, que vous, mon Papa, vous reverrez ; que je suis déja fort habile, & que je ne tarderai pas à l'être bien davantage ; & là-dessus, allons nous mettre à
table,

table, car on a servi ; d'ailleurs il ne sera pas mal que vous présentiez Monsieur à Maman qu'il n'a point encore vue.
Le Philosophe.
Tu as raison. Passons là-dedans.

Fin du quatrieme Dialogue & de la quatrieme Leçon.

CINQUIEME DIALOGUE ET PREMIERE LEÇON D'HARMONIE.

LE MAITRE, L'ELEVE ET LE PHILOSOPHE.

LE PHILOSOPHE.

JE ne sçais, Monsieur, si vous êtes satisfait de ma fille; mais depuis que vous lui avez remis vos premieres Leçons, c'est la plus belle diligence, l'application la plus suivie que je connoisse. Aujourd'hui levée entre cinq & six, elle avoit deux bonnes heures d'étude avant mon réveil: Games & roulades le matin, Games & roulades l'après-dîner, Games & roulades le soir. Que vous dirai-je ? Sa mere qui n'entend rien à cela & qui aimeroit mieux une piece bien jouée, en a presque pris de l'humeur.

LE MAITRE.

Il m'a paru que le tems avoir été bien employé : Mademoiselle exécute très-lestement les Games & les Enchaînemens ; elle parcourt diatoniquement & chromatiquement son clavier, comme si elle n'avoit jamais fait autre chose ; elle est aussi commodément en *fa* dieze, qu'en *ut* naturel ; & nous allons entâmer l'Harmonie.

LE PHILOSOPHE.

Fort bien. Mais ne négligeons pas l'exécution & la lecture des pieces ; faisons marcher toutes les parties de l'art de front ; & puis, mon enfant, de la mesure, de la précision, du goût ; l'aplomb, entens-tu, l'aplomb. Monsieur, vous avez le tact excellent ; voulez-vous qu'elle le prenne ? mettez-vous sur la banquette ; jouez, & qu'elle vous écoute.

LE MAITRE.

C'est mon dessein.

L'ELEVE.

Quand je parle, s'il m'arrive de dire quelque chose de bien, c'est pour avoir entendu mon Papa.

DE CLAVECIN.

LE PHILOSOPHE.

Je vous laisse à votre affaire, & je vais à la mienne.

LE MAÎTRE.

Avant de nous occuper de la chose, faisons connoissance avec le mot. La succession des notes soit du genre diatonique, soit du genre chromatique, se nomme *Chant* ou *Mélodie*; & l'ensemble de plusieurs sons qui s'accordent, forment l'*Harmonie*. Ainsi la tonique, la tierce & la quinte frappées en même tems, *ut*, *mi*, *sol*, par exemple, font une harmonie qu'on appelle *Consonnante*.

L'ELEVE.

Et *re*, *fa*, *la*; *mi*, *sol*, *si*; *fa*, *la*, *ut*; *sol*, *si*, *ré*; *la*, *ut*, *mi*; *si*, *ré*, *fa*, sont autant d'harmonies consonnantes.

LE MAÎTRE.

Comment avez-vous fait pour trouver si vîte des consonnances ?

L'ELEVE.

J'ai pris pour modele l'harmonie consonnante, *ut*, *mi*, *sol*, qui me présente deux tierces de suite.

LE MAÎTRE.

Oui; mais de ces deux tierces, l'une est majeure, l'autre mineure; ainsi vous rayerez, s'il vous plaît, *si*, *ré*, *fa*, d'entre les harmonies consonnantes.

Vous connoissez les douze Modulations majeures & les douze Modulations mineures.

L'ELEVE.

Je les connois.

LE MAÎTRE.

Prenez de chacune la tonique, la tierce & la quinte, & vous aurez les vingt-quatre harmonies consonnantes de la Musique.

L'ELEVE.

J'entens. Je vais les jouer; & pour me conformer à l'ordre que vous avez suivi dans les games, je commence en *ut*; j'en fais l'harmonie consonnante en majeur & en mineur; puis je passe à la quinte *sol*.

LE MAÎTRE.

Voyons comment vous vous en tirerez.

LEÇONS
L'ELEVE.

En majeur d'*ut* ; *ut* , *mi* , *sol* ;   en mineur d'*ut* ; *ut* , *mi* bémol , *sol*.
En majeur de *sol* ; *sol* , *si* , *ré* ;   en mineur de *sol* ; *sol* , *si* bémol , *ré*.
En majeur de *ré* ; *ré* , *fa* dieze , *la* ;   en mineur de *ré* ; *ré* , *fa* , *la*.
En majeur de *la* ; *la* , *ut* dieze , *mi* ;   en mineur de *la* ; *la* , *ut* , *mi*.
En majeur de *mi* ; *mi* , *sol* dieze , *si* ;   en mineur de *mi* ; *mi* , *sol* , *si*.
En majeur de *si* ; *si* , *ré* dieze , *fa* d.   en mineur de *si* ; *si* , *ré* , *fa* dieze.
Je vais lentement, ne vous impatientez pas.

LE MAÎTRE.
Je ne m'impatiente jamais.

L'ELEVE.
Demain, celà ira tout courant.
En majeur de *fa* dieze : *fa* ✳ , *la* ✳ , *ut* ✳ ; en mineur de *fa* ✳ ; *fa* ✳ , *la* ,
ut ✳. Ces deux harmonies sont presque les mêmes.

LE MAÎTRE.
C'est qu'en majeur & en mineur , la tonique & la quinte restent ; & comme elles rentrent toutes deux dans l'harmonie consonnante, les deux tiers de l'harmonie consonnante sont les mêmes de part & d'autre. Continuez.

L'ELEVE.
La quinte de *fa* dieze est *ut* dieze. Je prendrai , si vous le permettez , cet *ut* dieze pour *ré* bémol , & je dirai :
En majeur de *ré* bémol ; *ré* ♭ , *fa* , *la* ♭ ; en mineur de *ré* ♭ ; *ré* ♭ , *fa* ♭ ,
la ♭.

LE MAÎTRE.
Et en mineur de *ré* bémol , combien aurez-vous de bémols ?

L'ELEVE.
J'en aurai... J'en aurai huit.

LE MAÎTRE.
Et qu'aurez-vous gagné à changer votre tonique *ut* dieze en *ré* bémol ?
Rien. Croyez-moi ; pour éviter les huit bémols du mineur de *ré* bémol , gardez votre tonique *ut* dieze.

L'ELEVE.
Soit. En majeur d'*ut* ✳ ; *ut* ✳ , *mi* ✳ , *sol* ✳ ; en mineur d'*ut* ✳ ; *ut* ✳ , *mi* ,

sol ☓. Ce sont les mêmes touches. La quinte d'*ut* dieze est *sol* dieze; afin d'éviter les huit diezes de *sol* dieze; pour l'octave suivante, je métamorphose *sol* dieze en *la* bémol; & les harmonies consonnantes seront:
En maj. de *la* bém. *la* ♭, *ut*, *mi* ♭; en mineur de *la* ♭; *la* ♭, *ut* ♭, *mi* ♭.
En maj. de *mi* ♭; *mi* ♭, *sol*, *si* ♭; en min. de *mi* ♭; *mi* ♭, *sol* ♭ *si* ♭.
En maj. de *si* bém. *si* ♭, *ré*, *fa*; en min. de *si* bém. *si* ♭, *ré* ♭, *fa*.
En majeur de *fa*; *fa*, *la*, *ut*; en mineur de *fa*; *fa*, *la* ♭, *ut*.

Et la quinte de *fa* étant *ut*, me voilà revenue où j'ai commencé. J'étudierai bien ces vingt-quatre harmonies consonnantes; vous en serez émerveillé. Cela ira d'un leste! vous verrez; si mon tâtonnement vous ennuie, soyez sûr qu'il ne vous ennuiera pas seul.

Le Maître.

Lorsque ces harmonies seront bien suivies, bien de mesure, & sans fauts, comptez qu'elles ne vous déplairont pas.

L'Eleve.

Qu'est-ce à-dire, sans fauts?

Le Maître.

Vous faites en majeur d'*ut*, *ut*, *mi*, *sol*; en mineur, *ut*, *mi* bémol, *sol*; ensuite pour aller à l'harmonie, *sol*, *si*, *ré*, vous déplacez la main; cela choque l'œil & l'oreille.

L'Eleve.

Et comment éviter ce défaut?

Le Maître.

Le voici. En majeur d'*ut*, par exemple, l'harmonie consonnante est *ut*, *mi*, *sol*; mais cette harmonie n'exige pas la soumission à l'ordre de tonique, tierce & quinte; pourvu que les trois sons soient faits, il n'importe de frapper *ut*, *mi*, *sol*; *mi*, *sol*, *ut*; *sol*, *ut*, *mi*; pareillement en majeur de *sol*, les trois sons & les trois positions sont *sol*, *si*, *ré*; *si*, *ré*, *sol*; *ré*, *sol*, *si*, & toutes rendront également bien l'harmonie consonnante: de quoi s'agit-il donc? C'est en passant d'une harmonie consonnante à une autre, d'ordonner la position de la seconde harmonie sur la première de manière à rapprocher les sons. Ainsi, recommencez vos harmonies, suivant le même ordre des modulations, *ut*, *mi*, *sol* : *ut*, *mi* bémol, *sol*... Attendez, à présent... au lieu d'aller en *sol*, par *sol*, *si*, *ré*,

126 LEÇONS

allez-y par *si*, *ré*, *sol*.... Fort bien..... Sentez l'effet.

L'ELEVE.

Ut, *mi*, *sol*; *ut*, *mi* bémol, *sol*; *si*, *ré*, *sol*... Vous avez raison... cela brouillera un peu les harmonies dans ma tête; mais il faut avouer que cela fait mieux pour l'œil, & que cela est plus doux à l'oreille.

LE MAÎTRE.

Pour obvier au dérangement de votre tête par trois positions différentes de chaque harmonie, nommez toujours *ut*, *mi*, *sol*, quoique vous exécutiez *mi*, *sol*, *ut*, ou *sol*, *ut*, *mi*, & ayez la même attention pour toutes les autres modulations : autre chose, ne manquez pas de choisir pour la main, la position qui n'est ni trop grave, ni trop aiguë ; en *ut*, par exemple, jouez *mi*, *sol*, *ut*; en *fa*, jouez *fa*, *la*, *ut* ; en *sol*, jouez *ré*, *sol*, *si*; votre oreille & vos doigts se trouveront bien de cette regle; & pour vous habituer aux choix de ces positions, il me prend envie de vous écrire les vingt-quatre harmonies consonnantes, selon l'ordre que vous avez adopté.

Succession des vingt-quatre Harmonies consonnantes, par quinte ;
Pour la main droite.

Afin que vous distinguassiez mieux les toniques, je les ai fait noires. J'ai écrit quelques Harmonies doubles, afin de pouvoir remonter, & de n'être pas obligé de noter la suivante, d'une position trop grave ; & j'ai fini par *ut*, *mi*, *sol*, *ut*, pour vous montrer qu'on peut ajoûter un unisson à l'harmonie sans rien gâter.

L'Eleve.

Cela est conçu, mais non sçu. Et la main gauche?

Le Maître.

Les mêmes positions seront trop aiguës pour la Basse ; c'est un autre exemple à vous noter.

Succession des ving-quatre Harmonies consonnantes, par quinte,
Pour la main gauche.

L'Eleve.

Je me ferai à ces Harmonies, en dépit des sons à frapper & des positions à garder ; mais je crains qu'elles ne m'allourdissent les mains que je n'ai déja pas assez légeres.

Le Maître.

Donnez-leur une mesure ; faites des batteries, & jouez-les comme vous les voyez ci-dessous.

Je vous multiplierois ces variations sans fin ; mais vous ne tarderez pas à en trouver de vous-même, & de plus agréables.

L'ELEVE.

Si j'en viens au point de lire & d'exécuter facilement les idées des autres, cela suffira à l'amusement de mon Papa & à mes vues. Ne pourroit-on pas entrelacer ces batteries de la maniere qui suit : *ut*, *sol*, *mi*, *ut* ; & *mi*, *sol*, *ut*, *mi*.

LE MAÎTRE.

Bravo. Deux batteries délicates, si on les joue andanté. Ecrivons-les.

L'ELEVE.

Il ne s'agit plus que de se mettre cela dans les doigts ; & c'est mon affaire, à moi ; vous n'y pouvez rien.

LE MAÎTRE.

Si vous tentiez avec les deux mains à la fois, la succession des harmonies consonnantes qui précedent, tant simples que variées.

L'ELEVE.

Presto ? Je ne m'y engage pas.

LE MAÎTRE.

Comme vous pourrez ; & si les harmonies vous fatiguent, laissez-les ; nous y reviendrons ; ce que j'exigerois, c'est qu'en partant d'*ut*, vous allassiez par quarte, & que vous me fissiez les harmonies consonnantes en majeur.

L'ELEVE.

Je les nomme ; c'est le moyen de ne me pas tromper.

Ut, mi, sol... fa, la, ut... si b, *ré, fa... mi* b, *sol, si* b.

Je continuerai avec la même facilité : mais les jouer, sans pécher contre les vraies positions, c'est autre chose.

LE MAÎTRE.

La succession de ces douze Harmonies n'est pas sans agrément, il
faut

DE CLAVECIN.

faut écrire selon les positions les plus commodes, & lier ensemble les deux mains qu'en jouant vous séparerez à discrétion.

Succession des douze Harmonies consonnantes, par quarte,
Pour les deux mains.

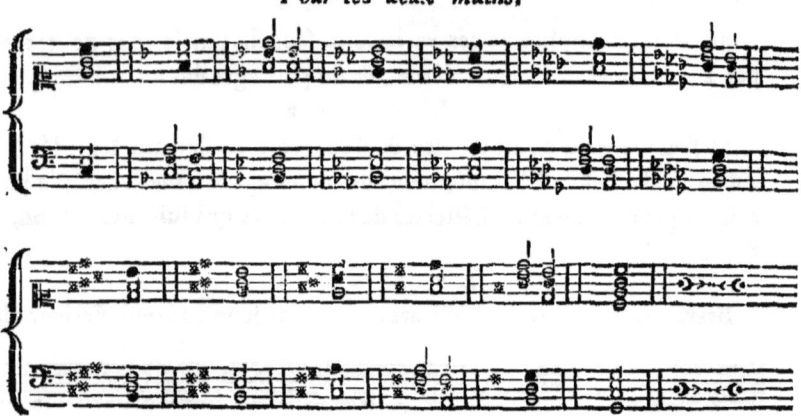

L'Eleve.

Je voudrois bien entendre cette Succession avec les deux mains à la fois ; je n'ai aucune idée de son effet.

Le Maître.

Il faut vous en donner le plaisir ; je la varierai de batteries ; je ferai même travailler les mains alternativement : tandis que l'une frappera l'harmonie séchement, l'autre s'amusera des sons ; c'est la variété qui sauve du dégoût.

L'Eleve.

Cela me plaît plus, peut-être, qu'une piece. L'oreille est satisfaite, & l'ame met du sens, & le sens qu'elle veut a cet enchaînement ; je brûle d'en sçavoir faire autant.

Le Maître.

Les principes dépendent de moi, la pratique de vous ; c'est vous-même qui l'avez dit. Je ne vous lanternerai pas ; & afin que vous en soyez persuadée, voici une autre Succession d'Harmonies consonnantes, où la droite exécutera une batterie continue, tandis que la gauche ne frappera que les harmonies. Je choisis la mesure à deux tems. A chaque mesure,

R

LEÇONS

je fais deux fois la même harmonie, & je parcours les vingt-quatre Modulations avec les Harmonies consonnantes, par quarte, en passant par les Modulations relatives.

Succession des vingt-quatre Harmonies consonnantes, par sixte à l'aigu, ou par tierce au grave, suivant les Modulations relatives.

Suivez cette Succession, elle vous flattera; si toujours la même basse fatigue, substituez-en une autre; variez aussi les harmonies selon votre goût; intercallez une mesure différente; ne vous attachez pas davantage au mouvement; allez tantôt andante, tantôt allégro; vous ne gâterez rien, pourvu que vous vous assujettissiez à la marche des harmonies; car si par hasard il vous venoit dans la fantaisie d'employer les harmonies en *ut* dieze après avoir pratiqué celles en *ut*, vous effaroucheriez l'oreille qui veut que la variété qu'elle desire, lui soit offerte avec douceur.

Dans les dernieres Successions, j'introduis d'abord un bémol, puis deux, trois; j'use des diezes, avec la même économie; engagé dans les diezes & les bémols, je m'en démêle avec la même circonspection.

Je vais plus hardiment dans la premiere Succession; je fais paroître à la fois trois bémols & disparoître trois diezes; il n'en pouvoit être autrement, le mineur succédant au majeur dans la même octave; la tonique, la quarte & la quinte restant les mêmes, l'oreille s'accommode de ce passage.

L'Eleve.

Si l'on veut donc changer de modulation, on pourra toujours aller du majeur au mineur dans la même octave.

Le Maître.

Et du mineur, à son relatif majeur; à la quinte où l'on n'aura qu'un dieze de plus, ou qu'un bémol de moins; avec un nouveau bémol, ou avec un dieze de moins, on entrera dans la modulation de la quarte.

L'Eleve.

Si je me hazardois hors des marches de successions que vous m'avez prescrites, je me croirois perdue. Substituer des batteries aux harmonies frappées, passe pour cela; au reste, j'y mettrai tout mon sçavoir; & puis, si demain vous ne me trouvez pas bien merveilleuse, j'espere que vous n'en serez pas fort étonné.

Le Maître.

Ne vous tourmentez de rien; cela viendra sans que vous vous en doutiez.

L'Eleve.

Quand je pense au tems que j'ai donné à la Musique; à ce que

j'en sçais, à ce qui me reste à apprendre........
Le Maître.

Ce reste n'est pas si considérable que vous le croyez ; vous excellerez dans l'exécution des pieces & dans la connoissance de l'harmonie, & cela avant qu'il soit peu ; c'est moi qui vous en réponds.

L'Eleve.

Si j'étois bien sûre que mon garant ne me flattât pas ! en attendant, puisque je sçais lire, & que l'intention de mon Papa est que je m'occupe des pieces, jouons.... Qui ? Abel, Alberti, Emmanuel, Jean Back.... Dites....

Le Maître.

Un Concerto de Muthel. Mais auparavant, faites-moi les Games majeures & mineures dans toutes les octaves, & les Enchaînemens des modulations relatives ; il est essentiel d'être inébranlable là-dessus.

L'Eleve.

Je le veux.

Fin du cinquieme Dialogue & de la premiere Leçon d'Harmonie.

SIXIEME DIALOGUE
ET SECONDE LEÇON D'HARMONIE.
LE MAITRE, L'ELEVE.

L'ELEVE.

Vos Harmonies font plus difficiles que je ne croyois. Je vais vous jouer les trois Succeſſions... Tenez, les voilà travaillées à ma façon... je n'en ai rien pu faire de mieux.

LE MAITRE.

Fort bien. Seulement le mouvement un peu plus égal, & lorsque vous en changez, exprimez-le davantage.

L'ELEVE.

J'y ferai attention.

LE MAITRE.

Me nommeriez-vous la premiere harmonie conſonnante qu'il me plairoit de vous demander? Par exemple, l'harmonie conſonnante en mineur de *fa* dieze.

L'ELEVE.

Je le crois... En mineur de *fa* dieze, trois diezes... Donc les notes de l'harmonie, *fa* dieze, *la*, *ut* dieze... Quoi, vous vous êtes imaginé que je ne connoiſſois les harmonies que dans l'ordre de vos Succeſſions ? qu'interrogée ſur l'Harmonie d'une modulation priſe dans le courant de la Succeſſion, je n'y ſerois plus ? Je veux vous faire voir que je ſçais mieux.... En majeur de *la* bémol; les harmonies ſont, *la* bémol, *ut*, *mi* bémol... Et les voilà jouées ſelon les trois poſitions. .... Et je vous ajoûterois que la troiſieme poſition, *mi* bémol, *la* bémol, *ut*, me plaît le plus pour la main droite; car elle n'eſt ni trop grave, ni trop aiguë. Hé bien!

LE MAITRE.

Hé bien, je vois que vous allez & que vous allez vîte ſans vous fatiguer.

LEÇONS

L'ELEVE.

N'en croyez rien, j'y ai mis du tems; mais aussi je possede votre premiere succession à l'exécuter en causant d'autre chose.... Essayons.... Allons, parlez....

LE MAÎTRE.

Mademoiselle, vous n'avez pas borné toutes vos études à la Musique?

L'ELEVE.

Non assurément..... Je fais des ourlets, du tri... Je connois le prix des choses... J'ordonne très-bien un dîner, un souper.... Je n'ai besoin de personne pour me coëffer... pour veiller à mon linge, à mes vêtemens....... Qu'en dites-vous? En vais-je moins surement?

LE MAÎTRE.

Non, continuez.

L'ELEVE.

Continuez vous-même.

LE MAÎTRE.

Voilà ce que Madame votre mere a dû vous apprendre; mais Monsieur votre pere n'a-t-il pas desiré que vous sçussiez quelque langue?

L'ELEVE.

La mienne, & c'est assez.... Je suis ici en majeur de si bémol.... Vous riez?

LE MAÎTRE.

Quoi! point d'Italien; point de Mathématique; point de Philosophie?

L'ELEVE.

Rien de tout cela.... Je lis de la Morale pour me conduire; de la Poësie pour m'amuser; & je fais de la Musique pour le plaisir de Papa .... Et deux successions d'expédiées... passons à la troisieme... Mais causez donc?

LE MAÎTRE.

Et l'Histoire? Et la Géographie!

L'ELEVE.

L'Histoire? la Géographie?... J'ai lu l'Histoire ancienne quelques Histoires particulieres, l'Histoire universelle de Voltaire, deux fois, trois fois, quatre fois... En Géographie... L'Abrégé de Langlet du

Fresnoi est toute ma provision; legere, comme vous voyez... les batteries me coûtent peu.... L'étude des pieces m'y a préparée.... Les batailles m'ennuyent...... ces noms de Villes, de Montagnes, de Rivieres, font une pâture bien féche.....

LE MAÎTRE.

C'est que les batailles & les noms de lieux ne font pas les vrais objets de l'Histoire & de la Géographie.... également; allez également.... Ce font les productions de la terre & des eaux; les animaux de toutes espéces... Doucement, plus doucement... Les hommes, leurs usages, leurs opinions, leurs mœurs, leurs préjugés....

L'ELEVE.

Je tâcherai d'avoir peu de besoin des productions de la terre, les animaux me font importuns; & vous ne voyez autour de moi ni chien, ni chat, ni singe, ni perroquet, & j'ai des jambes pour marcher.... Les hommes auront été & font plus insensés que méchans, comme cela se pratique aujourd'hui; & moi, je fais ce que je puis, & souvent mal, comme vous voyez, car je ne joue pas de mesure.

LE MAÎTRE.

Ne vous inquiétez ni de mesure, ni de tact, vous prendrez l'un & l'autre.

L'ELEVE.

Vous me le promettez?

LE MAÎTRE.

Je vous le promets.... vous voilà rentrée en majeur d'*ut*.... Les notes qui composent son harmonie, font la tonique *ut*, la tierce *mi*, & la quinte *sol*; la premiere ou tonique est la note principale ou fondamentale de l'harmonie, puisqu'elle détermine les deux autres, la tierce & la quinte. Par cette raison nous nommerons cette harmonie, harmonie consonnante de la tonique; ce qui la distinguera de toutes les autres harmonies consonnantes dans la même octave.

L'ELEVE.

Comment, Monsieur; je ne connois donc pas encore toutes les harmonies consonnantes?

LEÇONS

LE MAÎTRE.

Pourriez-vous me dire les harmonies confonnantes qui ne renferment ni diezes ni bémols?

L'ELEVE.

Ce font celles du majeur d'*ut*, & du mineur de *la*.

LE MAÎTRE.

Et *fol*, *fi*, *ré*; & *mi*, *fol*, *fi*, & *fa*, *la*, *ut*, & *ré*, *fa*, *la*? quoiqu'il y ait un dieze ou un bémol dans ces modulations, elles n'en fournissent pas moins des harmonies où il n'y a ni diezes, ni bémols.

L'ELEVE.

Et la raifon?

LE MAÎTRE.

C'eft une conféquence de ce que je vous ai dit des diezes, des bémols, & des harmonies; le bémol eft quarte en majeur, & fixte en mineur; le dieze eft fenfible en majeur, & feconde en mineur; & l'harmonie confonnante tant en majeur qu'en mineur eft tonique, tierce & quarte.

L'ELEVE.

Et ces harmonies dont les notes font naturelles, qu'en ferons nous?

LE MAÎTRE.

Nous les introduirons dans la modulation majeure d'*ut*; *fol* étant quinte ou dominant en *ut*, fon harmonie *fol*, *fi*, *ré*, fera nommée harmonie confonnante de la dominante; par la même raifon, l'harmonie de *fa*, fera nommée harmonie confonnante de la quarte, & ainfi de l'harmonie de la fixte *la*, de la feconde *ré* & de la tierce *mi*.

D'où vous conclurez qu'on peut pratiquer dans chaque modulation majeure encore cinq harmonies confonnantes; fçavoir celles des modulations qui ont un dieze ou un bémol de plus, & l'harmonie de la modulation relative.

Que ces harmonies font les confonnances de la dominante, de la quarte, de la fixte, de la feconde & de la tierce.

Et que pour trouver fans peine les confonnances de la quarte, de la fixte, de la feconde & de la tierce; par exemple, de la quarte en majeur de *fa**, vous direz, comme vous avez dit, pour la tonique *ut*,

deux

DE CLAVECIN.

deux tierces de suite, en commençant par la note qui fait quarte, & prenant les notes de la game; par conséquent, *si*, *ré* dieze, *fa* dieze.

L'Eleve.

Je n'ai que faire de ce circuit; j'ai tant exercé les vingt-quatre harmonies consonnantes, que je trouve sur le champ les deux consonnances de chaque touche du Clavier; par exemple en majeur de *mi* bémol, c'est *mi* bémol, *sol*, *si* bémol; en mineur, *mi* bémol, *sol* bémol, *si* bémol : je les jouerois les yeux fermés. Mais dites-moi, pourquoi cet ordre toujours si strictement gardé, quinte, quarte, sixte, seconde, & tierce; il me semble qu'il seroit plus simple de dire les harmonies qui s'introduisent dans une octave ou game quelconque, sont celles de la seconde note, de la tierce, de la quarte, de la quinte & de la sixte, & ces harmonies avec celles de la tonique, font en chaque modulation six harmonies consonnantes.

Le Maître.

Et vous feriez un raisonnement doublement vicieux ; premierement il seroit trop général : dire six consonnances dans chaque modulation, ce seroit y comprendre les modulations mineures dont il n'a point encore été question ; secondement, ce seroit suivre l'ordre de la game & des nombres, un, deux, trois, quatre, cinq, six, & oublier le rang & l'importance des harmonies dans une modulation.

L'Eleve.

Je saisis cela. Harmonie de la tonique, harmonie principale; harmonie de la dominante qui commande aux autres & qui les amene; harmonie de la quarte que l'oreille préoccupée préfere à celle de la sixte; & harmonie de la sixte, tonique du relatif, qui par ses sons communs s'associe mieux à l'harmonie principale que les deux restantes.

Le Maître.

Que je vous abandonne.

L'Eleve.

Et que je vous restitue pour le moment ; quatre harmonies consonnantes dans chaque modulation me paroissent suffire à bien des effets.

Le Maître.

Cela eſt juſte ; mais quelque choſe de plus précis ſur l'ordre & la préférence de ces conſonnances.

L'Eleve.

Il ne me vient rien de plus. La tonique eſt la note fondamentale de la game, je l'ai dit.

Le Maître.

La tonique, fort bien. Après ?

L'Eleve.

La dominante.

Le Maître.

Pourquoi ?

L'Eleve.

Attendez ; c'eſt de la Phyſique ici. La tonique fait raiſonner la quinte & frémir la quarte. Eſt-ce cela ?

Le Maître.

Oui... donc prééminence de la quinte & excellence de la quarte.

L'Eleve.

Mais d'après cette expérience, la tierce ſeroit ſupérieure à la ſixte, & peut-être à la quarte. Car cette tierce ou ſa réplique à l'aigu ſe fait entendre entre les harmoniques du corps ſonore, avec ſa quinte ou ſa réplique. C'eſt vous qui me l'avez appris. Rappellons donc la conſonnance de la tierce, & que celle de la ſixte au moins lui cede la place.

Le Maître.

Laiſſons les choſes comme elles ſont ; & faiſons des quatre conſonnances quatre mots, dont il s'agiſſe de former une phraſe, en les rangeant de maniere qu'après avoir fixé la modulation par la conſonnance de la tonique, les autres ſe ſuccédent en paſſant toujours d'une plus foible à une plus forte ; ce qui réſultera de l'ordre qui ſuit.

Conſonnance de la tonique.
Conſonnance de la ſixte.
Conſonnance de la quarte.
Conſonnance de la quinte.
Conſonnance de la tonique.

DE CLAVECIN.

L'ELEVE.

Permettez que j'exécute cette phrase en majeur de *sol*... la marche, *sol*, *mi*, *ut*, *ré*, *sol*... Les consonnances, *sol*, *si*, *ré*... *mi*, *sol*, *si*... *ut*, *mi*, *sol*... *ré*, *fa* dieze, *la*... puis *sol*, *si*, *ré*, pour finir.

LE MAÎTRE.

C'est cela... Allez... Bien.... Les positions, les positions.

L'ELEVE.

L'ordre, les harmonies, les positions, c'est bien du monde à la fois.

LE MAÎTRE.

Pour vous faciliter cette tâche, je vais vous écrire la même Phrase harmonique de quatre consonnances dans les douze modulations majeures ; & de crainte de vous allourdir la main, je la variérai par différentes batteries. Si l'imagination m'en suggere d'autres que celles que j'ai précédemment employées, je les préférerai & je ferai marcher les deux mains ensemble.

Phrase harmonique de quatre consonnances.
En majeur d'*ut*.

J'écris deux fois les harmonies pour compléter la mesure ; & je distingue toujours les notes principales ou fondamentales par des noires.

Phrase harmonique de quatre consonnances.
En majeur de *sol*.

Phrase harmonique de quatre consonnances.
En majeur de *ré*.

Phrase harmonique de quatre consonnances.
En majeur de *la*.

Phrase harmonique de quatre consonnances.
En majeur de *mi*.

L'Eleve.

Voilà une nouvelle batterie si compliquée, que je ne distingue plus les harmonies.

Le Maître.

Ce n'est sûrement pas la double note employée dans chaque harmonie qui les obscurcit.

L'Eleve.

Non, vous m'avez prévenue que cela n'y faisoit rien. Mais je ne comprends pas la seconde mesure où le troisieme tems est *mi*, *mi*, au lieu de l'harmonie de la sixte *ut* dieze, *mi*, *sol* dieze.

DE CLAVECIN.

Le Maître.

C'est qu'il ne faut pas s'assujettir si strictement aux notes de l'harmonie consonnante qu'on craigne d'en omettre aucune ; la variété des batteries exige cette suppression.

L'Eleve.

Supprimez donc à votre aise.

Le Maître.

Phrase harmonique de quatre consonnances.
En majeur de *si*.

Phrase harmonique de quatre consonnances.
En majeur de *fa dieze*.

Je répete souvent la consonnance de la tonique à la fin, pour mieux terminer la batterie.

Phrase harmonique de quatre consonnances.
En majeur de *ré* bémol.

LEÇONS

Phrase harmonique de quatre consonnances.
En majeur de *la* bémol.

Phrase harmonique de quatre consonnances.
En majeur de *mi* bémol.

Phrase harmonique de quatre consonnances.
En majeur de *si* bémol.

Phrase harmonique de quatre consonnances.
En majeur de *fa*.

DE CLAVECIN.

Voilà de quoi vous occuper seule. Passons aux Modulations mineures. Vous connoissez l'harmonie consonnante des toniques, à laquelle nous en ajoûterons cinq autres, comme en majeur. Supposons-nous en *la* où toutes les notes sont naturelles. La consonnance de la tonique sera *la*, *ut*, *mi* : toutes les consonnances à introduire ici ont leurs notes naturelles. Donc c'est ici la même regle qu'en majeur ; c'est-à-dire, qu'on y emploie toutes les harmonies consonnantes d'un dieze ou d'un bémol de plus, avec celles de la Modulation relative ; mais en mineur, les harmonies introduites sont celles de la quinte, de la quarte, de la sixte, de la tierce & de la septieme.

L'ELEVE.

Quinte, quarte, sixte, tierce, septieme.... Permettez que je les nomme selon votre ordre, & que j'y ajoute leurs sons.

Tonique,   *la*, *ut*, *mi*.
Quinte,   *mi*, *sol*, *si*.
Quarte,   *ré*, *fa*, *la*.
Sixte,   *fa*, *la*, *ut*.
Tierce,   *ut*, *mi*, *sol*.
Septieme,   *sol*, *si*, *ré*.

LE MAÎTRE.

Tout au mieux. Mais afin de ne point trop charger les phrases ; & de traiter le mineur comme le majeur, nous oublierons pour le moment les consonnances de la septieme *sol*, *si*, *ré*, & de la tierce *ut*, *mi*, *sol* ; nos phrases harmoniques consonnantes n'enchaîneront que celles de la tonique, de la quinte, de la quarte & de la sixte ; & pour fortifier la consonnance de la quinte *mi*, *sol*, *si*, & la faire dominer en mineur comme en majeur ; nous hausserons le *sol* d'un demi-ton ; ce qui donnera le *sol* dieze sensible de *la*, de même qu'en *ut*, dans *sol*, *si*, *ré* ; *si* est sensible d'*ut*.

144 LEÇONS

L'ELEVE.

Mais par ce moyen vous introduisez un dieze dans une modulation qui a toutes ses notes naturelles.

LE MAÎTRE.

J'en conviens; mais j'en appelle de cette licence, si c'en est une, au jugement de votre oreille... Ecoutez...

L'ELEVE.

Refaites-moi cela, s'il vous plaît.

LE MAÎTRE.

La, *ut*, *mi*, consonnance de la tonique... *fa*, *la*, *ut*, consonnance de la sixte... *ré*, *fa*, *la*, consonnance de la quarte... *mi*, *sol*, dieze, *si*, consonnance de la quinte... *la*, *ut*, *mi*, consonnance de la tonique.

L'ELEVE.

Même ordre qu'en majeur; mais effet plus touchant, c'est comme dans les espéces animales, la force du côté du mâle, la douceur du côté de la femelle.

LE MAÎTRE.

Laissez-moi harpeger ces quatre consonnances en mineur de *fa*.

L'ELEVE.

Harpeger! Qu'est-ce que cela?

LE MAÎTRE.

Au lieu de frapper toutes les notes ensemble, les faire entendre successivement, comme vous les voyez écrites.

Ecoutez mes consonnances en mineur de *fa*.

L'ELEVE.

J'écoute... & je persiste; ces consonnances m'affectent plus qu'en majeur... Mais il me semble que vous n'observez pas en *fa*, le même ordre qu'en *la*, & que vous avez observé en majeur.

LE MAÎTRE.

Il est vrai. J'ai voulu essayer un autre ordre pour la phrase en mineur. J'ai commencé par la consonnance de la tonique, d'où j'ai passé à celle

de

DE CLAVECIN.

de la dominante, de la fixte, de la quarte, après laquelle j'ai répété celle de la dominante, & je fuis revenu à celle de la tonique.

L'Eleve.

Ce qui fait en mineur de *la*; *la*, *ut mi*... *mi*, *fol* dieze, *fi*... *fa*, *la*; *ut*... *ré*, *fa*, *la*... *mi*, *fol* dieze, *fi*... *la*, *ut*, *mi*.

Le Maître.

Précifément. Pour l'uniformité, dans les phrafes dont je ne tarderai pas à vous donner des exemples en mineur, j'enchaînerai les quatre confonnances comme en majeur; mais n'oubliez pas la licence que vous m'avez accordée.

L'Eleve.

De faire l'harmonie de la quinte ou dominante en mineur comme en majeur? Fort bien. Mais avant de nous mettre à cette nouvelle phrafe, vous m'obligeriez de m'expliquer un effet que je viens d'éprouver.

Le Maître.

Quel?

L'Eleve.

C'eft que l'enchaînement de ces confonnances m'a plus affectée en mineur de *fa*, qu'en mineur de *la*; eft-ce une fingularité perfonnelle ou paffagere?

Le Maître.

Non. C'eft une propriété intrinféque de la modulation. Chacune a fon caractere; il y en a de fi pauvres & de fi plates que vous aurez peine à les fupporter. Le mineur de *fa* eft propre au chant d'expreffion, à l'adagio; un bel andante en mineur de *fi* bémol perdroit beaucoup en *fol*; les majeurs de *ré*, de *mi* bémol & de *mi*, font majeftueux. Les enterremens fe font en mineur de *ré*, de *la*, ou de *mi*.

L'Eleve.

Et ces propriétés, à quoi tiennent-elles? La raifon?

Le Maître.

Sur le Violon, à la différence du grave à l'äigu; fur le Clavecin, à la même différence, & peut-être au tempérament... La raifon, la raifon eft une belle chofe, & peut-être la fçavez-vous mieux que moi.

T

L'ELEVE.

Je vous demande une raison & vous me dites une fadeur ; épargnez-moi l'une, si vous ignorez l'autre. Au reste, il faut que je sçache les différens caracteres des autres modulations, car vous ne m'avez encore parlé que de dix.

LE MAÎTRE.

Affaire de goût, de passion ; c'est de la métaphysique, & même de la morale, du jargon qui me déplaît.

L'ELEVE.

La morale, ma lecture favorite, du jargon ! Quel blasphême ! Est-ce que vous êtes sans morale ?

LE MAÎTRE.

Non. J'en ai d'autant plus peut-être que j'en parle moins ; & cela, parce que d'autres me semblent en avoir d'autant moins qu'ils en parlent plus. Quand on est homme de bien, on l'est sans apprêt, sans faste. Votre papa se tait, mais il agit. Peu de discours, Mademoiselle, & beaucoup d'actions.

L'ELEVE.

Soit ; mais la Roche-Foucault ?

LE MAÎTRE.

Courtisan Janséniste ; calomniateur de la nature humaine.

L'ÉLEVE.

Mais la Bruyere ?

LE MAÎTRE.

Portraitiste ; sublime rosaire de maximes ingénieuses enfilées grain à grain. Pour l'utilité & peut-être pour l'agrément, j'aimerois un raisonneur bien ferme qui me démontrât qu'à tout prendre, pour être heureux dans ce monde, le moyen le plus sûr, c'est d'être vertueux.

L'ELEVE.

On ne démontre que ce qui est vrai ; & qui vous a dit que cela l'étoit ?

LE MAÎTRE.

Votre cœur, mon expérience, celle d'une infinité d'autres qui ont fait le bien & peu parlé.

DE CLAVECIN.

L'ELEVE.

Mais en attendant qu'on vous perfuade par des actions, comment fe montrer fage & raifonnable à vos yeux ?

LE MAÎTRE.

Etre, ne fe point montrer, & me laiffer écrire la phrafe harmonique de quatre confonnances dans les modulations mineures.

L'ELEVE.

Ecrivez, Monfieur, Ecrivez. Cependant il ne feroit pas mal de me dire pourquoi vous préférez l'harmonie de la fixte, à celle de la tierce ; je vous l'ai paffé en majeur ; mais en mineur, l'harmonie de la tierce eft la confonnance de la modulation relative ; la tierce eft une note fondamentale de la game ; & la tonique la détermine, ainfi que la quinte & la quarte.

LE MAÎTRE.

Je laifferai la confonnance de la fixte dans la phrafe que je vais écrire en mineur, parce qu'il n'y a prefque pas un mot de vrai dans tout ce que vous avez dit... & la tierce mineure eft fondamentale de la game ?.. & la tonique détermine la tierce mineure ?...

L'ELEVE.

Pardon, Monfieur.

LE MAÎTRE.

Voilà ce qui arrive quand on s'avife de bavarder morale.

Phrafe harmonique de quatre confonnances.
En mineur de *la*.

Je commence en *la* ; j'irai par quinte ; ce qui produira les diezes, comme il eft arrivé en majeur, en commençant par *ut*.

T ij

148 LEÇONS

Phrase harmonique de quatre consonnances.
En mineur de *mi*.

Phrase harmonique de quatre consonnances.
En mineur de *si*.

Phrase harmonique de quatre consonnances.
En mineur de *fa* dieze.

Phrase harmonique de quatre consonnances.
En mineur d'*ut* dieze.

DE CLAVECIN.

Phrase harmonique de quatre consonnances.
En mineur de *sol* dieze.

Phrase harmonique de quatre consonnances.
En mineur de *ré* dieze.

L'ELEVE.

Qu'est-ce que toutes ces petites notes qui ne sont pas de l'harmonie ? Monsieur, n'allons pas trop vîte. Ceci me paroît moins une enfilade de consonances, qu'un bout de chant majestueux.

LE MAÎTRE.

Point de terreur panique. C'est toujours la phrase harmonique en mineur de *ré* dieze ; ces petites notes s'appellent notes de passage. Leur usage est de lier les consonnances. Cette maniere de varier ne vous est pas désagréable, tant mieux ; cela m'enhardira quelquefois à intercaller entre les notes d'harmonie, les sons des octaves tant diatonique que chromatique.

L'Eleve.

Je vous en dispense. Gardez ces gentillesses pour une plus habile que moi. Les notes d'harmonie variées ne m'embarrassent déjà que trop souvent ; j'en perds de vue les consonnances & les modulations. Ecrivez le reste uniment ; dans quelque tems, tout à votre aise.

Le Maître.

En ce cas, tout uniment.

Phrase harmonique de quatre consonnances.
En mineur de *la* dieze, ou plutôt de *si* bémol.

Phrase harmonique de quatre consonnances.
En mineur de *fa*.

Phrase harmonique de quatre consonnances.
En mineur d'*ut*.

DE CLAVECIN.

Phrase harmonique de quatre consonnances.
En mineur de *sol*.

Phrase harmonique de quatre consonnances.
En mineur de *ré*.

Et voilà de l'ouvrage.

L'ELEVE.

Beaucoup.

LE MAÎTRE.

Exercez-vous dans ces vingt-quatre modulations; ne vous assujettissez à aucune de mes batteries. Substituez-en d'autres; vous ferez mieux que moi. je vous recommande les games & leurs enchaînemens, sans négliger les trois progressions d'harmonies consonnantes; & puis pour nous dégourdir les doigts & nous délasser l'esprit, quelques piéces.

L'ELEVE.

Un moment de repos, s'il vous plaît. Vous n'avez peut-être jamais remarqué que la contention de l'esprit qui tourne les yeux au-dedans de la tête, ou qui les fixe sur un objet que l'imagination cherche au loin, les fatigue.

LE MAÎTRE.

Vous avez beaucoup réfléchi?

L'ELEVE.

Comme toutes les jeunes filles de mon âge qu'on condamne au silence

Le Maître.

Quel Auteur prendrons-nous ? Voyons de l'Alberti : il est toujours nouveau.

L'Eleve.

Et toujours difficile.

Le Maître.

Vous vous moquez, cela se compare-t-il à Muthel, aux Bachs, à Beecke où vous allez tout courant.

L'Eleve.

Alberti veut être joué avec délicatesse & goût ; il en est de même des piéces de mon Amie, Mad. Louis. Les autres forts d'harmonie, chargés de sons, variés de modulations, n'exigent que de la précision & de la mesure. Alberti sera ma derniere lecture, lorsque déchiffrant tout sans peine, je voudrai perfectionner quelque chose. Mais dites-moi, n'est-ce pas une étrange malédiction que j'aye la mémoire excellente pour tout excepté pour la musique ? Je ne puis rien jouer par cœur. Cela est bien déplaisant.

Le Maître.

Hé bien, ne retenant rien des autres, si jamais vous composez ; bon ou mauvais, ce que vous produirez sera vôtre. Voilà le pis aller.

Fin du sixieme Dialogue & de la seconde Leçon d'Harmonie.

SEPTIEME

SEPTIEME DIALOGUE
ET TROISIEME LEÇON D'HARMONIE.
LE MAITRE, L'ELEVE.

L'Eleve.

Et d'où fortez-vous, Monfieur? Il y aura demain huit jours que vous n'êtes apparu.

Le Maître.

Je me fuis un peu fourvoyé; & qu'eft-ce qui ne fe fourvoye pas un peu dans ce monde-ci?

L'Eleve.

Vous ne vous êtes pas douté que votre abfence m'a fort fouciée.

Le Maître.

Je n'ai point eu cette vanité là.

L'Eleve.

Si vous fçaviez les idées fâcheufes qui m'ont paffé par la tête. Je me difois, mon Maître eft mécontent. Je fuis une petite cruche. Je n'avance pas. Il m'aura quittée. L'extrême patience avec laquelle vous enfeignez achevoit d'étayer mon foupçon. J'ajoutois; il ne gronde pas comme les autres; mais quand cela ne va pas à fa fantaifie; il vous plante là tout doucement.

Le Maître.

Vous vous êtes dit tout cela?

L'Eleve.

Ni plus ni moins. Je n'en ai travaillé que plus vivement. J'efpérois, fi vous reparoiffiez, vous r'engager par quelque lueur d'efpérance.

Le Maître.

C'eft comme à l'ordinaire.

L'Eleve.

Quoi! je n'ai rien fait encore.

V

LEÇONS
Le Maître.

Plus un Eléve a de facilité, moins il préfume de lui. Celui qui s'applique le plus, qui conçoit le plus aifément, qui fçait le mieux, eft prefque toujours celui qui craint & fe méfie.

L'Eleve.

Vrai, vous êtes fatisfait.?

Le Maître.

Très-fatisfait. On ne va pas plus vîte.

L'Eleve.

Mon papa avoit donc raifon de fe moquer de mon inquiétude? Mais pourquoi cette éclipfe.?

L'Eleve.

Pour vous laiffer le tems de digérer ce qui précéde, avant que de vous mettre à des chofes nouvelles. A préfent que les quatre confonnances dans toutes les modulations n'ont rien qui vous arrête, on peut vous prononcer le mot *diffonnance*.

L'Eleve.

Que dites-vous? Eft ce que la difcorde fe mêle auffi dans l'harmonie?

Le Maître.

Affurément; & elle y fait le même rôle que dans l'Univers; c'eft la peine qui rend le plaifir piquant; c'eft l'ombre qui fait valoir la lumiere; c'eft à la fatigue que la jouiffance doit fa douceur; c'eft le jour nébuleux qui embellit le jour ferein; c'eft le vice qui fert de fard à la vertu; c'eft la laideur qui reléve l'éclat de la beauté; c'eft par l'oppofition que les caracteres fe diftinguent; c'eft dans le clair-obfcur que confifte la magie de la peinture; les Poëtes d'un goût exquis n'ont gueres manqué de jetter une idée trifte au milieu des images les plus riantes ou les plus voluptueufes; celles-ci en deviennent intéreffantes; un peu de bruit lointain prête un charme inconcevable au filence; un être penfif rélégué dans le coin d'une folitude, ajoute à la folitude. Un bonheur que rien n'altere devient fade.

L'Eleve.

Malgré votre tirade poëtique, il me femble que dans le bien je n'ai jamais défiré l'affaifonnement d'un peu de mal.

DE CLAVECIN.

LE MAÎTRE.

On ne fent le prix des deux plus grands biens de la vie que quand on les a perdus, la fanté & la liberté.

L'ELEVE.

Voilà qui eft bien arrangé : l'habitude ôte la douceur à la poffeffion & rend la privation plus amére ; & la-deffus, permettez que je vous faffe mon compliment.

LE MAÎTRE.

Sur quoi ?

L'ELEVE.

Devinez.

LE MAÎTRE.

Je ne fçais.

L'ELEVE.

Vous ne fçavez ? Mais fur votre réconciliation avec l'amie de mon cœur.

LE MAÎTRE.

Et cette amie ?

L'ELEVE.

C'eft la morale. C'eft de la morale toute pure, tout ce que vous venez de me dire là.

LE MAÎTRE, (*avec humeur*).

Mademoifelle, mettez vous en *ut*. Après *ut*, *mi*, *fol*; faites *fol*, *fi*, *ré*, *fa* ; & finiffez par *ut*, *mi*, *fol*. Comment trouvez-vous cela ?

L'ELEVE.

J'y trouve à la fois deux exemples de vos principes. Ce petit mouvement d'humeur a fait fortir votre douceur naturelle, & jamais *ut*, *mi*, *fol*, ne m'a tant plû : *fol*, *fi*, *ré*, *fa*, va me réconcilier avec les peines paffageres ; & je ne haïrai que les longues diffonnances de la vie : *fol*, *fi*, *ré*, *fa*, eft donc une diffonnance.

LE MAÎTRE.

Oui, Mademoifelle. L'harmonie diffonnante eft compofée de trois tierces, *fol*, *fi*, *ré*, *fa*, fuivant les quatre premiers nombres impairs, 1, 3, 5, 7.

L'ELEVE.

En ce cas, rien de plus aifé que l'harmonie diffonnante. Je fçais tout.

Elle n'a qu'une note de plus que la consonnante qui a deux tierces suivant les trois premiers nombres impairs. Il y a donc vingt-quatre dissonnances; laissez-moi jouer ; je vois, je vois. Il ne s'agit que d'ajouter à la consonnance une tierce à l'aigu. Ce n'est pas la mer à boire.

LE MAÎTRE.

Comme vous y allez ? Les harmonies dissonnantes ne peuvent subsister seules. Elles menent aux consonnances, les seuls repos de la musique.

L'ELEVE.

J'aurois dû m'en douter.

LE MAÎTRE.

L'harmonie consonnante de la tonique est le principal repos de la modulation. Cherchons une dissonnance qui y conduise. La consonnance de la dominante suit bien celle de la tonique qui lui succéde bien à son tour. Vous l'avez éprouvé dans une phrase harmonique en tous les tons.

Vous avez dû sentir qu'*ut*, *mi*, *sol*, satisfait l'oreille devant & après *sol*, *si*, *ré*, *fa*.

Or qu'est-ce que *sol*, *si*, *ré*, *fa* ?

L'ELEVE.

L'harmonie dissonnante de la dominante en *ut*.

LE MAÎTRE.

Sol, est la note fondamentale de la consonnance de la dominante, & c'est aussi la note fondamentale de la dissonnance.

Sol, *si*, *ré*, forment la consonnance de la dominante ; donc la note *fa*, sur ajoutée, fait seule la dissonnance ; & cela, parce qu'elle est conjointe avec la note fondamentale *sol*.

Remarquez que le *si*, le *ré* & le *fa* de *sol*, *si*, *ré*, *fa*, sont dissonnants avec la consonnance principale *ut*, *mi*, *sol*; le *si* avec l'*ut* ; le *ré* avec l'*ut* & le *mi*; le *fa* avec le *mi* & le *sol*.

Ces dissonnances sont les vrais indices, les vraies voyes qui ménent l'harmonie dissonnante de la dominante à l'harmonie consonnante de la tonique.

Concluez de-là que dans la phrase harmonique de quatre consonnances, ce n'est pas arbitrairement que j'ai suivi l'ordre qui y régne : car *sol*, *si*, *ré*, quoiqu'harmonie consonnante est pourtant harmonie dissonnante

DE CLAVECIN.

avec *ut*, *mi*, *sol*, consonnance principale qui doit terminer la phrase.

L'Eleve.

Ces conclusions-là ne sont pas autrement évidentes.

Le Maître.

Demandez à votre Papa ; il vous dira que dans tous les beaux arts, les phénomènes sont subtils ; que la raison des phénomènes l'est aussi, & que l'homme de sens qui sçait que le moindre motif de préférence entraîne les hommes à la longue, & qui n'ignore pas que ce motif est souvent très-secret, même pour celui qu'il détermine, est enchanté de l'avoir découvert & se garde bien de se chicaner.

L'Eleve.

Ainsi *ré*, *fa* dieze, *la*, *ut*, l'harmonie dissonnante de la dominante en majeur de *sol*, conduit à la consonnance de la tonique *sol*, *si*, *ré*.

Le Maître.

Il étoit inutile de dire en majeur de *sol* ; soit en majeur, soit en mineur, l'harmonie dissonnante de la dominante est la même, & *ré*, *fa* dieze, *la*, *ut*, conduit aussi bien à *sol*, *si* bémol, *ré*, qu'à *sol*, *si*, *ré*.

L'Eleve.

Laissez-moi aller en mineur de *fa*. Il y a quatre bémols ; l'harmonie dissonnante de la dominante y est donc, *ut*, *mi* bémol, *sol*, *si* bémol.

Le Maître.

Ut, *mi*, *sol*, *si*, bémol, à cause de la sensible qui doit toujours se trouver dans la dissonnance principale, pour être sauvée par la tonique qui sera dans la consonnance de cette tonique.

L'Eleve.

Oui, oui ; je me le rappelle. Je vais en mineur de *si* bémol, car la modulation m'en plaît ; & je suis curieuse d'entendre comment sonneront *si* bémol, *ré* bémol, *fa*, après l'harmonie dissonnante de la dominante *fa*, *la*, *ut*, *mi* bémol.

Le Maître.

Fort bien. Bravo. Devineriez-vous quelle est la note de la gamme la plus dissonnante ?

L'Eleve.

Non. Toutes me paroissent également dissonnantes ou consonnantes.

LEÇONS
LE MAÎTRE.

C'est la quarte. En *ut*, *fa* dissonne dans l'harmonie dissonnante de la dominante; & le même *fa* dissonne avec le *mi* & le *sol* de la consonnance de la tonique *ut*.

L'ELEVE.

Mais chaque son de mon instrument pouvant devenir quarte à son tour, chaque son peut donc être la note la plus dissonnante?

LE MAÎTRE.

Sans doute. La sensible même peut être considérée comme consonnante & comme dissonnante dans la même octave, selon qu'elle fait partie de la consonnance de la dominante, ou qu'on la compare avec la consonnance de la tonique.

L'ELEVE.

J'entens. Ordonnez que je fasse les harmonies dissonnantes de la dominante dans toutes les modulations.

LE MAÎTRE.

Faites. Jouez avec les deux mains. Observez la position la plus commode, celle qui tient le milieu entre le grave & l'aigu; mais pour épargner à votre oreille le supplice de douze dissonnances de suite, sauvez chacune par l'harmonie consonnante ne la tonique, en majeur, en mineur, comme il vous plaira.

L'ELEVE.

C'étoit mon projet... *ut*, *mi*, *sol*... *sol*, *si*, *ré*, *fa*... & puis ne voilà-t-il pas que je rencontre pour les positions de l'harmonie dissonnante le même chagrin qu'aux positions de l'harmonie consonnante?

LE MAÎTRE.

Pas tout à fait. L'harmonie dissonnante a quatre positions; *sol*, *si*, *ré*, *fa*; *si*, *ré*, *fa*, *sol*; *ré*, *fa*, *sol*, *si*; *fa*, *sol*, *si*, *ré*. Laquelle préférerez-vous dans l'harmonie dissonnante de la dominante en *fa*?

L'ELEVE.

Que sçais-je? Mais vous, quelle position prendriez-vous dans l'harmonie dissonnante de la dominante en *sol*.

LE MAÎTRE.

En *sol* majeur il y a un dieze; c'est le *fa*; *ré* est la dominante. Son harmonie dissonnante est *ré*, *fa* dieze, *la*, *ut*. Pour la main droite, je

DE CLAVECIN.

m'en tiendrois à la premiere position, *ré*, *fa**, *la*, *ut*, qui n'est ni trop aiguë ni trop grave, & qui réunit à cet avantage la facilité de passer à la consonnance de la tonique, *sol*, *si*, *ré*, à la troisiéme position *ré*, *sol*, *si*, que nous avons choisie dans cette octave.

L'ELEVE.

Attendez à présent. En majeur de *fa*, un bémol, *si*; la dominante *ut*; son harmonie dissonnante, *ut*, *mi*, *sol*, *si* bémol. Pour la main droite, je prendrai... Je prendrai la premiere... Soufflez donc... Je prendrai la seconde, *mi*, *sol*, *si* bémol, *ut*, qui n'est ni trop grave, ni trop aiguë, & qui méne commodément à la consonnance de la tonique, *fa*, *la*, *ut*, en s'en tenant à sa premiere position *fa*, *la*, *ut*, que vous avez préférée dans l'octave de *fa*. Je suis, comme vous voyez, un Perroquet merveilleux. Mais demain, demain j'aurai étudié; je parlerai de moi-même, sans qu'il soit besoin de souffleur. Quand je vous ai demandé la position de l'harmonie dissonnante de la dominante en *sol*, vous m'avez répondu en *sol* majeur; qu'en sçaviez-vous ? Et si j'avois été Sophiste à votre maniere ?

LE MAÎTRE.

Ma réponse demeuroit la même, ne vous ai-je pas dit...

L'ELEVE.

Que l'harmonie tant consonnante que dissonnante de la dominante étoit la même, soit en majeur, soit en mineur... J'y suis. **Allez.**

LE MAÎTRE.

Je vais... à une autre harmonie dissonnante qui prépare ou améne, comme vous voudrez, la consonnance de la dominante, second repos.

L'ELEVE.

Cherchez, cherchez... Je reviens... Hé bien, cette seconde harmonie, la tenez-vous ?

LE MAÎTRE.

Non. Ce n'est pas mon affaire.

L'ELEVE.

Vous verrez que c'est la mienne ?

LE MAÎTRE.

S'il vous plaît. Vous aurez pour agréable de faire cette découverte.

Soyons en majeur d'*ut*. Dans cette modulation, *fa* est la dissonnance de l'harmonie dissonnante de la dominante qui conduit à la consonnance de la tonique avec laquelle ce *fa* est aussi dissonnant. De quoi s'agit-il donc ?

L'Eleve.

De trouver dans l'octave d'*ut*, la note dissonnante, avec *sol*, *si*, *ré*, comme *fa* est dissonnant avec *ut*, *mi*, *sol*... C'est *ut*; mais après ?

Le Maître.

Après, vous-même ?

L'Eleve.

Il faut encore chercher l'harmonie consonnante avec laquelle cet *ut* fasse dissonnance de la même maniere que *fa* dissonne dans l'harmonie dissonnante, *sol*, *si*, *ré*, *fa*... Mais ce n'est ni celle de la tonique *ut*, *mi*, *sol*... ni celle de la quarte *fa*, *la*, *ut*, ni celle de la quinte *sol*, *si*, *ré*, ni celle de la sixte *la*, *ut*, *mi*.

Le Maître.

Voilà bien les harmonies consonnantes que vous avez employées; mais les avez-vous toutes employées ?

L'Eleve.

Non. Nous avons mis de côté les harmonies consonnantes de la seconde & de la tierce. Celle de la seconde est *ré*, *fa*, *la*, à laquelle sur-ajoutant *ut*, j'aurai *ré*, *fa*, *la*, *ut*, harmonie dissonnante assez semblable à l'harmonie dissonnante *sol*, *si*, *ré*, *fa*, & amenant l'harmonie consonnante, *sol*, *si*, *ré*, comme l'harmonie dissonnante de la dominante *sol*, *si*, *ré*, *fa*, amene l'harmonie consonnante de la tonique, *ut*, *mi*, *sol*.

Le Maître.

Avec quelque différence, que l'oreille vous apprendra. Jouez.

L'Eleve.

Je la sens... *ré*, *fa*, *la*, *ut*, n'appelle pas si fortement *sol*, *si*, *ré*; que *sol*, *si*, *ré*, *fa*, appelle *ut*, *mi*, *sol*, & ce, pourquoi ?

Le Maître.

Pour que les peines aiguisent les plaisirs, il ne faut pas qu'une grande peine précede un petit plaisir. Il y auroit plus à perdre qu'à gagner.

L'Eleve.

DE CLAVECIN.

L'Eleve.

Et puis une autre rechûte en morale ; il faut pourtant que ce ne soit pas une trop mauvaise chose que cette morale, puisqu'on y revient malgré soi.

Le Maître.

Le repos de la dominante est plus foible que le repos de la tonique ; & c'est aussi une moindre dissonnance qui y conduit.

L'Eleve.

Et pourquoi *ré*, *fa*, *la*, *ut*, harmonie dissonnante de la seconde est-elle plus foible que *sol*, *si*, *ré*, *fa*, harmonie dissonnante de la dominante ?

Le Maître.

Prenez d'abord *sol*, *si*, *ré*, pour consonnance de la dominante, en *ut* ; préparez-la par l'harmonie dissonnante de la seconde *ré*, *fa*, *la*, *ut* ; prenez ensuite les mêmes sons, *sol*, *si*, *ré*, pour consonnance de la tonique en majeur de *sol* ; préparez de même *sol*, *si*, *ré*, par l'harmonie dissonnante de la dominante *ré*, *fa* ∗, *la*, *ut*... écoutez...

L'Eleve.

En effet, *re*, *fa* dieze, *la*, *ut* se repose mieux sur *sol*, *si*, *ré* ; que *ré*, *fa*, *la*, *ut*, sur la même consonnance *sol*, *si*, *ré*... voilà pour l'oreille.

Le Maître.

Je pourrois m'en tenir là. L'oreille en Musique & l'usage dans la Langue sont deux arbitres souverains. Mais voici pour la raison.

La note fondamentale du repos *sol*, *si*, *ré*, est *sol*, que ce *sol* soit pris pour dominante en *ut*, ou pour tonique en *sol*.

Dans le premier cas, le repos est appellé par *ré*, *fa*, *la*, *ut*, harmonie dissonnante de la seconde ; le *fa* & le *la* dissonnent avec le *sol*, note fondamentale du repos, & tous les deux en sont éloignés d'un ton, le *fa* au grave, le *la* à l'aigu.

Dans le second cas, le repos *sol*, *si*, *ré*

L'Eleve.

Est appellé par *ré*, *fa* dieze, *la*, *ut*, harmonie dissonnante de la dominante en *sol* ; le *fa* dieze & le *la* font dissonnance avec le *sol*, note fondamentale du repos, & tous les deux en sont éloignés, le *la* d'un ton à l'aigu, le *fa* dieze d'un demi-ton au grave. Or...

LE MAÎTRE.

Continuez.

L'ELEVE.

Je crains de dire une bêtise.

LE MAÎTRE.

Si c'est la premiere, vous avez raison.

L'ELEVE.

L'intervalle *fa* dieze, *sol*, est bien autrement ingrat à l'oreille & à la voix que l'intervalle *fa*, *sol*. Plus les intervalles sont petits, moins ils sont naturels, plus ils sont difficiles à saisir, à apprécier; c'est une de vos réflexions sur les genres chromatique & enharmonique.

LE MAÎTRE.

Concluez.

L'ELEVE.

Qu'après *ré*, *fa* dieze, *la*, *ut*, le repos doit être plus désiré sur *sol*, *si*, *ré*, qu'après *ré*, *fa*, *la*, *ut*. Comme il arrive à la fin de la journée, plus on a fatigué, mieux on dort.

LE MAÎTRE.

Et quand la fatigue a été extrême, on dort mal. Remarquez que l'harmonie dissonnante de la seconde ne différe de l'harmonie dissonnante de la dominante que par la premiere tierce....

L'ELEVE.

Mineure, *ré*, *fa*, dans l'harmonie dissonnante de la seconde ; majeure, *ré*, *fa* dieze, dans l'harmonie dissonnante de la dominante.

LE MAÎTRE.

Faites-moi la consonnance *fa*, *la*, *ut*, mais préparée par les deux harmonies dissonnantes, successivement.

L'ELEVE.

C'est vous qui prendrez ma place & qui me jouerez la consonnance *mi*, bémol, *sol*, *si* bémol préparée successivement par les deux harmonies dissonnantes; je voudrois sentir l'effet des deux repos sur cette consonnance majestueuse; sans compter que la tâche me paroît trop difficile, pour une connoissance d'aussi fraîche date que la mienne, avec les harmonies dissonnantes.

DE CLAVECIN.
Le Maître.
Très-volontiers. Je prendrai d'abord cette consonnance *mi* bémol, *sol*, *si* bémol pour le repos de la dominante. Je suis donc...
L'Eleve.
En *la* bémol.
Le Maître.
Je le sçavois
L'Eleve.
Monsieur, je suis une impertinente.
Le Maître.
Vous êtes un enfant charmant, & moi je suis un mal appris de ne vous avoir pas dit le plus petit mot honnête sur la sagacité avec laquelle vous avez rencontré la raison de la différence des deux repos.
L'Eleve.
Vous êtes trop bon.
Le Maître.
Je suis en *la* bémol. La Game de *la* bémol a quatre bémols ; car ne connoissant encore que la dissonnance de la seconde en majeur, je ne présume pas que vous me veuilliez en mineur de *la* bémol.

L'harmonie de la seconde est donc *si* ♭, *ré* ♭, *fa*, *la* ♭.

Ecoutez bien l'effet de ce repos. Je prends la seconde position *ré* bémol, *fa*, *la* bémol, *si* bémol, afin de conserver la premiere position, *mi* bémol, *sol*, *si* bémol, que nous avons adoptée pour cette consonnance.

A présent je prends la même consonnance pour le repos de la tonique. Je suis donc en *mi* bémol. J'ai donc trois bémols.

L'harmonie dissonnante de la dominante qui y conduit est donc *si* bémol, *ré*, *fa*, *la* bémol... écoutez encore... Je vais vous jouer ces deux repos différemment amenés.
L'Eleve.
Je sens la différence, & je vois qu'en effet elle naît de celle des intervalles *ré* bémol, *mi* bémol, & *ré*, *mi* bémol.. A mon tour, à présent.. Je vais jouer la consonnance *fa*, *la*, *ut*, suivant ces deux repos. Les deux harmonies dissonnantes qui l'aménent, l'appellent, la préparent, cela est égal, sont *ut*, *mi* bémol, *sol*, *si* bémol, & *ut*, *mi*, *sol*, *si* bémol... Est-ce cela ?

LEÇONS

LE MAÎTRE.

Très-bien... Mais je pense... que vous êtes en état de vous exercer seule sur les deux harmonies dissonnantes, & de sentir la différence des deux repos... & que mon affaire est de vous arranger les harmonies consonnantes & dissonnantes, de maniere qu'il en résulte une phrase harmonique dans chaque modulation.

L'ELEVE.

Débutez en majeur d'*ut*; que les harmonies soient simplement frappées. Je serois bien fiere, si je devinois l'ordre & la marche de la phrase.

LE MAÎTRE.

A la bonne heure.

Phrase harmonique de quatre Consonnances & de deux harmonies dissonnantes en majeur d'*ut*.

L'ELEVE.

Cela est clair; mais aussi clair que le jour. Voici votre marche. Vous faites succéder les quatre consonnances suivant l'ordre des nombres 1, 4, 5, 6. Vous pratiquez ensuite les deux harmonies dissonnantes, suivant l'ordre des nombres, 2, 5; vous sauvez la dissonnance de la dominante par le repos de la tonique. Je vous prie de me jouer cette phrase, afin que j'en connoisse l'effet. Il ne s'agit pas seulement d'éclairer l'esprit, il faut encore former l'oreille... Cette succession est plus belle que la premiere; cela est sûr... Mais vous ne sauvez pas l'harmonie dissonnante de la seconde; vous lui faites succéder tout de suite, celle de la dominante. Vous auriez dû, ce me semble, interposer *sol*, *si*, *ré*.

LE MAÎTRE.

Considérez que l'harmonie dissonnante de la dominante *sol*, *si*, *ré*, *fa*, renferme déjà la consonnance *sol*, *si*, *ré*; ainsi quand je fais succéder à la dissonnance de seconde, la dissonnance de la dominante, je sauve la premiere en même temps que je prépare au repos de la tonique par l'emploi de la suivante.

Je vais vous écrire cette phrase, dans les autres modulations majeures.
L'Eleve.
Ces exemples me feront superflus; je ne desespere pas de les trouver de moi-même & d'y appliquer vos batteries. Dites moi plûtôt quelque chose des modulations mineures. Premierement, je me souviens qu'en mineur, l'harmonie dissonnante de la quinte est la même qu'en majeur; de sorte que *sol*, *si*, *ré*, *fa*, va tout aussi bien à *ut*, *mi* bémol, *sol*, qu'à *ut*, *mi*, *sol*. L'harmonie de la seconde est-elle aussi la même dans les deux modes?
Le Maître.
Non.
L'Eleve.
Tant pis.
Le Maître.
Vous n'aimez pas les nouveautés. Elle suit les notes de la game. En mineur d'*ut*, elle devient *ré*, *fa*, *la* bémol, *ut*.
L'Eleve.
Vous m'avez dit que la consonnance de la dominante étoit la même en majeur & en mineur; donc en *ut*, le repos de la dominante *sol*, *si*, *ré*, peut être amené par deux dissonnances, en majeur par *ré*, *fa*, *la*, *ut*; en mineur par *ré*, *fa*, *la* bémol, *ut*.
Le Maître.
Cela est juste. Faites en *ut* ce repos doublement amené... Qu'en pensez-vous?
L'Eleve.
Ce repos, plus fort en mineur qu'en majeur, l'est moins que celui de la tonique; cependant il me plaît davantage, car sa tristesse va à l'ame.
Le Maître.
Et voyez-vous pourquoi il est plus fort en mineur qu'en majeur?
L'Eleve.
Sans doute. En majeur, *la* dissonne avec *sol* note principale du repos; en mineur, c'est *la* bémol qui fait avec *sol* un intervalle plus petit. Je soupçonne l'intervalle *fa* dieze *sol*, d'être encore plus ingrat que celui de *la* bémol *sol*. Il s'agit maintenant de pratiquer dans toutes les octaves la consonnance de la dominante amenée par les deux dissonnances.
Le Maître.
Observez de plus que l'harmonie dissonnante de la seconde en mineur, n'est plus faite de l'harmonie consonnante de la seconde, avec une

tierce fur ajoutée à l'aigu ; car *ré*, *fa*, *la* bémol n'est point une confonnance ; le *la* bémol en fait un intervalle de fausse quinte.

L'Eleve.

Cela ne nuit à rien, & je n'en ai pas moins de plaisir. L'impression que je reçois de la confonnance de la dominante amenée par cette diffonnance irréguliere, m'est très-douce. Mais...

Le Maître.

Quoi, Mais ?.. Vous vous frotez le front, de la main.

L'Eleve.

C'est que j'en ai assez ; & que, si quelque rêve fâcheux ne trouble point mon sommeil, grace au *fa*, *sol*, au *fa* dieze *sol*, au *la*, *sol*, & au *la* bémol *sol* qui m'ont fortement appliquée, je dormirai bien... Jouons bien vîte une ou deux Sonates, afin que, quand Papa viendra & qu'il dira ; hé bien, qu'avez vous fait ? on puisse lui répondre, » de l'harmonie »... & des Piéces ?...» & des Pieces »... Mais point de critique, s'il vous plaît ; j'irai bien ; j'irai mal ; vous n'y ferez nulle attention... Pour une demi-heure, vous n'êtes plus mon Maître... vous êtes mon conducteur, mon admirateur.

Le Maître.

A la bonne-heure ; mais il faut que je vous écrive la seconde phrase harmonique en mineur de *la* ; cela ne différera mon admiration que d'un moment.

L'Eleve.

Ecrivez ; tandis que je chercherai dans ce gros porte-feuille quelque chose ou de très-facile ou de très-difficile.

Le Maître.

Phrase harmonique de quatre Consonnances & de deux Dissonnances en mineur de *la*.

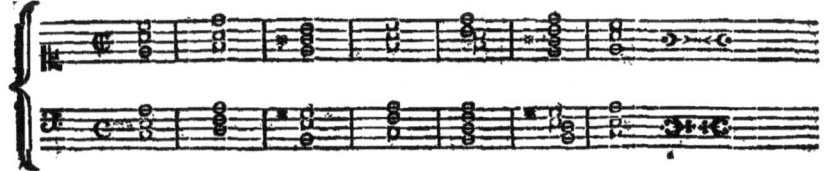

Fin du septiéme Dialogue & de la troisieme Leçon d'Harmonie.

HUITIEME DIALOGUE
ET QUATRIEME LEÇON D'HARMONIE.
LE MAITRE, L'ELEVE ET LE PHILOSOPHE.

LE PHILOSOPHE.

Il y a long-tems que je ne me suis assis-là.

L'ELEVE.

Et vous avez très-bien fait, Papa.

LE MAÎTRE.

Pourquoi cela, Mademoiselle ?

L'ELEVE.

C'est que Papa ne permet jamais qu'on soit bète ; qu'il exige, ce qui ne se peut gueres, qu'on jouisse de son esprit à tout moment, & que s'il arrive à la raison de s'absenter, il entre dans des impatiences qui lui font mal. En vérité, Papa, pour votre santé qui m'est chere, & pour mes aises qui me le sont aussi, soit que vos affaires ne vous ayent pas permis d'assister à nos leçons, soit que vous ayez imaginé de vous même que vous y pourriez être de trop, vous avez fait comme si vous m'eussiez consultée.

LE PHILOSOPHE.

C'est me dire assez crûment de passer mon chemin.

LE MAÎTRE.

Non, non, Monsieur : je vous garantis, moi, que vous pouvez rester sans conséquence fâcheuse pour votre bonne humeur & pour la nôtre.

L'ELEVE.

A la condition que nous ne ferons rien de nouveau; tenez, Papa, il y a peut-être quelque pauvre Diable qui vous attend dans votre cabinet ; allez-y ; c'est le mieux.

LE PHILOSOPHE.

Tu crois ?

L'Eleve.

J'en fuis fûre. On nous reviendrons fur ce que nous avons déjà dit cent fois, & cela pourra vous ennuyer ; ou nous marcherons en avant, & je doute que cela vous amufe.

Le Philosophe.

Bon jour.

L'Eleve.

Sans me baifer ?

Le Philosophe.

Je ne puis fçavoir fi tu le mérites.

L'Eleve.

Je ne ferois pas fort heureufe, fi vous y regardiez tous les jours de fi près. Ça, baifez-moi vîte & partez.

Le Maître.

Hé bien, comment gouvernez-vous les harmonies ?

L'Eleve.

Ce font elles qui me gouvernent. J'ai été ces deux jours-ci aux progreffions, aux phrafes harmoniques, aux repos doublement amenés, aux diffonnances doublement fauvées, & le refte, pour tout régime.

Le Maître.

Etes vous laffe ? Laiffons l'harmonie. Jouons quelque chofe.

L'Eleve.

L'Allemande de Shobert ou la Chaffe de la Garde?

Le Maître.

Plaifantez, tant qu'il vous plaira ; mais il y a là dedans de la gaieté, de la facilité, du chant ; & fur fept à huit cent mille paires d'oreilles, plus des trois quarts préféreroient ces bagatelles, à la plus fublime Sonate de Shobert ou d'Eckard.

L'Eleve.

Et la premiere Vielleufe du Boulevard, à Cramer.

Le Maître.

Que s'enfuit-il de-là ? Que la Mufique de Cramer eft faite pour le très-petit nombre ; celle que j'aime pour la multitude ; & c'eft toujours l'inftruction ou l'amufement du grand nombre qu'il faut fe propofer.

L'Eleve.

DE CLAVECIN.

L'Eleve.

J'imaginois tout le contraire. Boileau n'ambitionne que quelques lecteurs de goût ; un grand Poëte Latin se contente de peu d'approbateurs choisis ; & si l'on suivoit votre principe jusqu'au bout, nous aurions vraiment de beaux tableaux, de belles statues, de plaisantes poësies, une singuliere éloquence, d'étranges productions en tout genre ! Si le sentiment de l'excellence n'est pas réservé à quelques ames privilégiées, ainsi que j'en suis persuadée, encore vaudroit-t'il mieux amener la multitude à la connoissance du beau, que de s'arrêter à la médiocrité par égard pour elle.

Le Maître.

Où est la nécessité que l'homme du peuple s'entende en Musique ?

Vous mettez trop d'importance à des riens. Avez-vous lû un certain discours qui a été couronné à Dijon ?

L'Eleve.

Oui ; beaucoup de sophismes très-éloquents dont la derniere conséquence seroit de casser les instrumens de Musique, de brûler les tableaux, de briser les statues, peut-être de déserter les villes, & de se disperser dans les forêts.

Le Maître.

J'aimerois mieux les hommes épars & bons, que rassemblés & pervers.

L'Eleve.

Et moi, je sens ma tête un peu rafraîchie ; je ne veux pas que vous fassiez plus long-temps de la morale qui vous déplaît, & je veux faire de l'harmonie qui me prépare un jour à moi-même & aux autres un amusement aussi innocent qu'agréable. De quoi s'agit-il à présent ?

Le Maître.

De se mettre en *ut*, & de faire avec la main droite l'harmonie consonnante de la tonique, en lui donnant successivement pour base les notes qui la composent, comme vous voyez.

LEÇONS

L'ELEVE.

C'est fait. Que s'ensuit-il ?

LE MAÎTRE.

Trois accords.

L'ELEVE.

Qu'est-ce qu'un accord ?

LE MAÎTRE.

La convenance du rapport entre la base & les notes de l'harmonie.

L'ELEVE.

Quel nom donnez-vous à ces trois accords ?

LE MAÎTRE.

Le premier où l'harmonie fait avec la base *ut* tonique, unisson, tierce & quinte, s'appelle *accord parfait*.

Le second où l'harmonie fait avec la base *mi*, sixte, unisson & tierce, s'appelle *tierce & sixte*, ou simplement *sixte*.

Le troisième où l'harmonie fait avec la base *sol*, quarte, sixte & unisson, s'appelle *quarte & sixte*.

L'ELEVE.

Ainsi chaque harmonie consonnante produit trois accords. L'accord parfait, la sixte, & la quarte & sixte. Or comme il y a vingt-quatre harmonies consonnantes, voilà de bon compte, soixante & douze accords.

La consonnance *mi* bémol, *sol*, *si* bémol est un accord parfait, si le *mi* bémol est à la base.

La consonnance *fa* dieze, *la*, *ut* dieze, donne un accord de sixte, si la base est *la*.

La consonnance *mi*, *sol*, *si*, produit une quarte & sixte, si la base est *si*. J'entends.

LE MAÎTRE.

Je le vois. Enrégitrons d'abord ces trois accords dérivés de l'harmonie consonnante, telles que *ut*, *mi*, *sol*, & *la*, *ut*, *mi*.

DE CLAVECIN.

Vous avez très-bien calculé le nombre des accords produits par les vingt-quatre harmonies consonnantes. Il falloit ajouter à cela que les quatre consonnances de chaque modulation y engendroient douze accords, quatre accords parfaits, quatre sixtes & quatre quartes & sixtes ; pourquoi vous ai-je noté les trois accords d'*ut*, *mi*, *sol*, & les trois accords de *la*, *ut*, *mi* ?

L'ELEVE.

Peut-être afin que je remarquasse que les bases des quatre accords parfaits de chaque modulation sont la tonique, la quarte, la quinte & la sixte.

Que les bases des quatre sixtes sont la tierce, la sixte, la septiéme & l'octave.

Et que les basses des quatre quartes & sixtes sont la quinte, la tonique, la seconde & la tierce.

Mais je ne sens pas l'utilité des deux exemples notés.

LE MAÎTRE.

Après avoir si bien reconnu les bases des accords en chaque modulation, vous auriez pû voir que les bases des accords parfaits sont la même chose que les notes fondamentales des harmonies consonnantes ; de sorte qu'on peut dire indistinctement l'accord parfait en majeur d'*ut*, & l'harmonie consonnante en majeur d'*ut* ; l'accord parfait ou l'harmonie consonnante en mineur de *la*.

L'ELEVE.

Voilà qui est dit. Pourquoi avoir écrit les noms au-dessus ?

LE MAÎTRE.

Afin que vous les retrouvassiez s'ils vous échappoient, & que vous distinguassiez les deux espéces d'accords, tant parfaits que sixtes & six quartes, les uns produits par une consonnance majeure, *ut*, *mi*, *sol*, les autres par une consonnance mineure, *la*, *ut*, *mi*.

L'ELEVE.

Et quelle différence y a-t-il entr'eux ? Il me semble...

LE MAÎTRE.

Qu'en *la*, *ut*, *mi*, la tierce est mineure ; qu'en *ut*, *mi*, *sol*, elle est majeure.

LEÇONS

L'ELEVE.

Je suis une étourdie pour cette fois qui ne sera pas la derniere. Laissez-moi examiner la sixte qui naît de la consonnance majeure, *ut, mi, sol*, & la sixte qui naît de la consonnance mineure, *la, ut, mi*.

En *ut, mi, sol*, avec *mi* à la basse, la tierce *sol* est mineure, & la sixte est mineure aussi.

En *la, ut, mi*, avec *ut* à la basse, la tierce & la sixte au contraire sont majeures.

Dans le dernier accord de chaque consonnance, la quarte & sixte ; en *ut, mi, sol*, la sixte est majeure ; en *la, ut, mi* ; la sixte est mineure. Le contraire de l'accord de sixte qui précède ; & voilà tout ce qu'il y a à dire sur cet article.

LE MAÎTRE.

En ajoutant que l'accord parfait suit dans la dénomination la nature de sa tierce ; & qu'il faut dire accord parfait majeur, accord parfait mineur, comme on dit consonnance majeure, consonnance mineure.

L'ELEVE.

Que je rumine un peu sur cela... Je sçais... Avançons.

LE MAÎTRE.

Jouez l'harmonie dissonnante de la dominante, avec la main droite, toujours en *ut* ; donnez lui pour base successivement les notes qui la composent ; à ces notes de base ajoutez la tonique, sa tierce majeure, sa tierce mineure, & faites pareillement sur chacune la même harmonie dissonnante de la dominante, comme il est écrit.

L'ELEVE.

Et sept nouveaux accords. Quelle nuée ? & vous espérez que je les retiendrai ?

LE MAÎTRE.

Vous les retiendrez ou vous ne les retiendrez pas ; parlons-en toujours.

DE CLAVECIN.

L'ELEVE.

Et ces trois derniers qui me tombent de je ne sçais où ?

LE MAITRE.

Sept accords produits par l'harmonie dissonnante de la dominante.

L'ELEVE.

Produits ! Cela vous convient ; à la bonne heure.

LE MAITRE.

Je vois que ces trois derniers vous chagrinent ; leurs bases ne sont point renfermées dans l'harmonie ? qu'importe, s'ils font bien ?

L'ELEVE.

J'en doute.

LE MAITRE.

Appellez-les accords par *supposition* ; ils sont durs, il est vrai ; mais la consonnance qu'ils appellent & qui les sauve, en devient un repos d'autant plus doux.

L'ELEVE.

Et cette bénigne consonnance, quelle est-elle ?

LE MAITRE.

Ne le sçavez-vous pas ? Où mene l'harmonie dissonnante de la dominante, soit en majeur, soit en mineur ?

L'ELEVE.

A la consonnance de la tonique.

LE MAITRE.

C'est donc elle qui sauve aussi les accords produits par cette dissonnance, vrais ou supposés.

L'ELEVE.

Il faut essayer cela.

LE MAITRE.

Cela va. Mais au lieu de sauver toujours par l'harmonie consonnante de la tonique, pourquoi ne pas employer à la base d'autres sons que cette tonique ? Pourquoi n'y pas entremêler, tantôt la sixte, tantôt la quarte & sixte ? Pourquoi ne pas varier quand on le peut ? Je vais vous écrire ce que je vous prescris ; car il y a pour les sons de la base, un choix qui n'est pas indifférent.

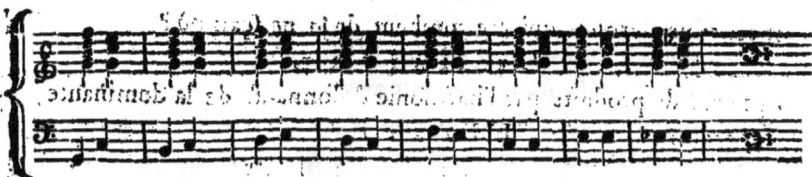

L'Élève.

Je vois ; le premier & le second accords diſſonnants ſont ſauvés par l'accord parfait de la tonique.

Le troiſiéme par la ſixte de la tierce, ou par l'accord parfait de la tonique.

Le quatriéme par la ſixte de la tierce.

Le cinquiéme par l'accord parfait de la tonique.

Le ſixiéme par la ſixte de la tierce majeure.

Le ſeptiéme par la ſixte de la tierce mineure.

Mais j'aimerois mieux nommer les trois derniers accords par *anticipation* : car il me ſemble que leurs baſes anticipent ſur la conſonnance qui les ſauve : votre ſuppoſition ne me dit rien.

Le Maître.

Cela eſt juſte. Anticipez encore & ſauvez les cinq premiers accords par la conſonnance de la tonique en mineur.

Il faut à préſent vous expliquer les rapports qui régnent entre les baſes de ces accords & les notes de l'harmonie diſſonnante qui les produit ; d'où nous déduirons les noms qui leur ſont propres.

La baſe du premier eſt la quinte *ſol*.

L'harmonie *ſol*, *ſi*, *ré*, *fa*, fait avec cette baſe un uniſſon, *ſol*, *ſol* ; une tierce majeure, *ſol*, *ſi* ; une quinte *ſol*, *ré*, & une ſeptiéme, *ſol*, *fa*.

On devroit donc le nommer tierce, quinte, & ſeptiéme ?

On le nomme plus ſimplement *accord de ſeptiéme*.

Obſervez que la baſe *ſol* eſt la note fondamentale de l'harmonie. La baſe du ſecond eſt *ſi*.

L'harmonie *ſol*, *ſi*, *ré*, *fa*, fait avec cette baſe une ſixte mineure, *ſi*, *ſol* ; un uniſſon *ſi*, *ſi* ; une tierce mineure *ſi*, *ré*, & une fauſſe quinte, *ſi*, *fa*.

On devroit donc le nommer tierce, fausse-quinte & sixte? On le nomme plus simplement *fausse-quinte*.

Observez que la base *si*, est la note sensible.

La base du troisiéme est *ré*.

L'harmonie *sol*, *si*, *ré*, *fa*, fait avec cette base une quarte, *ré*, *sol*; une sixte majeure *ré*, *si*; un unisson *ré*, *ré*; une tierce mineure *ré*, *fa*.

On devroit donc le nommer tierce, quarte, & sixte; on le nomme *petite sixte majeure*.

Observez que sa base *ré* est la seconde de l'Octave.

La base du quatriéme est *fa*.

L'harmonie *sol*, *si*, *ré*, *fa*, fait avec cette base une seconde *fa*, *sol*; une quarte superflue ou triton *fa*, *si*; une sixte majeure *fa*, *ré*, & un unisson *fa*, *fa*.

On devroit donc le nommer seconde, triton & sixte? on le nomme *triton*.

Observez que sa base *fa* est la quarte de l'octave.

La base du cinquiéme est *ut*.

L'harmonie *sol*, *si*, *ré*, *fa*, fait avec cette base une quinte *ut*, *sol*; une septiéme superflue *ut*, *si*; une neuviéme ou seconde *ut*, *ré*; une onziéme ou quarte *ut*, *fa*.

On devroit donc le nommer seconde, quarte, quinte & septiéme? On le nomme *septiéme superflue*.

Observez que sa base *ut* est la tonique de l'octave.

La base du sixiéme est *mi*.

L'harmonie *sol*, *si*, *ré*, *fa*, fait avec cette base une tierce mineure *mi*, *sol*; une quinte *mi*, *si*; une septiéme, *mi*, *ré*; une neuviéme diminuée *mi*, *fa*.

On devroit donc le nommer tierce, quinte & neuviéme? On le nomme *neuviéme diminuée & septiéme*.

Observez que sa base *mi* est la tierce majeure du ton.

La base du septiéme est *mi bémol*.

L'harmonie *sol*, *si*, *ré*, *fa*, fait avec cette base une tierce majeure *mi bémol*, *sol*; une quinte superflue *mi bémol*, *si*; une septiéme superflue, *mi bémol*, *ré*, & une neuviéme ou seconde, *mi bémol*, *fa*.

On devroit donc le nommer seconde, tierce, quinte superflue, & septiéme superflue ?

On le nomme *quinte superflue.*

Observez que sa base *mi* bémol est la tierce mineure du ton.

L'ELEVE.

Voilà bien des observations & des noms nouveaux ; mais heureusement ils seront écrits. Voyons si j'exécuterois bien une quinte superflue en *sol*... La base est la tierce mineure de l'octave... donc c'est *si* bémol... L'accord est produit par l'harmonie dissonnante de la dominante *ré*, *fa* dieze, *la*, *ut*... donc *si* bémol de la basse & de la main gauche ; & *ré*, *fa* dieze, *la*, *ut*, au-dessus & de la main droite... *si* bémol... *ré*, *fa* dieze, *la*, *ut*. Oh que cela est laid !

LE MAÎTRE.

Sauvez par la sixte sur la même note de base.

L'ELEVE.

Il faut que je répéte cette quinte superflue pour mon oreille.... *si* bémol, tierce mineure de l'octave, à la base... *ré*, *fa* dieze, *la*, *ut*, harmonie de dominante & quinte superflue avec la base... *sol*, *si* bémol, *ré*, sur la même note de base *si* bémol... ce dernier accord consonnant soulage, & d'un grand chagrin.

LE MAÎTRE.

Faites le triton en *fa*, & sauvez en mineur.

L'ELEVE.

C'est, si je m'en souviens, par l'accord de sixte sur la tierce qu'il se sauve. Sa base, si je ne me trompe, est la quarte. En *fa*, ce sera donc *si* bémol ; & comme il provient de l'harmonie dissonnante de la dominante, la même en majeur qu'en mineur ; *ut*, *mi*, *sol*, *si* bémol, pour la main droite ; la sixte qui sauve ce triton aura pour base *la* bémol, comme vous le voulez en mineur ; donc pour la main droite, *fa*, *la* bémol, *ut*.

LE MAÎTRE.

On pourroit en demander moins, mais on n'en sçauroit attendre davantage. Demain, que vous aurez un peu digéré ce qui précéde, je vous exercerai dans toutes les modulations par des questions de la même espéce.

L'ELEVE.

DE CLAVECIN.

L'ELEVE.

En attendant, que ferons-nous?

LE MAÎTRE.

Nous avons de la besogne toute prête; & l'harmonie dissonnante de la seconde donc? Jouez-la en majeur d'*ut*, de la main droite; & donnez-lui successivement pour basse les quatre notes qui la composent.

L'ELEVE.

Autres quatre accords. Cette dissonnance est moins féconde que celle de la dominante; & je présume que ces quatre accords dissonnants se sauveront par les trois accords produits de la consonnance de la dominante; car c'est à cette harmonie que l'harmonie qui les engendre conduit, à ce que je crois.

LE MAÎTRE.

C'est cela. On peut les sauver de la maniere suivante.

L'ELEVE.

Je vois; le premier est sauvé par la quarte & sixte sur la même basse. Le second par l'accord parfait de la dominante; le troisiéme & le quatriéme par la sixte de la sensible.

LE MAÎTRE.

La basse du premier est *ré*.

L'ELEVE.

L'harmonie *ré*, *fa*, *la*, *ut*, fait avec cette basse un unisson *ré*, *ré*; une tierce mineure *ré*, *fa* ; une quinte *ré*, *la*, & une septiéme *ré*, *ut*. On devroit donc le nommer tierce, quinte & septiéme, & on le nomme ?

LE MAÎTRE.

Simplement *accord de septiéme*.

Observez que sa basse *ré* est la seconde de l'octave, & que la différence de cet accord & de l'accord de septiéme qui provient de l'harmonie dissonnante de la dominante, n'est que dans la tierce.

La basse du second est *fa*.

L'ELEVE.

L'harmonie dissonnante *ré*, *fa*, *la*, *ut*, fait avec cette basse, une sixte majeure *fa*, *ré*; un unisson *fa*, *fa*; une tierce majeure *fa*, *la*, & une quinte *fa*, *ut*. On devroit donc le nommer tierce, quinte & sixte ; & on le nomme ?

LE MAÎTRE.

Quinte & sixte ou *grand sixte*.

Observez que sa basse *fa* est la quarte de l'octave.

La basse du troisiéme est *la*.

L'ELEVE.

L'harmonie *ré*, *fa*, *la*, *ut*, fait avec cette basse une quarte *la*, *ré*; une sixte mineure *la*, *fa*; un unisson *la*, *la*, & une tierce mineure *la*, *ut*. On devroit donc le nommer tierce, quarte & sixte. Et on le nomme ?

LE MAÎTRE.

Petite sixte.

Observez que sa basse *la* est sixte de l'octave.

La basse du quatriéme est *ut*.

L'ELEVE.

L'harmonie *ré*, *fa*, *la*, *ut*, fait avec cette basse une seconde *ut*, *ré*; une quarte *ut*, *fa*; une sixte majeure *ut*, *la*, & un unisson *ut*, *ut*. On devroit donc le nommer seconde, quarte & sixte ; & on le nomme ?

LE MAÎTRE.

Seconde.

Observez que sa basse *ut* est tonique de l'octave.

L'ELEVE.

Si je me proposois de faire une quinte & sixte en majeure de *sol*, m'en tirerois-je à mon honneur?...Voyons... sa basse sera *ut*... la dissonnance de la seconde *la*, *ut*, *mi*, *sol*... & pour sauver cette quinte & sixte...L'accord parfait de la dominante.

LE MAÎTRE.

Rien de mieux. Frappez la dissonnance de la seconde aussi en mineur, comme vous voyez ci-dessous.

Ces quatre accords se nomment en majeur comme en mineur, quoiqu'en mineur les rapports des sons soient un peu différens.

Au premier, *ré*, *fa*, *la* bémol, *ut*, fait avec la basse *ré*, un unisson *ré*, *ré*; une tierce mineure *ré*, *fa*, & un septiéme *ré*, *ut*, comme en majeur; mais au lieu d'une quinte *ré*, *la*, qui a lieu en majeur, on a en mineur une fausse quinte, *ré*, *la* bémol.

Dans le second, la tierce *fa*, *la* bémol est mineure; au lieu qu'elle est majeure en majeur.

Dans le quatriéme, la sixte *ut*, *la* bémol est mineure; tandis qu'en majeur, c'est *ut*, *la*, & par conséquent majeure.

Dans le troisiéme, tout varie; la tierce *la* bémol, *ut*, & la sixte *la* bémol, *fa* sont majeures; & la quarte *la* bémol *ré*, est superflue. Cependant on évite des difficultés en laissant à cet accord le nom de petite sixte.

La consonnance de la dominante étant la même en majeur & en mineur, ces accords se sauvent de la même maniere dans les deux modes.

L'ELEVE.

J'y consens; mais si nous récapitulions, & que vous prissiez sur vous cette tâche.

LE MAÎTRE.

Récapitulons. Deux espéces d'harmonies consonnantes;
La majeure *ut*, *mi*, *sol*; la mineure *la*, *ut*, *mi*.
Deux espéces d'harmonies dissonnantes de seconde.

LEÇONS

La majeure ré, fa, la, ut ; la mineure ré, fa, la♭, ut.
Une seule espéce d'harmonie dissonnante de la dominante, sol, si, ré, fa.

L'ELEVE.

Donc cinq espéces d'harmonies. Leurs produits ?

LE MAÎTRE.

Vingt-un accords dont voici les noms.

Accord parfait majeur.
Accord parfait mineur.
Sixte majeure.
Sixte mineure.
Quarte & sixte majeure.
Quarte & sixte mineure.
Septiéme de seconde, en majeur.
Septiéme de seconde en mineur.
Quinte & sixte en majeur.
Quinte & sixte en mineur.
Petite sixte en majeur.
Petite sixte en mineur.
Seconde en majeur.
Seconde en mineur.
Septiéme de dominante.
Fausse quinte.
Petite sixte majeure.
Triton.
Septiéme superflue.
Neuviéme diminuée & septiéme.
Quinte superflue.

L'ELEVE.

Voilà bien des accords ; mais puisque vous les avez appris, un autre, avec un peu plus de peine, peut les apprendre aussi.

LE MAÎTRE.

Il est beau de ne pas désespérer. A présent jouez-moi la progression des consonnances par quarte. Donnez seulement à la basse la note fondamentale, & cela formera une chaîne d'accords parfaits.

L'Eléve.

Il faut toujours être en garde contre vos demandes ; si je choisis le majeur, ce sera le mineur que vous aurez voulu.

Le Maître.

Cela donne de la justesse à l'esprit. Le majeur. Frappez d'abord l'accord parfait d'*ut* ; mais avant que de frapper celui de *fa*, amenez-le par le triton & la fausse quinte.

L'Eléve.

J'attens que cela s'éclaircisse. Que la lumiere se fasse.

Le Maître.

Amener, préparer l'accord parfait de *fa* par le triton, c'est faire le triton en *fa* ; l'amener, le préparer par la fausse quinte, c'est faire en *fa* la fausse quinte.

L'Eléve.

Et la lumiere fut faite. Donc point de triton à sauver, puisque la fausse quinte le doit suivre.

Le Maître.

J'entendois tout au contraire que le triton fût sauvé par une consonnance interposée entre les deux accords dissonnants ; & voici ma demande écrite.

Progression d'accords parfaits par quarte préparés par le triton & par la fausse quinte.

L'ELEVE.

Il faut transporter cela sur le clavier. Ayez pour agréable de me joüer cette progression... Elle fait bien... Demain... demain! C'est bientôt, c'est peu de tems pour se promettre d'en faire autant; mais j'y travaillerai. Je comprends tout.

LE MAÎTRE.

Voici le même exemple avec des batteries.

L'ELEVE.

A votre aise; faites bien des vôtres. Vous espérez me dérouter en doublant une note des harmonies tant consonnantes que dissonnantes; mais croyez que *sol, si, ré, fa,* & *ré, fa, sol, si, ré,* ne sont pour moi que l'harmonie dissonnante. Vous ne m'égarerez pas davantage, en n'employant que trois sons de cette harmonie. Faites, si cela vous duit, cinq notes à la basse, de la main gauche; habituée à exécuter les consonnances avec la main gauche, vous ne m'étonnerez point. Sçavez-vous qu'en moins de rien je sçaurois frapper toute l'harmonie à la basse.

LE MAÎTRE.

Lorsque la fantaisie vous en prendra, ne manquez jamais de doubler la note de la basse; & si vous supprimez de la main droite une note de l'harmonie, que ce soit toujours l'unisson de la basse.

L'ELEVE.

J'entends; mais il faut écrire; parce qu'il faut se souvenir de ce qu'on a entendu; & qu'on ne dispose pas de sa mémoire comme de son jugement.

DE CLAVECIN.

LE MAÎTRE.

Nous écrirons, & quand il y aura ou de l'obscurité ou de l'oubli, je ne suis pas là pour rien. Maintenant...

L'ELEVE.

Sauf votre meilleur avis, nous jetterions un coup d'œil sur les signes dont on marque les différens accords que vous m'avez expliqués.

LE MAÎTRE.

C'est ce que j'allois vous proposer. On note la basse. Quant à l'harmonie qu'il faut exécuter de la main droite, on l'indique par les chiffres & d'autres caracteres placés au-dessus des notes de la basse.

L'ELEVE.

Et lire couramment ces signes, quand il y en a, & les suppléer juste quand il n'y en a point, c'est accompagner.

LE MAÎTRE.

L'accord parfait majeur... Il seroit à souhaiter qu'il n'y eût qu'un caractere pour cet accord dans toutes les modulations, & qu'un autre pour l'accord parfait mineur; il n'en est pas tout-à-fait ainsi.

Les accords parfaits majeur & mineur se désignent par les signes que vous voyez :   *, ♭, ♮, 3, 5, 8, *3, ♭3, ♮3,   8,8,5,8,8,8,8.
                                                                                                                    5,3,3,5,*,♭,♮
                                                                                                                        3.

La sixte par	6, *6, ♭6, ♮6, 6/3
La quarte & sixte par	6, *6, ♮6, ♭6.
	4, 4, 4, 4.
La septiéme de sec. par	7, ♭7, 7, 7, 7.
	5, ♯, ♭5.
La quinte & sixte par	6, 6, 6, 6, 6, *6.
	5, 5, 5, 5, 5, 5.
	* 3, ♮, ♭
La petite sixte par	6, 6, 6, 6, 6, 6.
	♯, 4*, 4* *4, *4.
La sept.e de domin.te par	7, 7, ♭7, 7.
	*, 3, 5.
	4, 6, *6, ♭6, 6.
La seconde par	2, 4, 2, 2, 2.
	2.
La fausse quinte par	6, 6,
	♭5, 8, 8, ♭5.

La petite fixte maj. par   6, *6, +6.

Le triton par $\frac{6}{4}, \frac{*4}{2}, \frac{4*}{2}, \frac{4+}{2}, 4, 4*, 4+$

La feptieme fuperflue par $7*, 7+, \frac{9}{4}, \frac{7*}{6}$.

La neuvme. & feptme. par $\frac{9}{7}, \frac{\flat 9}{7}, \frac{9}{7}$.

La quinte fuperflue par $*5, 5*, 5+, \frac{7}{5*}, \frac{7+}{5+}$.

L'Eleve.

Quelle effrayante litanie de fignes, & cela pour chaque accord ! Il y a de quoi fendre la tête ; & d'où vient tout ce fatras ?

Le Maître.

Du même fonds que le cahos des Loix & des Coutumes, la diverfité des mefures & des poids, l'irrégularité des rues, la confufion des maifons, la bifarrerie de l'ortographe. C'eft que l'art s'eft fait peu à peu, & qu'il n'y a point eu un premier grand Légiflateur. Mais ce que je viens de vous écrire n'eft rien en comparaifon de ce que je recueillerois des Auteurs, fi je me donnois la peine de les feuilleter. Les Italiens & les Allemands ne font point frapper l'harmonie complette de la main droite. Il faut en accompagnant leurs ouvrages, s'en tenir aux fons défignés par les chiffres. S'il y a au-deffus de la tonique *ut*, 7*, cela veut dire, de la main droite, la feptiéme fuperflue *fi*, & la neuviéme *ré*, feulement, & non l'harmonie entiere *fol, fi, ré, fa* d'où provient cet accord. Ainfi, pour cet accompagnement, tout le fçavoir fe réduit à bien connoître les intervalles de l'octave chromatique. Un dieze placé devant ou après le chiffre marque une note dieze, ainfi du bémol ; *5 fur la baffe *fi* fignifie quinte, *fa* dieze ; le même figne fur *ut*, quinte fuperflue, *fol* dieze ; un bémol devant le 5, tantôt quinte, tantôt fauffe quinte.

Entre toutes ces méthodes, fi l'on peut donner ce nom aux caprices des Auteurs, j'ai gardé un milieu en m'en tenant aux chiffres d'ufage, aux fignes connus, fans en introduire un nouveau ; mais fimplifiant autant que je l'ai pû. Pour éviter toute ambiguité, le * ou la fimple +, après le chiffre, marque le fuperflu ; les mêmes fignes devant le chiffre, le

majeur ;

DE CLAVECIN.

majeur ; ainsi ✶6, petite sixte majeure, & 7✶ septiéme superflue. Jamais devant 2, 4, 5 & 8 ni dieze ni bémol ; que la seconde, la quarte, la quinte & l'octave soient notes diezes ou bémols.

4. Toujours quarte superflue ou triton.

5. Toujours fausse-quinte.

7. Toujours septiéme diminuée.

N'employant jamais deux chiffres que pour distinguer deux accords qu'on confondroit sans cette précaution ; laissant au goût, à supprimer de l'harmonie ce qu'il en voudra supprimer ; recommandant seulement d'omettre de préférence la note qui fait unisson avec la basse.

L'Eleve.

Voilà des préceptes dont j'userai sur la progression que vous venez de m'écrire. Je projette encore d'en varier les harmonies par toutes sortes de batteries ; souvent la main droite ne fera que deux notes, ce qui me paroît sur-tout convenir à l'adagio & à l'andante qui me plaisent entre les autres mouvemens. Je ne suis pas indolente, & je ne me refuse pas au presto ; mais je trouve au chant grave & lent plus de caractere, plus d'énergie, plus d'expression ; & si j'avois à vous demander une piéce, je vous la demanderois comme le Pere Cannaye demandoit un cheval au Maréchal d'Hoquincourt, comme il me convient d'être.

Le Maître.

Je vous conseille de ne vous gêner sur rien, en Musique s'entend ; faites à votre tête ; la mienne me suggere une table à trois colonnes où vous verrez d'un coup-d'œil, les noms des accords, leurs signes & leurs basses.

TABLE
Des noms, signes & basses des accords.

Noms.	Signes.	Basses.
Accord parfait majeur,	✶, 3, ✶✶, ♭3, ♮.	1, 4, 5, 6.
Accord parfait mineur,	♭, ♮, 3, ✶3, ♭♭.	1, 4, 5, 6.
Sixte majeure,	✶6, 6, ♭6.	3, 6, 7, 8.
Sixte mineure,	♭6, 6, ✶6.	3, 6, 7, 8.
Quarte & sixte majeures,	6, ✶6, ♭6 4, 4, 4.	5, 8, 2, 3.

Quarré & sixte mineures,	6, ♭6, ✶6 4, 4, 4	5, 8, 2, 3.
Septieme de seconde en majeur,	7	2
Septieme de seconde en mineur,	7 8	2
Sixte & quinte en majeur,	6 5	4
Quinte & sixte en mineur,	6, 6 5, 5 ♭, 3	4
Petite sixte en majeur,	6	6
Petite sixte en mineur,	6 ♯	6
Seconde en majeur,	2	8
Seconde en mineur,	♭6, 6 2, 2	8
Septieme de dominante,	7, 7, 7 ✶, 3, ♮	5
Fausse quinte,	5̸	7
Petite sixte majeure,	✶6, +6	2
Triton,	4̸	4
Septieme superflue,	7✶, 7+	1
Neuvieme diminuée & septieme,	9̸ 7	3 maj.
Quinte superflue,	5✶, 5+	3 min.

L'Eleve.

Pourquoi marquez-vous le superflu, tantôt par un dieze après le chiffre, tantôt par une simple croix?

Le Maître.

Lorsque la note qui fait l'intervalle superflu est en même-tems dieze comme dans l'octave d'*ut*, la quinte superflue, *sol* dieze, je le désigne par le dieze après le chiffre.

Au contraire, lorsque la note qui fait l'intervalle superflu est naturelle, comme la septiéme superflue *si*, en *ut*, je mets une croix après le chiffre.

Il faut entendre la même chose du dieze & de la croix, qui précédent le chiffre 6, avec cette différence que devant le chiffre, ils n'indiquent que la sixte majeure.

L'ELEVE.

Et l'accord parfait indiqué par deux diezes?

LE MAITRE.

C'est l'accord parfait majeur en *ré* dieze, *la* dieze ou les tierces sont double dieze.

L'ELEVE.

Si votre méthode laisse peu de travail au jugement, elle en donne beaucoup à la mémoire.

LE MAITRE.

C'est son avantage. De quelqu'autre maniere qu'on prétendît vous instruire ; sans soulager la mémoire, on fatigueroit davantage le jugement. Et puis comptez-vous pour rien la présence du Maître ? C'est à lui de distribuer la tâche, & de conduire l'Eleve si doucement qu'il se familiarise avec les harmonies, les accords, les signes, & qu'il ait fait de très-grands progrès, avant que d'en avoir le premier soupçon. Voici une prédiction que j'ose vous faire ; c'est qu'arrivée à la fin, vous me direz avec surprise, quoi, c'est-là tout? En attendant, mettons-nous un peu en majeur d'*ut*, faites la tonique de la main gauche, ajoutez l'octave, afin que cela sente mieux la basse: examinez ensuite les harmonies de la modulation où l'*ut* est renfermé.

L'ELEVE.

Vous ne reconnoissez encore que quatre harmonies consonnantes dans chaque modulation, & vous ne m'avez parlé que de deux harmonies dissonnantes; la réponse à votre demande est donc contenue en six harmonies.

LE MAITRE.

Cela est juste. Mais la tonique est-elle de ces six harmonies?

L'ELEVE.

Il faut voir. En *ut* les quatre harmonies consonnantes, sont *ut* et *mi*, *sol* ; *sol*, *si*, *ré*; *fa*, *la*, *ut* ; *la*, *ut*, *mi*. L'*ut* entre donc dans les harmonies consonnantes de la tonique, de la quarte & de la sixte?

Il n'est exclu que de la consonnance de la quinte.

A a ij

Les deux harmonies diffonnantes font *ré, fa, la, ut* ; & *fol, fi, ré, fa*. Ici je ne vois d'*ut* que dans la diffonnance de la feconde.

Voilà donc quatre harmonies qui renferment l'*ut* ? Qu'en voulez-vous faire ?

LE MAÎTRE.

Je veux que vous me les jouëiez fucceffivement avec la main droite, en gardant à la baffe l'*ut* qu'elles accompagneront diverfement.

L'ELEVE.

Et l'ordre... attendez... ne me dites rien... Les confonnances fauvent les harmonies diffonnantes... Je vais donc commencer...?

LE MAÎTRE.

Par la confonnance *ut, mi, fol*, l'alpha & l'oméga de toute progreffion. Elle fera fuivie de celle de *la, la, ut, mi*, d'où vous irez à celle de la quarte *fa, fa, la, ut*; à l'harmonie diffonnante de la feconde, *ré, fa, la, ut*; & l'enchaînement vous plaira.

L'ELEVE.

Je vais vous le dire. Il faut en finiffant répéter la confonnance de la tonique.

LE MAÎTRE.

Après la diffonnance de la feconde *ré, fa, la, ut*, il faut frapper l'harmonie diffonnante de la dominante, *fol, fi, ré, fa*, quoiqu'elle ne contienne point l'*ut*; elle fauvera la diffonnance de la feconde, & préparera en même-tems le repos final, *ut, mi, fol*.

L'ELEVE.

J'exécute & j'écoute... Fort bien... Voilà une phrafe dont mon oreille s'accommode.

LE MAÎTRE.

Et cela, fçavez-vous ce que c'eft ?... La fucceffion de toutes les harmonies qui peuvent accompagner la tonique tant en majeur qu'en mineur.

L'ELEVE.

Que j'effaye vîte en mineur... en *ut* mineur, trois bémols... Ma baffe ne change point... ni ma tonique non plus... donc *ut, mi* bémol, *fol*... J'y fuis... *la* bémol, *ut, mi* bémol... bien... *fa, la* bémol, *ut*, très-bien... *ré, fa, la* bémol, *ut*.... C'eft cela; & puis.... & puis

DE CLAVECIN.

laiſſant dans l'harmonie diſſonnante de la dominante le *ſi* naturel & pour cauſe... *ſol*, *ſi*, *ré*, *fa*... & *ut*, *mi* bémol, *ſol*... da capo... *ut*, *mi* bémol *ſol*... *la* bémol, *ut*, *mi* bémol... *fa*, *la* bémol, *ut*... *ré*, *fa*, *la* bémol, *ut*... *ſol*, *ſi*, *ré*, *fa*... *ut*, *mi* bémol, *ſol*, & pas une faute, je le gage... ordonnez, ſi vous l'oſez, la même phraſe dans toutes les modulations, & je pars.

LE MAÎTRE.

Peut-être un peu légérement. Mais nommez-moi auparavant les accords que toutes ces harmonies font avec la tonique.

L'ELEVE.

J'aime mieux vous écouter.

LE MAÎTRE.

La conſonnance de la tonique fait avec la tonique accord parfait.
La conſonnance de la ſixte, *la*,, *ut*, *mi*......... accord de ſixte.
La conſonnance de la quarte *fa*, *la*, *ut*........ quarte & ſixte.
L'harmonie diſſonnante de la ſeconde *ré*, *fa*, *la*, *ut*... ſeconde.
L'harmonie diſſonnante de la dominante, *ſol*, *ſi*, *ré*, *fa*.. ſeptiéme ſuperflue.

L'ELEVE.

Mais je ſçavois tout cela ; je ſçavois que l'harmonie conſonnante fait toujours un accord parfait avec ſa premiere note à la baſſe ; une ſixte, avec ſa ſeconde note à la baſſe ; une quarte & ſixte avec ſa troiſiéme note à la baſſe.

Je ſçavois que l'harmonie diſſonnante de la ſeconde fait avec la tonique une ſeconde.

Et que l'harmonie diſſonnante de la dominante fait avec la tonique une ſeptiéme ſuperflue. Je ſçavois tout.

LE MAÎTRE.

Que ne m'arrêtiez-vous ?

L'ELEVE.

Je n'aime pas qu'on m'interrompe.

LE MAÎTRE.

Sans vous interrompre, mettez-vous en majeur d'*ut* ; la ſeconde eſt *ré* ; faites ce *ré* de la main gauche, & accompagnez-le ſucceſſivement de la main droite, de toutes les harmonies de la modulation d'*ut* qui renferment le *ré*.

L'ELEVE.

Parmi les confonnances, je ne vois que celle de la dominante, *sol*, *si*, *ré*, qui fait avec *ré*, un accord de quarte & sixte; & parmi les diffonnances que celles de la dominante *sol*, *si*, *ré*, *fa*, & de la seconde *ré*, *fa*, *la*, *ut*; celles de la dominante *sol*, *si*, *ré*, *fa*, faisant avec la basse *ré*, une petite sixte majeure, & celle de la seconde, *ré*, *fa*, *la*, *ut*, faisant avec le même *ré* de la basse, une septiéme.

LE MAÎTRE.

J'admire votre facilité & votre mémoire. Vous me gâtez.

L'ELEVE.

Comment cela?

LE MAÎTRE.

Par l'agrément que vous me faites espérer dans mon métier, & que je n'y trouverai sûrement pas,

L'ELEVE.

Vous pensez trop mal des autres.

LE MAÎTRE.

Faites ces trois accords sur la seconde *ré* du majeur d'*ut*; commencez par la quarte & sixte, & passez à la septieme, à la petite sixte majeure.. Fort bien. Aussi-tôt dit, aussi-tôt fait.

L'ELEVE.

Mais le dernier accord doit être sauvé, car il n'est pas consonnant.

LE MAÎTRE.

La petite sixte majeure dérive de l'harmonie diffonnante de la dominante *sol*, *si*, *ré*, *fa*, qui appelle la confonnance de la tonique *ut*, *mi*, *sol*; or cette harmonie confonnante ne peut accompagner le *ré*; changez donc de basse; faites *mi* à la basse; & ce *mi* produisant une sixte sur la tierce, sauvera parfaitement la petite sixte majeure.

L'ELEVE.

Et au lieu de *mi*, pourquoi pas *ut*, & l'accord parfait de la tonique? Pourquoi pas *sol* & l'accord de quarte & sixte? Tout cela me paroît égal, la confonnance de la tonique sauvant en général les accords dérivés de la diffonnance de la dominante.

DE CLAVECIN.
Le Maître.
Qui vous le nie?
L'Eleve.
Par respect pour vous & pour le *mi* de votre choix, je m'en tiendrai à la sixte sur la tierce, à condition que vous trouverez bon que j'accompagne la seconde *la* en mineur de *sol*, avec ces trois accords, car j'imagine que la phrase a lieu dans les deux modes ; & en me conformant à votre marche, qui emploie d'abord la quarte & sixte, j'aurai pour cette quarte & sixte, *ré*, *fa* dieze, *la* ; pour la septieme, *la*, *ut*, *mi* bémol, *sol* ; & pour la petite sixte majeure, *ré*, *fa* dieze, *la*, *ut*. Voilà ce que c'est.
Le Maître.
Avec cette petite correction pour la sixte quarte, de faire plutôt *ré*, *fa*, *la*, que *ré*, *fa* dieze, *la*. La regle d'introduire dans l'harmonie de la dominante, la sensible de l'octave, n'est indispensable que dans le cas de son accord dissonnant, parce qu'il conduit au repos de la tonique. Dans les autres cas, si la consonnance de la dominante n'accompagne pas la dominante même, elle peut suivre les notes de la game. Hé bien, qu'attendez-vous ? Sauvez donc la petite sixte majeure.
L'Eleve.
Votre intention, Monsieur, est-elle que je profite ?
Le Maître.
Ce n'est pas celle de tous les Maîtres, mais c'est la mienne.
L'Eleve.
Accordez-moi donc le tems d'arranger dans ma tête, vos régles, vos exceptions, vos observations.
Le Maître.
Un moyen de ne rien sçavoir bien, c'est de vouloir tout également retenir. Prenez-en d'abord ce que vous pourrez, sans effort & sans gêne ; le reste viendra, & peu à peu vous posséderez le tout ; pour sauver l'accord dissonnant de la petite sixte majeure que vous venez de pratiquer sur la seconde note *la* de l'octave en mineur de *sol* ; il faut...
L'Eleve.
Pratiquer la sixte de la tierce *si* bémol.

LEÇONS
LE MAÎTRE.

Fort bien ; & puis cédez-moi la place ; je veux accompagner la tierce *mi* ou *mi* bémol, tant en majeur qu'en mineur, par les harmonies qui la renferment.

L'ELEVE.

Vous vous passerez de dissonnances, si cela vous est agréable ; car il n'y a point de *mi*, ni en *sol*, *si*, *ré fa*, ni en *ré*, *fa*, *la*, *ut*,

LE MAÎTRE.

Il est vrai. J'accompagne en majeur d'*ut*, la tierce *mi*, par *ut*, *mi*, *sol*; par *la*, *ut*, *mi*; par *sol*, *si*, *ré*, *fa*; & je reviens à *ut*, *mi*, *sol*.

La premiere harmonie, fait avec la basse *mi*, Accord de sixte.

La seconde harmonie.................. Accord de quarte & sixte.

La troisiéme harmonie.................. Accord de septiéme & de neuviéme diminuée.

En mineur, j'accompagne la tierce *mi* bémol, par *ut*, *mi* bémol, *sol* ; par *la* bémol, *ut*, *mi* bémol; par *sol*, *si*, *ré*, *fa*, & je finis par *ut*, *mi* bémol, *sol* ; ce qui rend en accords la sixte, la quarte & sixte & la quinte superflue.

L'ELEVE.

Vous avez raison. Je me rappelle que vous avez donné à l'harmonie dissonnante de la dominante pour basse, la tonique, la tierce majeure, la tierce mineure, outre les notes qui la composent.

LE MAÎTRE.

La quarte *fa* peut toujours être accompagnée, tant en majeur qu'en mineur, par sa propre consonnance, & par les deux dissonnances.

La quinte *sol*, par sa propre consonnance, par la consonnance de la tonique, & par sa propre dissonnance.

L'ELEVE.

Et les accords que ces harmonies produisent avec leurs basses *fa* & *sol*, comment les nommez-vous ? Et l'ordre à suivre, la maniere de les enchaîner, vous ne m'en parlez pas ?

LE MAÎTRE.

Adagio. Poursuivons notre tâche, & connoissons les harmonies qui accompagnent les autres notes de la game ; puis nous les écrirons tant en majeur qu'en mineur d'*ut* ; alors vous apprendrez l'ordre & la marche

&

DE CLAVECIN.

& les signes placés au-dessus de chaque note de basse, vous indiqueront les noms des accords.

L'ELEVE.

Je ne sçais quel Poëte a dit que les choses que l'on voit frappent plus que celles qu'on entend; mais ce n'est pas en Musique.

LE MAÎTRE.

Vous verrez, & vous entendrez.

La sixte ou sixieme note s'accompagne de sa propre consonnance, de celle de la quarte & de l'harmonie dissonnante de la seconde.

La sensible s'accompagne de la consonnance & de la dissonnance de la dominante.

En mineur, la septiéme ne peut s'accompagner que de la consonnance de la quinte ; sans licence, encore.

EXEMPLE.

De toutes les Harmonies qui accompagnent chaque note de la game en majeur d'*ut*, avec les signes des accords que produisent ces Harmonies avec leurs basses, en suivant l'ordre naturel.

Les chiffres 1, 2, 3, 4, 5, 6, 7, que j'ai placés au-dessous des portées de la basse, désignent le rang de chaque note dans la game.

L'accord qui se trouve seul entre deux lignes perpendiculaires, ne sert qu'à sauver la derniere dissonnance de chaque note de basse. Je ne l'ai

194 LEÇONS

point chiffré, parce que son chiffre & son nom se trouvent dans le courant de l'exemple.

L'ELEVE.

Rien d'obscur là-dedans. Le premier, accord parfait de la tonique.
Les trois suivans, sixte de la tierce.
Le quatrieme, accord parfait de la tonique.
Celui qui sauve l'accord de petite sixte, accord de sixte sur la sensible.
Je crois démêler la raison de tout cela.
La fausse quinte par exemple, dérive de la dissonnance de la dominante *sol*, *si*, *ré*, *fa* ; donc la consonnance *ut*, *mi*, *sol* doit la sauver. Vous lui avez choisi la basse *ut*, parce qu'elle est plus proche que le *mi* ou le *sol*.

LE MAÎTRE.

Il faut autant qu'on le peut, faire chanter la basse, & la conduire par des intervalles doux.
Je vais vous écrire le même exemple en mineur d'*ut*.

L'ELEVE.

Un mot auparavant. Que voulez-vous dire avec ces signes du doigt, sur différens endroits de mon exemple ?

LE MAÎTRE.

Que je n'ai pas observé les positions, & que les harmonies font des sauts considérables, faute que je n'ai commise que pour me rendre clair & que vous ne pouvez sans ingratitude, vous dispenser de corriger sur le clavier.

L'ELEVE.

Je ne suis pas ingrate.

LE MAÎTRE.

EXEMPLE

Des harmonies qui accompagnent les notes de la game en mineur d'*ut*, suivant l'ordre naturel.

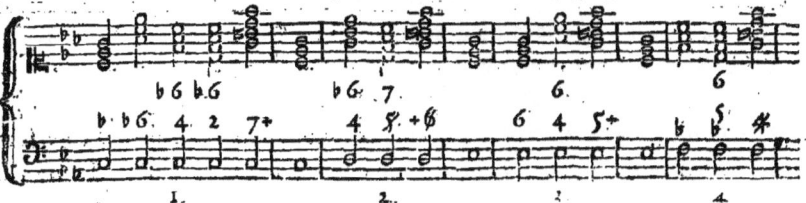

DE CLAVECIN.

Comme la septiéme note *si* bémol ne peut être accompagnée que de l'harmonie consonnante de la quinte, sans licence, & par conséquent n'a pas besoin de consonnance qui sauve son accord, j'ai repris la note sensible avec les accords pour revenir à *ut*, *mi* bémol, *sol*.

L'ELEVE.

Peu de difficultés nouvelles, dans cet exemple; quelques noms d'accords a apprendre, quelques signes à connoître, & puis c'est tout. Faites-moi sentir l'effet de cette succession d'harmonies.

LE MAÎTRE.

Voilà le majeur... Voici le mineur... Comparez.

L'ELEVE.

Il s'agit de mettre ces deux suites d'accords dans sa tête & dans ses doigts. Elles font bien, très-bien à l'oreille. Il faudroit les posseder dans toutes modulations; ce seroit un assez bon prélude, avant une piéce.

LE MAÎTRE.

Vous me dispenserez de vous écrire ces enchaînemens d'accords dans les autres octaves; vous les y transporterez sans peine.

L'ELEVE.

Et quand j'y en trouverois, tant mieux. On ne sçait bien....

LE MAÎTRE.

Que ce qu'on a montré aux autres.

L'ELEVE.

Que ce qu'on a appris difficilement. Le travail est un burin qui grave la chose. Mais si nous enraïons.

LE MAÎTRE.

Est-ce votre dernier mot ? J'aurois pourtant encore besoin d'un moment de votre attention, pour terminer la soirée à ma fantaisie.

Bb ij

LEÇONS

L'ÉLÈVE.

A-t-on rien à refuser à celui qui peut commander & qui demande aussi honnêtement? Dites.

LE MAÎTRE

Vous venez de voir que chaque note de la game peut être accompagnée par plusieurs accords. Il s'agiroit à présent de choisir entre ces accords ceux dont on pourroit accompagner la game, en majeur, en mineur, en montant, en descendant. Comme vous êtes fatiguée, il faut vous épargner ce travail, & vous écrire ces deux games avec leur accompagnement.

GAME en majeur d'*ut*, accompagnée en montant & en descendant.

GAME en mineur d'*ut*, accompagnée en montant & en descendant.

DE CLAVECIN.

L'ELEVE.
Est-ce tout?
LE MAÎTRE.
Presque... Il faudroit encore distinguer les accords & les nommer.
L'ELEVE.
Je m'en tirerois, si je voulois ou pouvois m'appliquer; mais vous êtes honnête & compatissant.
LE MAÎTRE.
Vous voyez que les toniques, les octaves & les dominantes, sont en majeur & en mineur, accompagnées par l'accord parfait.

Les secondes, par la petite sixte majeure.

Les tierces, par l'accord de sixte.

Les quartes, en montant, par la quinte & sixte.

En descendant, par le triton.

Les septiémes, en montant par la fausse quinte.

En descendant, par la sixte.
L'ELEVE.
Cela est vû, & de plus qu'en mineur la sixiéme note *la* bémol, est toujours accompagnée de l'harmonie dissonnante de la seconde, *ré*, *fa*, *la* bémol *ut*; mais j'ignore, & l'accord que produit cette dissonnance avec la sixiéme note, & son signe & son nom.
LE MAÎTRE.
C'est la petite sixte.
L'ELEVE.
La petite sixte, à la bonne heure. Autre chose. Voilà qu'en majeur la sixiéme note *la* est accompagnée en montant par *ré*, *fa*, *la*, *ut*, & en descendant par *ré*, *fa* dieze, *la*, *ut*; je n'entends rien à cela.
LE MAÎTRE.
Bonne observation, & qui n'est pas d'une tête bien lasse.

LEÇONS

L'Éleve.

J'en suis fâchée pour la bonne observation, mais elle ment.

Le Maître.

La dissonnance de la seconde *ré*, *fa*, *la*, *ut*, qui accompagne la sixiéme note *la* en montant, fait avec cette note une petite sixte; & *ré*, *fa* dieze, *la*, *ut*, qui l'accompagne en descendant, change la modulation & conduit en *sol*. Par conséquent l'accord *sol*, *si*, *ré*, en descendant n'est plus celui de la quinte d'*ut*, mais bien celui de la tonique *sol*; & l'accord de la sixiéme note *la* qui prépare ce repos est l'accord de la seconde note; donc petite sixte majeure.

L'Éleve.

Sol est pris pour tonique en descendant la game, & pour quinte en montant; comme tonique, la dissonnance qui doit préparer le repos *sol*, *si*, *ré*, est celle de la dominante; donc *ré*, *fa* dieze, *la*, *ut*; & puis je vous accompagne jusqu'à la porte, & vous dis adieu.

Le Maître.

Et des piéces?

L'Éleve.

Point de piéces ce soir; je ne vois goute; mais en revanche demain, un tour de force.

Le Maître.

Je vous en crois capable.

Le Philosophe.

Et quoi, vous vous séparez déjà! Je rentrois de bonne heure dans l'espérance de vous trouver encore à l'ouvrage, & de profiter du reste de la leçon.

Le Maître.

Mademoiselle prétend que ce qu'elle en a lui suffit.

L'Éleve.

Et c'est la vérité.

Le Philosophe.

Pas le moindre petit bout de Sonate?

L'Éleve.

Non, Papa; je me souviens de l'enfant qui ne voulut jamais dire

A, de peur qu'on ne lui fît dire *B*. Une Sonate *A*, en attirera une autre *B*, celle-ci une troisiéme *C*, & tout un alphabet de Sonates.

LE PHILOSOPHE.

Mademoiselle, tout comme il vous plaira.

L'ELEVE.

Mademoiselle ! voilà comme on dit, quand on veut obtenir la chose & vous ôter le mérite de la complaisance.

LE PHILOSOPHE.

En as tu vraiment assez ?

L'ELEVE.

Papa, en pouvez-vous douter ?

LE PHILOSOPHE.

Allons, point de Sonate ; je n'en veux point ; mettons-nous à table, & soupons gaiement ; Monsieur, si vous vouliez en être ?

LE MAÎTRE.

Très-volontiers ; vous êtes si rare chez vous, qu'il y faut rester, quand on a le bonheur de vous y surprendre.

Fin du huitieme Dialogue & de la quatrieme Leçon d'Harmonie.

NEUVIEME DIALOGUE
ET CINQUIEME LEÇON D'HARMONIE.
LE MAITRE, L'ELEVE.

L'Eleve.

Monsieur, je vous demande un instant... Je l'ai si bien serré, ce papier, que je ne sçais plus où il est...

Le Maître.

Vous me paroissez inquiete.

L'Eleve.

Je le suis aussi... Monsieur, voudriez-vous bien m'aider à feuilleter ces livres de Musique.

Le Maître.

Tous ? C'est de l'ouvrage.

L'Eleve.

Commencez par Eckard... Il faut qu'il soit là.

Le Maître.

Voilà quelque chose de votre écriture.

L'Eleve.

Donnez, donnez; c'est cela... Je vous avois promis un tour de force... Un tour de force, si vous voulez; & le voilà.

Le Maître.

Ah, ah! C'est l'enchaînement des modulations & l'enchaînement des accords dans chaque modulation, une analyse musicale raisonnée d'une piéce d'Eckard... Fort bien... fort bien... Ici, vous vous êtes trompée; mais ce n'est pas votre faute, il vous étoit impossible d'expliquer ce qui tenoit à des principes que vous ignorez... En jouant, prenez l'habitude de vous rendre compte de la basse & du dessus; ce sera une application continuelle de nos leçons.

L'Eleve.

DE CLAVECIN.

L'ELEVE.

Et cette application, la croyez-vous toujours facile?

LE MAÎTRE.

Oui, avec un peu d'attention & beaucoup d'habitude.

L'ELEVE.

Quoi, tout en exécutant certains morceaux d'Emanuel Back, vous suivriez sa marche, vous rendriez raison de ses écarts?

LE MAÎTRE.

Sans doute; incessamment vous en serez là; & s'il arrivoit qu'un Auteur eût mal écrit ce que son génie lui auroit bien dicté, vous le remarqueriez.

L'ELEVE.

Est-ce que cela se peut?

LE MAÎTRE.

Si cela se peut? Il seroit donc bien extraordinaire que celui qui ignore la théorie & qui compose d'oreille, tombât dans quelque faute?

L'ELEVE.

Quoi! la régle seroit en contradiction avec l'organe, ou l'organe avec la régle?

LE MAÎTRE.

Je l'ignore; & de crainte que de question en question vous ne m'embarquiez dans une métaphysique très-incertaine, où nous pourrions nous perdre nous & notre tems, je vous demanderai tout de suite, comment vont les accords?

L'ELEVE.

Et cette méthode vous semble bien satisfaisante?

LE MAÎTRE.

Très-satisfaisante pour le Maître que les questions embarrassent, & très-utile pour l'Eleve dont les progrès ne sont pas retardés; en conséquence, Mademoiselle, comment vont les accords?

L'ELEVE.

Mon Papa dit qu'ils vont bien. Ce matin, je l'ai arrêté au passage de sa chambre à son cabinet, & je lui ai accompagné toutes les games. J'ai appris ou plutôt répété devant lui la progression par quarte préparée du

C c

triton & de la fausse quinte. J'ai essayé la marche des accords sur chaque note de la game ; il me l'a fait exécuter dans toutes les modulations, & je ne m'en suis pas mal tirée.

LE MAÎTRE.

Je vous en fais mon compliment ; vous êtes bien plus habile que vous ne pensez. C'est une grande affaire que d'en être venue où vous en êtes. Voyons. Faites-moi tous les accords sur la tonique en majeur de *si*.

L'ELEVE.

Cela est aisé... Je frappe avec la main gauche le *si* que je double pour rendre cette basse plus forte. Puis de la main droite, je fais la consonnance *si*, *ré* dieze, *fa* dieze de la tonique.

Sol dieze , *si* , *ré* dieze... sixte.

Mi, *sol* dieze , *si* ...... quarte.

De-là je passe aux dissonnances.

Ut dieze , *mi* , *sol* dieze , *si*.

Fa dieze , *la* dieze , *ut* dieze , *mi*.

Et pour finir , je reprends la consonnance de la tonique *si* , *ré* dieze , *fa* dieze. Toutes ces harmonies font avec la tonique, l'accord parfait, la sixte, la quarte & sixte, la seconde, la septiéme superflue & l'accord parfait. Demandez-moi la même chose en une autre modulation , & je n'y serai pas plus empruntée.

LE MAÎTRE.

Brava , bravissima. Préparez le repos de la tonique par la dissonnance qui y conduit , en majeur de *la*.

L'ELEVE.

En majeur de *la*, trois diezes. Ce repos est *la* , *ut* dieze , *mi*. La dissonnance qui y méne est l'harmonie dissonnante de la dominante *mi*, *sol* dieze , *si* , *ré*... avec les deux mains , *mi*, *sol* dieze , *si*, *ré* ; *la* , *ut* dieze , *mi*.

LE MAÎTRE.

Faites la sixte & quinte en mineur de *mi*.

L'ELEVE.

En mineur de *mi*, un dieze. La basse de la sixte quinte est la quarte de la game. La main droite frappe simplement la dissonnance de la se-

DE CLAVECIN.

conde. Donc *la* à la baſſe, & pour harmonie *fa* dieze, *la*, *ut*, *mi*.

LE MAÎTRE.

C'eſt cela; mais ce n'eſt pas tout.

L'ELEVE.

Vous ne me donnez pas le tems d'achever; & comme la diſſonnance de la ſeconde méne au repos de la dominante, je ſauve cette quinte & ſixte par l'accord parfait de *ſi*; par conſéquent de la main droite, *ſi*, *re* dieze, *fa* dieze; je dis *ré* dieze, à cauſe de la dominante. Faut-il harpeger cet accord, au lieu de le frapper? J'omettrai l'uniſſon de la baſſe, dans l'harmonie, ſi cela vous convient. Oh! je me ſuis exercée. J'ai parcouru ſix games de cette maniere, en préſence de mon Papa... Les accords diſſonnans avec trois notes ſeulement de la main droite, me plaiſent beaucoup.

LE MAÎTRE.

Je vois que vous m'expédieriez tous les accords & toutes les harmonies dans chaque modulation, & cela à diſcrétion. En allant de ce train, nous ne tarderons pas d'arriver.

L'ELEVE.

Je ſauverois auſſi les diſſonnances, ſans que vous me déterminaſſiez les conſonnances. Je ſçais que la même diſſonnance, par exemple, *ſol*, *ſi*, *re*, *fa*, peut être ſauvée par les deux conſonnances *ut*, *mi*, *ſol*; ou *ut*, *mi* bémol, *ſol*. J'ai appris dans la derniere leçon, qu'un même accord diſſonnant peut être également ſauvé par pluſieurs accords conſonnans, telle eſt la petite ſixte majeure à laquelle on fait ſuccéder à volonté ou la ſixte de la tierce ou l'accord parfait de la tonique.

LE MAÎTRE.

Encore une queſtion, & je confeſſe que vous poſſedez ces choſes auſſi bien que moi. Faites-moi un triton ſur *mi* bémol.

L'ELEVE.

Un triton en *mi* bémol?

LE MAÎTRE.

Non pas un triton en *mi* bémol, mais un triton ſur *mi* bémol.

L'ELEVE.

J'entends. *Mi* bémol eſt note de baſſe. Donc je ſuis en *ſi* bémol; car

C c ij

la basse du triton est la quarte. Jouant de la main droite, *fa*, *la*, *ut*, *mi* bémol, cette harmonie fera avec la basse *mi* bémol, le triton que vous demandez. De grace, un moment, laissez-moi sauver ce triton ; je crois qu'en majeur il sera sauvé par *si* bémol, *ré*, *fa* ; & en mineur par *si* bémol, *ré* bémol, *fa*. Bien entendu que je donnerai pour basse à ces harmonies la tierce de la game, pour avoir un accord de sixte qui seul sauve le triton... Ensuite, Monsieur.

LE MAÎTRE.

Ensuite... Rien.

L'ELEVE.

Rien ?

LE MAÎTRE.

Rien, mais rien du tout. Il faut marcher.

L'ELEVE.

Il faut s'arrêter, s'il vous plaît.

LE MAÎTRE.

Et pourquoi ?

L'ELEVE.

Pour me rendre raison du choix & de l'ordre des accords dont vous accompagnez la game en montant & en descendant, & du changement de modulation, dans ce dernier cas. Ce n'est pas moi qui vous fait ces questions, je n'ai garde ; c'est mon Papa.

LE MAÎTRE.

Contentez-vous de ce qui suit, en attendant mieux.

Je commence par l'accord parfait sur la tonique, accord qui indique la modulation que j'acheve de fixer par la dissonnance de la dominante sur la seconde note, dissonnance que je sauve par l'accord de sixte sur la tierce ; & nulle incertitude sur le ton.

En pratiquant la quinte & sixte sur la quarte, je m'achemine au repos de la dominante.

Et la succession de deux accords dissonnans, l'un sur la sixte & l'autre sur la sensible, donnera d'autant plus de douceur & de force au repos de l'octave.

Je descends de l'*ut* au *si* par un intervale chromatique,

L'ELEVE.

Et fatiguant.

DE CLAVECIN.

LE MAÎTRE.

Et c'est par cette raison que j'accompagne ce *si* de l'accord de sixte, dérivé d'un repos.

Je pratique la dissonnance *ré*, *fa*, *la*, *ut*, sur la sixiéme note *la*; & cette dissonnance me conduit à la dominante *sol*. Mais le *fa* & le *la* ne dissonnant avec la dominante *sol* que diatoniquement, je rends le *fa* dieze; *ré*, *fa* dieze, *la*, *ut*.....

L'ELEVE.

Ensuite *sol*, *si*, *ré*. Bon repos. Après avoir descendu de trois dégrés, il s'agit d'arriver à la tonique.

LE MAÎTRE.

Le chemin est un peu long. Aussi me délasserai-je sur la médiante *mi* que j'accompagnerai de l'accord de sixte, dérivé d'un repos. Le triton sur la quarte préparera cette consonnance. Je pratiquerai la forte dissonnance de la dominante sur la seconde note; & je terminerai ma route, en m'asseyant finalement sur la tonique.

L'ELEVE.

Comment avez vous pû vous résoudre à monter de la quinte à l'octave, par deux dégrés, sans faire une petite station?

LE MAÎTRE.

Je ne l'ai pû.

L'ELEVE.

En descendant de *si* à *sol*, vous ne vous êtes pas contenté de la dissonnance légere qui s'y trouve; il vous en a fallu une plus forte.

LE MAÎTRE.

C'est que je ne me refuse pas à un petit chagrin quand il est compensé par un grand plaisir.

L'ELEVE.

C'est fort bien fait dans l'occasion.

LE MAÎTRE.

En descendant en mineur, je vais mon chemin sans détour.

L'ELEVE.

La bémol, *sol*, vous repose aussi bien que *fa* dieze, *sol*.

LE MAÎTRE.

Ou presqu'aussi bien.

LEÇONS

L'ELEVE.

Est-ce votre usage dans la vie d'assaisonner vos plaisirs comme en musique ?

LE MAÎTRE.

Je hais les gens à protocolle, & je n'en ai point. Mais s'il m'arrive dans la journée d'être blessé de quelque dissonnance accidentelle, le soir je m'en vange en les bannissant de l'harmonie, & je me mets à accompagner toutes les notes de la game, d'accords consonnans, comme vous allez voir.

Maniere de monter la game avec des accords consonnans,
en majeur d'*ut*.

Maniere de monter la game avec des accords consonnans
en mineur d'*ut*.

Autre maniere d'accompagner la game avec des accords consonnans,
toujours en majeur d'*ut*.

Autre maniere d'accompagner la game avec des accords consonnans, toujours en mineur d'*ut*.

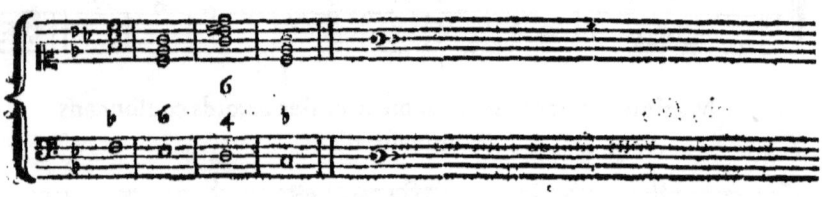

L'ELEVE.

Cela fait très-bien; & bénie soit la déplaisance accidentelle de la journée qui vous a inspiré le soir cet enchaînement agréable! Les batteries qu'on y peut pratiquer y répandront de la gaieté... Mais il me semble que c'est la marche de la premiere phrase harmonique; *la*, *fa*, *sol*, *ut*. Vous êtes conséquent dans vos principes. Consonnance ou dissonnance, toujours la forte précédée de la foible... Pourquoi accompagnez-vous la sixte en descendant, de l'accord parfait en mineur & de l'accord de sixte en majeur?

LE MAÎTRE.

Pourquoi? c'est que cela me plaît davantage; & qu'en musique...

L'ELEVE.

Dites dans tous les beaux arts, tout ce qui plaît est bien.

LE MAÎTRE.

Et puis remettons-nous en *ut*... Montez-en l'octave chromatiquement, de la main gauche.

L'ELEVE.

C'est fait.

LE MAÎTRE.

Frappez quatre fois la premiere note *ut*, & accompagnez-la de l'accord parfait majeur, de l'accord parfait mineur, de la sixte & de la fausse quinte.

L'ELEVE.

Ceci se complique. En *ut*, accord parfait majeur, *ut*, *mi*, *sol*; accord parfait mineur, *ut*, *mi* bémol, *sol*; accord de sixte... L'accord de sixte... Ne m'interrompez pas... L'harmonie consonnante produit un accord de sixte, en mettant sa seconde note à la basse.. Il faut ici que cette seconde note soit *ut*... Laissez-moi chercher... Mais c'est *la*, *ut*, *mi*.

LE MAÎTRE.

Mademoiselle, vous venez de faire l'accord parfait mineur d'*ut*; *ut*, *mi* bémol, *sol*; vous êtes donc dans une modulation de trois bémols, & voilà que vous sautez tout de suite à *la*, *ut*, *mi*, où tout est naturel. Voyez du moins, s'il n'y auroit pas un autre accord de sixte qui me convînt mieux.

L'ELEVE.

Je ne sçaurois rien faire de mieux pour votre service, quelque desir que j'en aye.

LE MAÎTRE.

Mais *la* bémol, *ut*, *mi* bémol fait aussi avec *ut*, un accord de sixte; & vous serez en *la* bémol où il y a quatre bémols, un de plus seulement qu'en mineur d'*ut*.

L'ELEVE.

Il s'agit à présent de la fausse quinte d'*ut*; dans cet accord *ut* est sensible; donc je suis en *ré* bémol où j'ai cinq bémols; c'est donc pour la main droite, l'harmonie dissonnante de la dominante, *la* bémol, *ut*, *mi* bémol, *sol* bémol.

Le

DE CLAVECIN.

LE MAÎTRE.
Sauvez.

L'ELEVE.
L'accord parfait de *ré* bémol fera mon affaire.

LE MAÎTRE.
Bien, très-bien. Arrêtez-vous un moment, & voyez que voilà déjà l'accord parfait majeur sur le second son de l'octave chromatique; sçavez-vous ce qu'il faut faire? Continuer par l'accord parfait mineur, par la sixte, la fausse quinte, la note qui sauve, & traverser ainsi toute l'échelle des douze sons de l'octave chromatique.

L'ELEVE.
Je ne désespérerois pas d'en venir à bout; mais le problème demande de la réflexion, & j'en réserve la solution pour un moment de ferveur.

LE MAÎTRE.
Comment! vous parlez la langue des Géometres.

L'ELEVE.
C'est que leurs expressions ont passé dans l'usage commun.

LE MAÎTRE.
Cherchons à monter l'octave chromatique d'une autre maniere. Essayez sur le premier son *ut* l'accord parfait mineur; sur le second *ré* bémol, la quinte & sixte en majeur; sur le troisiéme *ré*, la fausse quinte.

L'ELEVE.
L'accord parfait mineur d'*ut* est *ut*, *mi* bémol, *sol*... La sixte quinte sur *ré* bémol est... Attendez... Je suis en *la* bémol où il y a quatre bémols... La dissonnance de seconde qui produit cet accord de sixte & quinte est *si* bémol, *ré* bémol, *fa*, *la* bémol... reste la fausse quinte sur *ré*... La fausse quinte sur *ré* mene en *mi* bémol; l'harmonie qui produit cet accord est *si* bémol, *ré*, *fa*, *la* bémol... & puis voilà le tout mieux exécuté.

LE MAÎTRE.
Procédez toujours par accord parfait mineur, quinte & sixte, & fausse quinte que vous sauverez.

Dd

LEÇONS

L'ELEVE.

Autre tâche à remplir, quand je ferai feule... Mais je ne vois point ici la quinte & fixte fauvée; pourquoi cela?

LE MAÎTRE.

Ce n'eſt point une régle générale que de fauver tout de fuite une diffonnance. Vous en verrez plufieurs fe fuccéder. Defcendons à préfent la même octave chromatique.

Accompagnez la premiere note *ut*, de l'accord parfait mineur.

La feconde note *ſi*, de la fixte.

La troifiéme *ſi* bémol, encore de la fixte.

La quatriéme *la*, de la petite fixte majeure.

La cinquiéme *la* bémol, de la petite fixte.

La fixiéme *fol*, de l'accord parfait majeur.

L'ELEVE.

Le refte de l'octave?

LE MAÎTRE.

En defcendant diatoniquement jufqu'à la tonique, felon l'accompagnement de la game en mineur... Vous fecouez la tête?

L'ELEVE.

Cette marche eſt incomplette.

LE MAÎTRE.

C'eſt-à-dire que vous en voulez une qui parcoure toute l'octave en defcendant. Reprenez votre bonne humeur. La voici.

Sur la premiere note *ut*, accord parfait majeur.

Sur la même note, le triton.

Sauvez le triton fur la feconde note *ſi*.

Sur la troifiéme note *ſi* bémol, la fixte.

Sur la même note, le triton.

Sauvez ce triton fur la note fuivante, & continuez jufqu'à la tonique fur laquelle, quarte & fixte; puis la feptieme fuperflue à fauver par l'accord parfait.

Et pour que vous puiffiez poffeder ces différentes manieres d'accompagner l'octave chromatique, tant en montant qu'en defcendant; je vais vous les écrire en *ut*, d'où vous les appliquerez, à votre aife, à toutes les autres modulations.

DE CLAVECIN.

Maniere de monter chromatiquement l'Octave.

Autre maniere de monter chromatiquement l'octave.

Maniere de descendre l'octave chromatiquement, jusqu'à la dominante, ensuite diatoniquement jusqu'à la tonique.

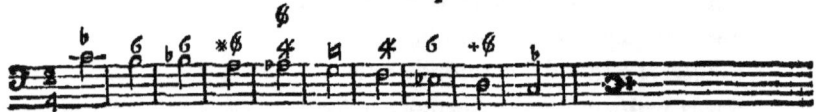

Autre maniere de descendre l'octave chromatiquement.

Dd ij

LEÇONS

L'ELEVE.

Demain, cela fera fçu & pratiqué dans toutes les octaves. Il ne s'agit que de retenir la marche.

LE MAÎTRE.

Nous avons laiffé en arriere deux accords avec lefquels je vous confeille de faire connoiffance en paffant.

Exécutez l'accord parfait majeur d'*ut*. Supprimez la tierce *mi*; fubftituez à cette tierce la quarte *fa*. Frappez *ut*, *fa*, *fol*, avec la baffe *ut*; & vous aurez ce qu'on appelle accord de quarte.

L'ELEVE.

Il femble fufpendre le repos de l'accord parfait.

LE MAÎTRE.

Auffi l'appelle-t-on *Accord de fufpenfion*. On lui fait fucceder l'accord parfait. Dans cet accord de fufpenfion, vous avez mis à la place de la tierce que vous avez fupprimée, la quarte; n'eft-il pas vrai ? Mais il en eft un autre qui fufpend également, & qu'on forme en fubftituant la feconde ou neuviéme à la tonique. Celui-ci demande pareillement à fa fuite l'accord parfait.

On chiffre le premier 4.

On chiffre le fecond.. 9.

Voici un exemple de l'emploi de ces deux accords de fufpenfion.

EXEMPLE
Des deux accords de fufpenfion.

L'ELEVE.

Je vois ce que c'eft.

LE MAÎTRE.

Il ne refte qu'à vous donner quelques progreffions de baffe à débrouiller. Elles feront accompagnées. J'indiquerai les accords par leurs fignes. Je ne marquerai plus les modulations, comme je l'ai fait aux précédentes, par des diezes ou des bémols; ce sera votre affaire que de les reconnoître aux accords qui n'ont lieu que sur certaines notes de la game.

L'ÉLÈVE.

J'ai peu de goût en général pour l'Énigme & le Logogriphe; il faudra cependant s'occuper sérieusement des vôtres. Puisque vous me proposez cette tâche, vous me supposez en état de la remplir. Écrivez. Cependant je vais jouer une Sonate ou lire quelques pages de l'Histoire de France de l'Abbé Vely qu'on m'a dit moins triste que le Jésuite Daniel.

Premiere Progression de basse.

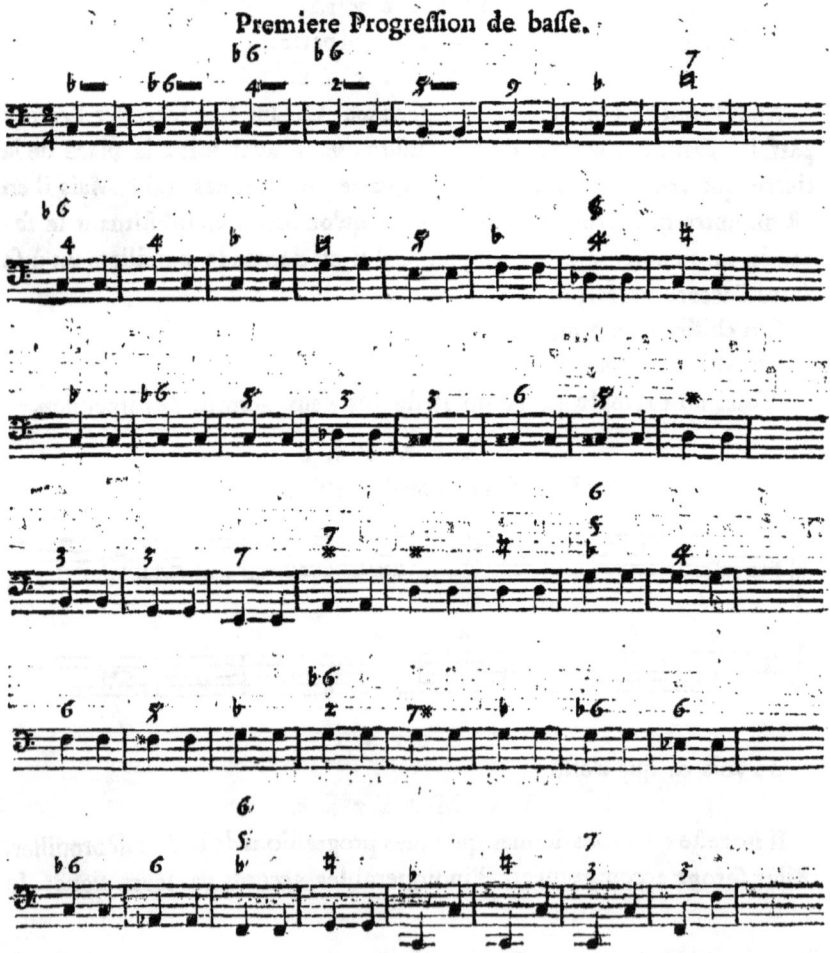

Seconde Progression de basse.

DE CLAVECIN.

216 LEÇONS

Troisieme Progression de basse.

DE CLAVECIN.

Le Maître.

Voilà, Mademoiselle, de quoi exercer votre tête & vos mains. Si vous m'en croyez, vous commencerez par méditer un peu ces progressions. Lorsqu'à l'aide des notes & des signes, vous en aurez bien saisi les harmonies & leur marche, vous vous mettrez au clavecin; jouez, harpegez; variez les batteries; employez les quatre sons des harmonies dissonantes; supprimez en un, deux, même trois, si cela vous convient; & j'ai l'honneur de vous souhaiter le bon soir.

L'Eleve.

Jusqu'à présent, ce Vely ne m'interesse pas autrement. Il n'assure rien; il va sans cesse doutant. S'il ne me plaît pas, c'est ma faute sans doute; un ouvrage qui a obtenu un suffrage universel peut aisément se passer du mien. C'est que j'ai un redoutable modéle de comparaison dans la tête. Ce Voltaire que je sçais par cœur fait bien du mal aux autres historiens que je lis. Quelquefois je voudrois pouvoir l'oublier, & je ne sçaurois. Lisons pourtant Monsieur Vely; car il seroit honteux de sçavoir l'Histoire Ancienne, & d'ignorer celle de son pays.

Fin du neuvieme Dialogue.

DIXIÈME DIALOGUE

ET SUITE

DE LA CINQUIEME LEÇON D'HARMONIE.

LE MAITRE, L'ELEVE, LE PHILOSOPHE.

LE PHILOSOPHE.

Vous arrivez à propos, Monsieur, pour nous juger.

LE MAITRE.

La chose est claire; Mademoiselle a tort.

LE PHILOSOPHE.

Point de partialité... Ma fille, exposez vous-même le fait.

L'ELEVE.

Mon Papa prétend que j'en sçais assez pour faire toute seule une progression de basse; & que, si j'ai le courage de le tenter, j'y réussirai.

LE MAITRE.

N'en avez-vous pas joué plusieurs? Ne les entendez-vous pas? Contiennent-elles autre chose que vos leçons? Prononcez.

L'ELEVE.

Je prononce qu'au mouvement près & à la valeur des notes que je puis changer, j'en copierai à peu près une des vôtres.

LE PHILOSOPHE.

Quoi, Mademoiselle, il n'y a pas d'autres manieres de combiner les modulations? Dans chacune, vous ne pouvez pas former d'autres chaînes d'accords? Il n'y a donc plus de musique à faire?

L'ELEVE.

Je me tâte de la meilleure foi du monde; je vous obéirai certainement, si vous ordonnez; mais je vous proteste qu'il y aura autant de sottises que de mesures.

LE PHILOSOPHE.

Et vous, Monsieur, êtes-vous de cet avis?

LE MAÎTRE.

Je suis d'avis que nous commencions notre leçon.

LE PHILOSOPHE.

Je n'empêche rien.

LE MAÎTRE.

Je vous demande pardon, Monsieur ; vous empêchez tout. Votre enfant craint de faire mal devant vous, & grace à cette crainte, elle ne sçait plus ce qu'elle fait. Nous ne voulons nous montrer à notre Papa, que quand nous serons sublimes.

LE PHILOSOPHE.

Serois-je plus redoutable ou moins indulgent pour elle que M. B... ? C'est un homme qui a été Maître de Chapelle, qui a composé, qui a écrit, qui a pratiqué. Il me fit une visite, il y a quelques jours ; elle étoit au Clavecin. Je le priai de l'entendre. Il eut cette complaisance ; & le témoignage qu'il m'en rendit auroit été aussi agréable pour son Maître, qu'il le fut pour elle & pour moi.

L'ELEVE.

M. B... me comparoit à la multitude des Ecolieres, & Monsieur au courant des Maîtres.

LE MAÎTRE.

Monsieur...

LE PHILOSOPHE.

Je vous entends.

L'ELEVE.

A présent que nous voilà seuls & que je puis dire & faire des bêtises tout à mon aise, sans impatienter personne, car on ne vous impatiente jamais, vous, j'aurai plus de hardiesse, & pour ne rien celer, moins de modestie. Je vous confierai que j'accompagne les treize sons de l'octave chromatique, en montant, en descendant.

LE MAÎTRE.

Sans broncher ?

L'ELEVE.

Sans broncher ; que vos accords de suspension n'ont rien d'effrayant que leur nom scientifique, & que ces trois progressions de basse que vous m'avez laissées ne m'embarrassent que médiocrement.

DE CLAVECIN.

LE MAÎTRE.

Il y en avoit là trois fois plus qu'il n'en falloit pour enchanter Monsieur votre Pere.

L'ELEVE.

Assurément, si j'avois été sûre de me posseder. Mon Papa est le meilleur Pere & le plus mauvais Maître qu'il y ait au monde. Il se souvient qu'il a été jeune ; mais il ne se souvient point du tout d'avoir été ignorant.

LE MAÎTRE.

Vous auriez expliqué la marche de ces progressions ; & il auroit vû...

L'ELEVE.

Il auroit vû que je me trompois souvent ; j'aurois vû qu'il souffroit ; & vous auriez vû que je me serois trompée bien davantage, & que j'aurois fini par pleurer.... J'ai joué vos progressions. Tâchons de les débrouiller.

LE MAÎTRE.

Ce n'est pas la magie noire. La premiere est à deux tems. J'ai commencé en mineur d'*ut*. J'ai accompagné la tonique successivement de tous les accords consonnans, de l'harmonie de la seconde note que j'ai fait suivre de la fausse quinte dans la même octave.

L'ELEVE.

Je vois cela ; & cette marche vous a mené jusqu'à la sixiéme mesure.

LE MAÎTRE.

L'accord de neuviéme qui accompagne la sixiéme mesure suspend la consonnance qui doit sauver la dissonnance de la mesure précédente.

A la huitiéme & à la neuviéme mesure, je regarde l'*ut* comme dominante.

A la treiziéme mesure, je prépare un changement de modulation par la fausse quinte qui me conduit en mineur de *fa*.

L'ELEVE.

Mais je crois que la petite sixte de la quinziéme mesure appelle le repos de la dominante, indiqué à la seiziéme ; & ces quatre dernieres sont en mineur de *fa*.

A la dix-septiéme mesure, l'*ut* devient tonique ; & dans les mesures qui suivent vous montez la game d'*ut*, chromatiquement, par l'accord parfait majeur, mineur, la sixte & la fausse quinte sur chaque son.

A la vingt-cinquiéme mesure, vous rompez cette marche que vous n'avez suivie que jusqu'en *ré*... Arrêtons-nous ici un moment, & sçachons pourquoi dans cette marche chromatique, vous avez écrit la même touche du clavier; celle par exemple, qui est entre l'*ut* & le *ré*, d'abord par *ré* bémol, & ensuite par *ut* dieze. Cette touche a ces deux noms; mais pourquoi les avez-vous employés tous les deux?

LE MAÎTRE.

C'est que le *ré* bémol est la basse de l'accord qui sauve la fausse quinte sur *ut*, *ut*; & comme je veux pratiquer une fausse quinte sur la même basse, elle devient sensible du ton qui est *ré*; or la sensible de *ré* est *ut* dieze; donc la même touche est nécessairement *ré* bémol, comme basse de l'accord parfait qui sauve la fausse quinte, & *ut* dieze, comme basse de la fausse quinte qui ne peut être sauvée que par l'accord parfait de *ré*.

L'ELEVE.

Autre chose. Dans la troisiéme progression, j'ai rencontré des mesures de huit notes qui n'avoient qu'un seul accord, & d'autres mesures qui n'en avoient point du tout. Papa m'a dit de faire l'accord parfait sur la premiere de celles-ci.

LE MAÎTRE.

Les huit notes des mesures qui n'ont point d'accord sont toutes renfermées dans la même harmonie; par conséquent le même accord les accompagne toutes; mais si l'on frappoit l'harmonie pour chaque note, le chant en seroit étouffé; il faut être avare d'accords. Il est rare qu'un accompagnement qui suit toutes les notes fasse un bon effet. C'est exprès que j'ai omis le signe de l'accord en quelques mesures; j'ai voulu sçavoir si vous trouveriez de vous-même celui qu'il y falloit pratiquer.

L'ELEVE.

Et comment cela se trouve-t-il? Chaque note de la game pouvant être accompagnée de plusieurs accords, être prise pour tonique, quarte, quinte, sensible, tierce majeure, tierce mineure, &c. selon la modulation.

LE MAÎTRE.

La modulation est déterminée par la marche de la basse, & par l'accord qui l'accompagne. L'usage vous apprendra le premier, & le second

DE CLAVECIN.

vous sera connu par théorie. Tombez-vous sur quelques mesures sans accord ? Tenez vous-en à ceux qui accompagnent les notes de la game en montant, & en descendant. En *ut*, dans les mesures qui ont précédé, j'ai supprimé l'accord sur le *sol*. La modulation une fois donnée par les mesures antécédentes, je n'ai point chiffré la tonique.

L'ELEVE.

Et voilà pourquoi Papa me conseilloit l'accord parfait. D'ici à quelque tems, je vous prie, marquez tous les accords.

LE MAÎTRE.

Et vous voilà revenue à votre pusillanimité ; un peu de cet entousiasme intrépide de Monsieur M. ne vous iroit pas mal ; il lui en resteroit assez, & vous en auriez ce qu'il vous en faut... Allons qu'on m'écrive une basse, tout-à-l'heure ; & qu'on l'accompagne.

L'ELEVE.

Dictez. Je copie tout ce qu'on veut, prose, vers, musique.

LE MAÎTRE.

Vous mettriez-vous bien en majeur d'*ut* ?

L'ELEVE.

Vous plaisantez, je crois ?

LE MAÎTRE.

Faites toujours.

L'ELEVE.

Voilà l'accord parfait de la tonique. Je suis forte sur l'accord parfait & sur le chemin du repos ; *ut*, *mi*, *sol* ; *sol*, *si*, *ré* ; *ut*, *mi*, *sol*, & vous appellez cela de la musique ?

LE MAÎTRE.

Pourquoi non ?

L'ELEVE.

Voulez-vous encore les deux phrases harmoniques, &c. &c ?

LE MAÎTRE.

Non, non. Mais en quittant la modulation majeure d'*ut*, où peut-on aller ?

L'ELEVE.

On peut aller... Soufflez, soufflez, ou je m'en vais où il me plaira.

LE MAÎTRE.

Quoi, vous ne vous rappellez pas qu'en changeant de modulation, la règle la plus générale est de passer dans les modulations relatives ?

LEÇONS
L'ÉLEVE.

Heureufement, mon Papa n'y eft pas; comme il crieroit! Et dans celles qui ont un dieze ou un bémol de plus ; & du majeur au mineur, & du mineur au majeur.

LE MAÎTRE.

Convenez entre nous qu'il auroit eu un peu raifon de crier.

L'ÉLEVE.

Et pourquoi ne criez-vous pas, vous?

LE MAÎTRE.

C'eft qu'il faut que chacun faffe fon métier, & que le mien eft de ne pas crier.

L'ÉLEVE.

J'étois en majeur d'*ut* ; je le quitte & je vais en majeur de *fol*, pour avoir affaire à un dieze.

LE MAÎTRE.

Et par combien de chemins peut-on aller d'*ut* en *fol* fa quinte?

L'ÉLEVE.

Je ne vais jamais par quatre; je prends toujours le plus court; écoutez; voilà la confonnance du majeur d'*ut*; je la laiffe; & je m'arrête tout de fuite au repos principal du majeur de *fol*.

LE MAÎTRE.

Il n'y a rien à dire; mais vous pouvez quitter la confonnance, *ut*, *mi*, *fol* de trois manieres; fi elle fait avec la baffe *ut*, un accord parfait, vous fortez par le principal accord de la modulation ; fi elle fait avec la baffe *mi*, un accord de fixte, vous fortez par cet accord ; fi elle fait avec la baffe *fol*, un accord de quarte & fixte, vous fortez par un accord de quarte & fixte. Ces trois accords font trois iffues.

L'ÉLEVE.

Entre lefquelles j'ai choifi l'accord parfait, & je m'en félicite.

LE MAÎTRE.

Afin qu'il n'y ait point de jaloufie; quittez la modulation majeure d'*ut* par la fixte fur *mi*, par la fixte quarte, fur *fol*. On peut aller du majeur d'*ut* au majeur de *fol*,

1°. Simplement, fans préparer la principale confonnance *fol*, *fi*, *ré*, par aucune diffonnance.

2°.

DE CLAVECIN.

2°. En la préparant par une diſſonnance.
3°. En la préparant par une double diſſonnance.

L'Eleve.

Entendons-nous... aller d'*ut* en *fol*, ſans préparer la principale conſonnance *fol, ſi, ré*, c'eſt?

Le Maître.

C'eſt tout de ſuite, après avoir mis à la baſſe une des notes de l'harmonie majeure *ut, mi, fol*, frapper *fol, ſi, ré*, en mettant à la baſſe ou le *fol*, ou le *ſi*, ou le *ré*, comme vous avez fait.

On va dans le même ton majeur de *fol*, en faiſant, après *ut, mi, fol*, l'harmonie diſſonnante de la dominante *ré, fa* dieze *la, ut*, donnant pour baſſe à cette harmonie ou le *ré*, ou le *fa* dieze, ou le *la*, ou l'*ut*, ou le *fol*, ou le *ſi* & ſauvant enſuite cette diſſonnance par l'harmonie *fol, ſi, ré*, ou l'un de ſes dérivés ſelon le ſon *fol, ſi*, ou *ré*, mis à la baſſe.

L'Eleve.

Ré, fa dieze, *la, ut*, harmonie diſſonnante de la dominante de *fol*, où vous allez au ſortir de la modulation d'*ut*, étant la diſſonnance principale de la modulation de *fol*, elle conduit au principal repos *fol, ſi, ré*. Laiſſez-moi faire ; je veux ſortir ou plutôt entrer par toutes ces portes. Je prends *fa* dieze pour baſſe & j'entre par la fauſſe quinte.

Le Maître.

C'eſt cela. Allons donc. Voici toutes les manieres d'aller du majeur d'*ut*, au majeur de *fol* par l'harmonie diſſonnante de la dominante *ré*.

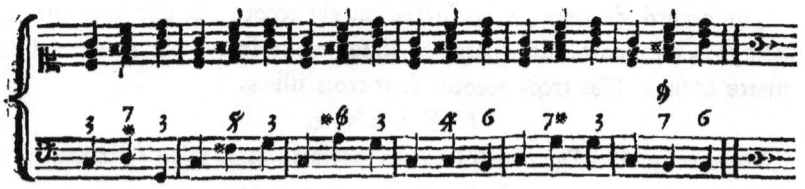

Chaque meſure contient une maniere. La différence n'eſt que dans les notes de baſſe. Les harmonies reſtent les mêmes. En écrivant ces harmonies, j'ai négligé les poſitions, afin que l'exemple fût plus net.

L'Eleve.

Oh, j'y suis, & je suis toute étonnée de n'y avoir pas été plutôt. Je puis aller du majeur d'*ut* au majeur de *sol*, par tous les accords dérivés de l'harmonie dissonnante de la dominante de *sol*, à l'exception de la quinte superflue qui n'a pas le même privilége.

Le Maître.

Non, en majeur de *sol*; mais en mineur?

L'Eleve.

En mineur de *sol*? Attendez. La tierce étant mineure... cette tierce mise à la basse peut y produire... oui, la quinte superflue. Mais vous m'avez prescrit, en changeant de modulation, de n'avoir qu'un bémol de plus; & voilà que vous me permettez d'aller du majeur d'*ut*, au mineur de *sol*.

Le Maître.

Mais je vous ai dit aussi qu'on pouvoit avoir un bémol de moins, & toujours aller du majeur au mineur. Allez donc du majeur d'*ut* au mineur d'*ut*; quittez le mineur d'*ut* & passez par la quinte superflue au mineur de *sol*.

L'Eleve.

Pourquoi quitter toujours, comme vous faites, la modulation d'*ut*, par l'accord parfait, tandis que je sçais qu'on en peut sortir ou par la sixte sur la tierce, ou par la sixte & quarte sur la quinte?

Le Maître.

Pour que vous puissiez plus facilement appliquer ces passages à d'autres modulations. Pas d'autre motif.

L'Eleve.

Cela ne me suffira pas pour l'intervalle de cette leçon à la suivante. L'habitude de l'instrument léve bien des difficultés, & je vais vîte. Si vous m'écriviez à présent les différentes issues du majeur d'*ut* au majeur de *sol*, en préparant le repos *sol*, *si*, *ré*, par une double dissonnance?... Je prévois d'avance que l'autre dissonnance sera *la*, *ut*, *mi*, *sol*, celle de la seconde *la*, qui précédera celle de la dominante *ré* que vous sauverez par l'accord parfait *sol*, *si*, *ré*, comme dans une de nos phrases harmoniques.

DE CLAVECIN.
LE MAÎTRE.

Cela est juste. Les harmonies seront *ut*, *mi*, *sol*, que je quitte en faisant *la*, *ut*, *mi*, *sol*, *ré*, *fa* dieze, *la*, *ut*, qui appellent le repos principal *sol*, *si*, *ré*, de la nouvelle modulation.

Voici les différens passages du majeur d'*ut*, au majeur de *sol*, par une double dissonnance. Dans ces exemples, l'*ut* n'aura toujours que l'accord parfait.

Passage du majeur d'*ut* au majeur de *sol*, par une double dissonnance.

Vous transposerez cela dans toutes les modulations.
L'ELEVE.
Cela va sans dire.
LE MAÎTRE.

Et comme la pâture n'est pas suffisante, j'ajoute à ces exemples les manieres diverses de passer du majeur d'*ut* au majeur de *fa* sa quarte ; & du majeur d'*ut* en *la* sa sixte & son relatif.

Passage du majeur d'*ut* au majeur de *fa*, par une simple dissonnance.

228 LEÇONS

Paſſage du majeur d'*ut* au majeur de *fa*, par une double diſſonnance.

L'ELEVE.

Et le paſſage du majeur d'*ut*, au mineur de *fa*?

LE MAÎTRE.

Si vous voulez aller du majeur d'*ut*, au mineur de *fa*; ce ſera la même marche, obſervant ſeulement de faire ſuccéder la conſonnance du mineur d'*ut* à la conſonnance du majeur d'*ut*, & de pratiquer la quinte ſuperflue, à la place de la neuvieme diminuée & ſeptiéme.

Paſſage du majeur d'*ut* au mineur de *la*, par une ſimple diſſonnance.

Paſſage du majeur d'*ut* au mineur de *la*, par une double diſſonnance.

L'ELEVE.

Puiſqu'on peut toujours aller dans les modulations qui ont un dieze

DE CLAVECIN.

ou un bémol de plus ou de moins; je passerai donc, s'il me plaît, du majeur d'*ut* au mineur de *ré* ou de *mi* ?

LE MAÎTRE.

Assurément; & je vous en donnerai des exemples par la suite. Quant à présent, suivez le grand chemin; allez du majeur d'*ut* en *fa*, & de *fa* au mineur de *ré* son relatif.

L'ELEVE.

Mais ces Passages que vous m'avez donnés, me conduiroient tout de suite au mineur de *ré* ?

LE MAÎTRE.

Je l'avoue; mais si vous passez d'abord par le majeur de *fa*, vous ferez mieux; la dissonnance principale qui ameneroit la modulation de *ré*, seroit celle de sa dominante, *la*, *ut* dieze, *mi*, *sol*; donc en allant subitement du majeur d'*ut*, en *ré*, outre le bémol, vous faites paroître le second dieze; or ce second dieze suppose le premier, ce qui rend le chant abrupte. En allant d'abord en *fa*, & de *fa* en mineur de *ré*; rien de nouveau que l'*ut* dieze.

L'ELEVE.

Je n'aime pas les routes communes & battues; mais puisqu'il n'y a pas moyen de faire un pas de plus que vous ne l'avez prononcé dans vos décrets; en attendant les routes immédiates du majeur d'*ut*, en *ré* & en *mi*, que vous me promettez, il faudra s'en tenir au chemin connu.

LE MAÎTRE.

Et ce faisant, vous ferez bien. Si vous débutez par les passages en mineur, vous prendrez le même tour pour arriver aux quartes & aux quintes.

Par exemple, pour aller du mineur de *la*, au mineur de *ré*, sa quarte, vous suivrez d'abord les passages préscrits en *fa*, & de ce majeur de *fa*, vous irez au mineur de *ré* son relatif.

Pareillement, pour aller du mineur de *la* au mineur de *mi*, sa quinte, les mêmes passages vous meneront plus doucement d'abord au majeur de *sol*, & de-là au mineur de *mi* son relatif.

Sçachez pourtant que cette marche n'est pas nécessaire, sur-tout si vous allez, par exemple du mineur de *la*, au mineur de *ré*, simplement, sans préparer la consonnance *ré*, *fa*, *la*, par aucune dissonnance.

Et puis dans les cas difficiles appellez votre Papa.

L'ELEVE.

J'ai la vanité de me croire plus forte que lui. Chacun a son lot. Il me trouvera des chants, tant que j'en voudrai; pour des harmonies, c'est mon affaire. Avec le tems, nous ferons à nous deux un bon Muficien. Ah! Monfieur, la bonne folie que de prétendre avec certains Auteurs que c'eft l'harmonie qui infpire les chants! C'eft le génie, le goût, le fentiment, la paffion qui infpire le chant; c'eft l'étude qui rend profond Harmonifte. Celui qui cherche la mélodie dans fon cœur eft un homme fenfible; celui qui la cherche dans fon oreille eft un automate bien organifé. Je me trompe fort, ou des chants qui n'émaneroient pas de l'ame qu'on ne donne point, mais qui réfulteroient d'une combinaifon d'accords, feroient fouvent plats, découfus, mauffades, bizarres, vuides de fens, bons pour des tympans, mauvais pour des entrailles. Les fons retournent d'où ils viennent, de l'organe à l'organe, du cœur au cœur.

LE MAÎTRE.

Vous pourriez bien avoir raifon; & fi vous avez befoin d'un exemple qui appuie votre opinion, je ne vous confeille pas de l'aller chercher bien loin.

L'ELEVE.

Eft-ce de vous ou de moi que vous parlez?

LE MAÎTRE.

De moi, Mademoifelle?

L'ELEVE.

De vous? Avez-vous tenté?

LE MAÎTRE.

Rarement; & c'eft une des bonnes preuves que j'en aie.

L'ELEVE.

C'eft-à-dire que vous reffemblez à celui qui tenoit dans fes mains un Crémone, à qui l'on demandoit s'il fçavoit jouer de cet inftrument, & qui répondoit, je n'en fçais rien; je n'ai jamais effayé.

LE MAÎTRE.

Votre conte eft bon; cependant je perfifte. Celui qui a du génie eft entraîné à la chofe dont il a le génie; foyez fûre que ce Haffe que nous accompagnons, & tant d'autres, ont chanté, malgré qu'ils en euſſent, comme le roſſignol dans la forêt; & ſi le génie me vient jamais, je dirai avec le Poëte ridicule de la Métromanie, dans ma tête un beau jour ce talent ſe trouva, & j'avois quarante ans, quand cela m'arriva. En attendant cette bonne fortune, amuſons-nous un peu des chef-d'œuvres de ces hommes merveilleux; ou pour nous délier les doigts, commençons par les enchaînemens de games... brava... Lorſque je vous occupai de ces enchaînemens ; dites-vrai, en conçûtes vous l'importance ?

L'Eleve.

Non.

Le Maître.

A préſent ?

L'Eleve.

Je vois que cet exercice m'a applani la moitié des difficultés; aucune game qui ne me ſoit devenue tout-à-fait familiere; plus de tâtonnement; oreille prompte à diſcerner les différentes modulations. Tenez, faiſons une expérience ; je vais dans l'appartement voiſin, vous preſſerez la touche de mon Clavecin qu'il vous plaira ; & ſur le champ je la nomme. Vous parcourerez en majeur ou en mineur la premiere octave qui vous paſſera par la tête, & je n'en ſerai pas plus incertaine.

Le Maître.

Voyons.

L'Eleve.

C'eſt *la* bémol ou *ſol* dieze.... *fa* dieze ou *ſol* bémol.... la game en mineur de *ſi* bémol ou de *la* dieze.

Le Maître.

Vous avez deviné.

L'Eleve.

Mais cette oreille qui connoît ſi bien le clavier devient imbécile, ſi l'on chante, ou ſi l'on joue d'un autre inſtrument.

Le Maître.

Défaut d'exercice ; autre idiome qui lui eſt étranger.

LEÇONS

L'ELEVE.

Cet organe là que j'ai aux deux côtés de ma tête, a quelque chose de bizarre.

LE MAÎTRE.

Qu'importe.

Fin du dixieme Dialogue & de la cinquieme Leçon d'Harmonie.

ONZIEMI

ONZIEME DIALOGUE
ET SIXIEME LEÇON D'HARMONIE.
LE MAITRE, L'ELEVE.

LE MAÎTRE

(*Debout, en silence, derriere son Eleve qui ne l'apperçoit pas.*) *A part.*
Fort bien... Voyons comme elle se tirera de-là... A merveille...
(*Haut*)... Brava... Brava.

L'ELEVE.

Ah, vous voilà !

LE MAÎTRE.

Continuez. Je n'y suis pas.

L'ELEVE.

Y a-t-il longtems que vous m'écoutez ?

LE MAÎTRE.

Je ne vous ai point écoutée, je ne vous écoute point.

L'ELEVE.

Vos Passages d'harmonie me tourmentent.

LE MAÎTRE.

Pas trop, à ce qu'il me paroît.

L'ELEVE.

Je suis pourtant parvenue à les exécuter en plusieurs modulations.

LE MAÎTRE.

Et vous n'avez pas choisi les plus faciles.

L'ELEVE.

Qu'en pensez-vous ?

LE MAÎTRE.

Je pense que c'est à présent que votre Papa peut vous demander une Progression de basse, & que vous auriez tort de la lui refuser. Tout est prêt. Vous possédez les Phrases harmoniques dans toutes les modulations ; vous accompagnez les huit notes de la game, tant en montant qu'en descendant ; vous disposez de chacune d'elles à discrétion ; vous parcourez les games diatoniquement, pratiquant sur chaque note plusieurs accords tant consonnans que dissonnans; vous pouvez suivre du grave à l'aigu, & de l'aigu au grave l'échelle chromatique en deux ou trois manieres; vous sçavez changer de modulation, & passer de plusieurs façons dans la quarte, la quinte & le relatif; faire alternativement le majeur & le mineur, le mineur & le majeur; qu'est-ce qui vous manque? Les clefs, les notes, leur valeur, les signes des accords, tout ce que la lecture & l'exécution de la Musique supposent, vous le connoissez; & quand vous l'ignoreriez....

L'ELEVE.

Dirigez-moi. Dictez. Je jouerai, en donnant une mesure à chaque accord que je pratiquerai. J'harpegerai l'harmonie. L'oiseau niais est sur le bord du nid; mais il n'a pas l'aîle assez forte pour prendre son vol; il faut le pousser & le soutenir.

LE MAÎTRE.

J'y consens. Débutons en mineur de *fa*.

Faites l'accord parfait sur la tonique.

Faites-en autant sur la quarte.

Préparez le repos de la dominante par la septiéme.

Faites succéder à ce repos la sixte sur la tierce *la* bémol.

Préparez le repos de la tonique par la fausse quinte.

Préparez le repos de la dominante par la petite sixte.

Faites succéder à cette consonnance majeure d'*ut*, la consonnance mineure.

De l'*ut*, descendez chromatiquement à *la*, par les deux sixtes & le triton que la sixte sur *la* sauvera.

Par ce moyen, vous voilà en majeur de *fa*.

Préparez le repos de la tonique par la fausse quinte.

Allez au relatif, simplement, sans changer de basse.

Préparez le repos de la tonique par la petite sixte majeure.

Et puisque vous voilà en mineur d'un bémol, allez au mineur de deux bémols; mais observez de passer par le majeur de *si* bémol, afin de rendre la marche plus douce.

L'ELEVE.

Du mineur de *ré*, j'irai simplement en *si* bémol, sans changer de basse; J'aurai l'accord de sixte sur *ré*.

DE CLAVECIN.
Le Maître.
C'est cela. Préparez encore le repos de la tonique par la petite sixte majeure, afin d'y rester un peu.

Allez à présent en mineur de *sol* par le même chemin.
L'Eleve.
Cette basse me plaît... *fa*, *mi*, *ré*; *ré*, *ut*, *si* bémol; *si* bémol, *la*, *sol*... Ne suis-je pas la maîtresse de faire le *ré* quinte de *sol* que j'accompagnerois de l'accord parfait? Ce repos m'invite. J'en frappe simplement l'harmonie.
Le Maître.
Très-bien imaginé. Regardez ce repos comme principal, & vous serez en majeur de *ré* avec deux diezes... Allez dans sa quinte & vous aurez trois diezes.
L'Eleve.
Laissez-moi faire, l'oiseau est parti. Je mêle ensemble deux passages. D'abord je vais simplement par la sixte & quarte. Je m'engage dans le passage de la double dissonnance qui s'ouvre par la petite sixte. J'ai donc pour basse *mi*, *fa* dieze, *sol* dieze, *la*.
Le Maître.
Je vois qu'il est tems de vous révéler les mysteres. Sachez donc qu'il y a deux nouvelles harmonies.
L'Eleve.
Quelles?
Le Maître.
L'Harmonie d'*emprunt* & l'harmonie *superflue*.

Ces deux harmonies produisent sept accords dans les modulations mineures.

L'harmonie d'emprunt fournit des passages sublimes, & change la modulation d'une maniere aussi brusque, aussi simple que surprenante.

Jugez combien ces sept accords doivent donner de variéte & de charmes aux progressions.
L'Eleve.
Je le conçois. Mais vous me conduisez en majeur de *la*, & vous m'y laissez? Cela ne me convient pas. Je suis partie du mineur de *fa*, & il

Gg ij

n'y a harmonie d'emprunt qui tienne; il faut que je revienne en mineur de *fa*. Ce mineur de *fa* par où j'ai débuté occupe mon oreille qu'il faut satisfaire, si vous voulez jouir de ma raison.

LE MAÎTRE.

De la douceur; vous irez toute seule; & ce sont les deux nouvelles harmonies que je viens de vous annoncer, qui vous y conduiront.

Si vous n'êtes pas à votre aise en majeur de *la*, mettez-vous tout de suite en mineur de *la*.... C'est cela.... Frappez l'harmonie dissonnante de la dominante.... Voilà qui est bien.... Haussez la premiere note *mi* de cette dissonnance d'un demi-ton.... Justement..... Hé bien, ce que vous faites là s'appelle harmonie d'emprunt.... Cette harmonie est composée, comme vous voyez, de trois tierces mineures du moins en apparence; car *fa*, *sol* dieze est une seconde superflue, même intervalle qu'une tierce mineure.

L'ELEVE.

C'est presque la même chose que l'harmonie dissonnante de la dominante.

LE MAÎTRE.

A cette seule différence près, que la dominante est haussée d'un demi-ton.

L'ELEVE.

Et où mene cette harmonie? quel repos a-t-elle ou prépare-t-elle?

LE MAÎTRE.

Le repos de la consonnance mineure de la tonique.

L'ELEVE.

Et son nom d'harmonie d'emprunt, d'où lui vient-il?

LE MAÎTRE.

Il vient, si l'on en croit Rameau, de ce qu'on y substitue la sixte mineure à la dominante qui est note fondamentale de toute dissonnance qui mene au repos de la tonique, tant en majeur qu'en mineur.

L'ELEVE.

Nulle difficulté à trouver ces harmonies d'emprunt. Je frappe sur le champ toutes les harmonies dissonnantes de la dominante; en *ut*, par exemple, l'harmonie de la dominante est *sol*, *si*, *ré*, *fa*; donc l'harmonie d'emprunt est *la* bémol, *si*, *ré*, *fa*.

DE CLAVECIN.

Il me fâche que l'harmonie d'emprunt ne mene pas également à *ut*, *mi*, *sol*, & à *ut*, *mi* bémol, *sol*; comme c'est le privilege de la dissonnance de la dominante *sol*, *si*, *ré*, *fa*.

Permettez que je cherche l'harmonie d'emprunt en *la* bémol. La dissonnance de la dominante est *mi* bémol, *sol*, *si* bémol, *ré* bémol; donc l'emprunt est dans cette octave, *mi*, *sol*, *si* bémol, *ré* bémol.

LE MAÎTRE.

Vous vous trompez.

L'ELEVE.

Je me trompe !

LE MAÎTRE.

Oui. Vous haussez bien la dominante d'un sémi-ton, mais vous ne lui substituez pas la sixte mineure.

L'ELEVE.

Je fais ce qui m'est prescrit; je ne change rien à la dissonnance de la dominante que la premiere note que j'altere selon la regle de l'emprunt.

LE MAÎTRE.

Et que vous nommez mal. Vous êtes en *la* bémol; quelle est la sixte mineure de *la* bémol ?

L'ELEVE.

C'est *fa* bémol.

LE MAÎTRE.

Dites donc *fa* bémol, & non pas *mi*. Ces deux touches font les mêmes sur le clavier. Nulle différence pour celui qui joue; différence pour celui qui écrit, de l'homme qui sçait ce qu'il fait à celui qui l'ignore.

L'ELEVE.

Ce n'est point un dieze à mettre à côté de la dominante; c'est la note même à supprimer, pour y substituer la sixte mineure du ton. Voilà qui est dit pour toujours.

LE MAÎTRE.

Vous êtes en *fa*; cherchez-moi l'harmonie d'emprunt.

L'ELEVE.

La dissonnance de la dominante est *ut*, *mi*, *sol*, *si* bémol.

LEÇONS

Donc l'harmonie d'emprunt, *ré* bémol, *mi*, *sol*, *si* bémol.

LE MAÎTRE.

En *ré*.

L'ELEVE.

Un moment.... *Si* bémol, *ut* dieze, *mi*, *sol*.

LE MAÎTRE.

En *si*.

L'ELEVE.

En *si* ? C'est *sol*, *la* dieze, *ut* dieze, *mi*. Mais j'apperçois une chose singuliere ; c'est que pour les quatre harmonies d'emprunt que vous m'avez demandées, j'ai frappé les mêmes touches.

LE MAÎTRE.

C'est la vérité. Vous avez frappé les mêmes touches, mais ce n'est pas la même chose. Tenez, les voilà écrites les unes au-dessous des autres.... Jugez-en.

En *la* bémol... *fa* bémol, *mi*, *sol*, *si* bémol.
En *fa*........ *ré* bémol, *mi*, *sol*, *si* bémol.
En *ré*........ *si* bémol, *ut* dieze, *mi*, *sol*.
En *si*........ *sol*, *la* dieze, *ut* dieze, *mi*.

L'ELEVE.

Chaque harmonie d'emprunt sur mon instrument, sert-elle pour quatre modulations ?

LE MAÎTRE.

Oui, Mademoiselle, & c'est la raison pour laquelle vous n'y pouvez pratiquer que trois différentes harmonies d'emprunt. Douze modulations mineures, c'est une harmonie d'emprunt pour quatre modulations, & trois harmonies d'emprunt pour douze modulations.

L'ELEVE.

Je saisis cela. Vous avez dit que l'harmonie d'emprunt étoit composée de trois tierces mineures. En commençant par *ut*, par *mi* bémol, par *fa* dieze ou par *la*, les trois tierces mineures tombent également sur les mêmes touches. Il en sera de même que je commence par *ré* bémol, par *mi*, par *sol*, ou par *si* bémol ; de même encore, en commençant par *ré*, par *fa*, par *la* bémol, ou par *si*.

DE CLAVECIN.

LE MAÎTRE.

C'est très-bien raisonné ; mais le principe par lequel douze harmonies d'emprunt se réduisent à trois, sur le Clavecin ?

L'ELEVE.

Je vais le sçavoir, parce que vous me le direz. A quoi bon me creuser la tête à le chercher ?

LE MAÎTRE.

A vous le rendre propre, à l'entendre mieux & à le retenir plus facilement. C'est le prix de la réflexion. Il n'y a sur le Clavecin que douze touches différentes. L'harmonie d'emprunt en employe quatre à la fois & à égale distance. Entre chaque deux touches employées, il y en a deux de laissées ; ainsi quelle que soit celle par laquelle on commence, il est évident qu'après trois harmonies d'emprunt, on a frappé les douze touches différentes, car trois fois quatre font douze.

Dans les modulations mineures, la même touche a quelquefois deux noms ; d'où il arrive que les douze harmonies d'emprunt sont toutes différentiées au moins par le nom de quelques notes, & peuvent ainsi se reconnoître & se rapporter à leur vraie modulation.

L'ELEVE.

Tandis que vous vous adressez à ma raison, mon clavier s'adresse à mes yeux. Je frappe les touches, je regarde, & je vois qu'après trois harmonies d'emprunt, j'ai parcouru les douze touches différentes, par conséquent les douze modulations, & qu'à la quatriéme fois, je reviendrois sur les quatre premieres touches.

J'assurerois bien que les harmonies d'emprunt se reposent sur la consonnance mineure de la tonique.

LE MAÎTRE.

Et sur quoi fondé ?

L'ELEVE.

Premierement, sur ce que vous me l'avez dit, je crois.

LE MAÎTRE.

Ce n'est qu'une autorité qui prouve peu en matiere d'art ou de sciences.

L'ELEVE.

Secondement, sur ce qu'en *ut*, l'harmonie d'emprunt est *la* bémol, *fi*, *ré*, *fa*, dont trois, la sensible *si*, le *ré* & le *fa* dissonnent avec la consonnance de la tonique du mineur d'*ut*. Donc si vous avez bien raisonné jusqu'ici, je raisonne bien quand je dis que cette consonnance doit succeder à ces dissonnances pour les sauver; & puisque l'harmonie d'emprunt renferme le *la* bémol, j'en conclus encore que je suis en mineur d'*ut*; donc cette tonique est celle du mineur d'*ut*; donc après l'emprunt, *la* bémol, *si*, *ré*, *fa*, je frapperai *ut*, *mi* bémol, *sol*.

LE MAÎTRE.

Cela vaut mieux que ma parole, & voilà ce qu'on appelle aller seul, aller bien, & prendre son Maître par les épaules & le chasser.

L'ELEVE.

J'apperçois quelquefois à faire plaisir; plus souvent je suis bête à faire pitié. Ainsi vous resterez-là.

LE MAÎTRE.

Jouez encore une fois cette harmonie d'emprunt avec la main droite. Donnez lui successivement pour basse les notes qui la composent, *la* bémol, *si*, *ré*, *fa*.

L'ELEVE.

Et quatre nouveaux accords.

LE MAÎTRE.

Sauvez les.

L'ELEVE.

L'harmonie *ut*, *mi* bémol, *sol* renferme assurément les accords qui les sauvent; mais chacun d'eux en a certainement un qui lui succéde mieux qu'un autre, & je ne sçais lequel.

LE MAÎTRE.

Un mot suffit pour vous tirer delà. Prenez dans *ut*, *mi* bémol, *sol*, pour l'accord préféré, celui dont la note mise à la basse sera la plus voisine de la basse de l'accord d'emprunt que vous aurez à sauver.

L'ELEVE.

Ainsi après avoir fait entendre l'harmonie d'emprunt *la* bémol, *si*, *ré*, *fa*, avec sa premiere note *la* bémol à la basse, je ferai la quarte & sixte sur *sol*.

Après avoir fait entendre l'harmonie d'emprunt avec sa seconde note *si* à la basse, je frapperai l'accord parfait de la tonique.

Après

DE CLAVECIN.

Après avoir fait entendre l'harmonie d'emprunt avec sa troisième note *ré* à la basse, je pratiquerai la sixte sur *mi* bémol, ou l'accord parfait.

Je sauverai pareillement le quatriéme accord de l'harmonie d'emprunt, ou par la sixte & quarte, ou par la sixte ; *sol* & *mi* bémol, étant également éloignés de *fa*. Est-ce cela ?

LE MAÎTRE.

Plus nous avançons, plus je me persuade que quand l'Eleve n'apprend rien, c'est la faute du Maître.

L'ELEVE.

Plus nous avançons, plus je me persuade que quand l'Eleve n'apprend rien, c'est la faute de l'Eleve.

LE MAÎTRE.

Ce que vous me répondez est aussi poli & moins vrai que ce que je vous disois.

On peut encore donner deux autres basses à l'harmonie d'emprunt, la tonique & la tierce mineure.

L'ELEVE.

Et cette harmonie dissonnante produit six accords...

LE MAÎTRE.

Que je vais vous écrire, avec les consonnants qui les sauvent...

L'ELEVE.

Que je vais exécuter à mesure que vous les écrirez.

LE MAÎTRE.

Accords d'emprunt sauvés.

L'ELEVE.

Six accords... basses de ces six accords, la sixte mineure, la sensible, la seconde, la quarte, la tonique & la tierce mineure... Aucune

H h

incertitude sur ceux qui les sauvent; voilà les chiffres qui les désignent... Et les noms de ces six produits de l'harmonie d'emprunt ?

LE MAÎTRE.

C'est pour me convaincre que je vous suis bon à quelque chose ; la question est honnête.

L'harmonie d'emprunt fait avec la sixte mineure, un unisson, *la* ♭, *la* ♭ ; une seconde superflue *la* bémol, *si* ; une quarte superflue, *la* bémol, *ré* ; une sixte majeure *la* bémol, *fa* ; & on nomme ce premier accord, *seconde superflue*.

L'harmonie d'emprunt fait avec la sensible *si*, une septiéme diminuée *si*, *la* bémol ; un unisson *si*, *si* ; une tierce mineure *si*, *ré* ; une fausse quinte *si*, *fa* ; & on nomme ce second accord d'emprunt *septiéme diminuée, jointe à la fausse quinte*.

L'harmonie d'emprunt fait avec la seconde *ré*, une fausse quinte *ré*, *la* bémol ; une sixte majeure *ré*, *si* ; un unisson *ré*, *ré* ; une tierce mineure *ré*, *fa* ; & l'on nomme ce troisiéme accord d'emprunt *fausse quinte, jointe à la sixte majeure*.

L'harmonie d'emprunt fait avec la quarte *fa*, une tierce mineure, *fa*, *la* bémol ; un triton *fa*, *si* ; une sixte majeure *fa*, *ré* ; un unisson *fa*, *fa*, & l'on nomme ce quatriéme accord d'emprunt *tierce mineure, jointe au triton*.

L'harmonie d'emprunt fait avec la tonique *ut*, une sixte mineure, *ut*, *la* bémol ; une septiéme superflue, *ut*, *si* ; une seconde ou neuviéme *ut*, *ré* ; une quarte ou onziéme *ut*, *fa* ; & l'on nomme ce cinquiéme accord d'emprunt *Sixte mineure, jointe à la septiéme superflue*.

L'harmonie d'emprunt fait avec la tierce mineure *mi* bémol, une quarte *mi* bémol, *la* bémol ; une quinte superflue *mi* bémol, *si* ; une septiéme superflue *mi* bémol, *ré* ; une seconde ou neuviéme *mi* bémol, *fa* ; & l'on appelle ce sixiéme & dernier accord d'emprunt *quarte, jointe à la quinte superflue*.

Quant à la maniere de chiffrer ces accords, voici celle que je préférerois.

La seconde superflue.................... 2 ✳ ou 2+.

La septiéme diminuée jointe à la fausse quinte..... $\frac{7}{5}$ ou $\frac{7}{5}$.

DE CLAVECIN.

La fausse quinte jointe à la sixte majeure......... ♮6 ou +6.
                                                                        5   5.

La tierce mineure jointe au triton............ 4...ou 4.
                                                      3........♭.

La sixte mineure jointe à la septiéme superflue.... 7* ou 7+.
                                                   6   ♭6.

La quarte jointe à la quinte superflue......... 5* ou 5+.
                                           4   4.

Vous rêvez, Mademoiselle.

L'ELEVE.

Oui, Monsieur, & très-sérieusement.

LE MAÎTRE.

Et cette très-sérieuse rêverie ?

L'ELEVE.

C'est que quand vous m'avez dit que la science de l'harmonie n'étoit rien, vous m'avez dit le mensonge le plus mensonge que j'aye encore entendu ; sçavez-vous que pour oui ou non je laisserois tout là ?

LE MAÎTRE.

Combien y a-t-il de tems que nous nous occupons d'harmonie ?

L'ELEVE.

Mais, quatre à cinq mois.

LE MAÎTRE.

Et pourriez-vous me nommer une science, un art, un métier, si chétif qu'il soit, qui ne demande infiniment plus de tems & d'application ?

L'ELEVE.

Pour plus de tems, je le passe ; plus d'application, je le nie.

LE MAÎTRE.

L'Architecture, la Peinture, la Sculpture, les Lettres consomment une grande partie de la vie ; l'exécution sur le moindre instrument ne finit point ; combien avez-vous eu les mains sur les touches du Clavecin avant que de lire & d'exécuter passablement une Sonnate ?

L'ELEVE.

Qui le sçait ? six ans, sept ans, peut-être. Cela est venu peu à peu.

LE MAÎTRE.

Comment ! vous aviez des dispositions, & avec ces dispositions il

Hh ij

vous a fallu un travail opiniâtre de six à sept ans avant que de déchiffrer un peu lestement un Adagio, un Andante, un Allegro, encore vous reste-t-il des difficultés ; & vous vous plaignez ! Combien croyez-vous que ces sçavans hommes dont vous admirez les ouvrages avoient de pratique, avant que d'en être venus où il en sont ?

L'ELEVE.

Dix ans ? douze ans ?

LE MAÎTRE.

Dites quinze, vingt, trente ; & croyez que la plûpart en sont réduits à une routine aveugle & bornée, qui tient & qui tiendra toute leur vie leur génie en lisiere, & qui rétrécissant l'étendue naturelle de leur tête, les arrêtera dans l'ignorance de ce qu'ils auroient pu faire, s'ils avoient été mieux pourvus de principes. Sçavez-vous ce que je vois, c'est que votre tête commence à se lasser ; & mon avis seroit de vous tenir ici quelque tems.

L'ELEVE.

Rien de cela, s'il vous plaît. Je n'ai pas un moment à perdre... à nos harmonies d'emprunt, vîte, vîte.

LE MAÎTRE.

Vous le voulez ?

L'ELEVE.

Certainement.

LE MAÎTRE.

Et si le dégoût revient ?

L'ELEVE.

Il s'en retournera... Allons... Allons... De quoi riez-vous ?

LE MAÎTRE.

De ce que vous regardez en arriére, lorsque nous touchons au bout de la carriere.

L'ELEVE.

C'est le moment de la lassitude.

LE MAÎTRE.

Vous êtes pleine d'esprit & de sens.

Observez que tous les accords d'emprunt, excepté la seconde super-

DE CLAVECIN.

flue, naiſſent de l'harmonie diſſonnante de la dominante ; c'eſt la fauſſe quinte, la ſixte majeure, le triton, la ſeptiéme ſuperflue, la quinte ſuperflue, & la petite ſixte mineure de la modulation intruſe.

Le *la* bémol dans le ſecond accord fait la ſeptiéme diminuée.

Dans le troiſiéme accord, la fauſſe quinte.

Dans le quatriéme, la tierce mineure.

Dans le cinquiéme, la ſixte mineure.

Dans le ſixiéme, la quarte.

Obſervez encore que l'uſage de ces accords d'emprunt & compoſés, eſt le même que celui des accords ſimples ; par exemple, la ſeptiéme diminuée jointe à la fauſſe quinte, a la même fonction & la même baſſe que la ſimple fauſſe quinte.

Apprenez de plus en paſſant, que les deux derniers s'appellent accords *d'emprunt & de ſuppoſition*.

L'ELEVE.

Et j'ajouterai de mon chef que l'harmonie ſuperflue ne produit qu'un accord. Vous m'avez dit que les deux nouvelles harmonies ne produiſoient que ſept accords ; il en dérive ſix de l'harmonie d'emprunt ; qui de ſept paye ſix, reſte un.

LE MAÎTRE.

Sçavante arithmétique ! Jouez en mineur d'*ut*... Faites l'harmonie diſſonnante de la ſeconde, avec la main droite... brava... Hauſſez d'un ſémi-ton ſa ſeconde note *fa*... c'eſt cela, & vous avez l'harmonie ſuperflue ; ſauvez-la par *ſol*, *ſi*, *ré* ; car elle méne à la dominante ainſi que l'harmonie de ſeconde d'où elle eſt dérivée... répétez... Donnez pour baſſe à cette harmonie la ſixte mineure *la* bémol, & vous introduirez ainſi la petite ſixte ſuperflue, ſeul accord que produiſe l'harmonie ſuperflue, que vous ſauverez par l'accord parfait de la dominante.

L'ELEVE.

Et vous allez m'écrire cela ?

LE MAÎTRE.

Sans doute.

246 LEÇONS

La petite sixte superflue, notée, chiffrée, sauvée.

Je chiffrerois cet accord quelquefois..........

L'ELEVE.

Je soupçonne la raison & le nom du signe de cet accord dérivé de l'harmonie superflue qui me semble faire avec la sixte mineure *la* bémol, une quarte superflue ou triton *la* bémol, *ré*; une sixte superflue *la* bémol, *fa* dieze ; un unisson *la* b, *la* b, & une tierce majeure *la* bémol, *ut*.

LE MAÎTRE.

C'est précisément ce que j'allois vous dire, quand vous m'avez prévenu; mais n'oubliez pas une distinction qu'il importe de faire, c'est que dans l'harmonie superflue, on hausse la seconde note de la dissonnance de seconde d'un sémi-ton ; en mineur d'*ut*, par exemple, de *ré*, *fa*, on fait *ré*, *fa* dieze, sans changer le nom de la note altérée ; au lieu que dans l'harmonie d'emprunt, le nom de la note disparoît, pour faire place à celui de la sixte mineure, ensorte que de *sol*, *si*, *ré*, *fa*, on fait *la* bémol, *si*, *ré*, *fa*.

L'ELEVE.

Est-ce là tout ?

LE MAÎTRE.

En avez vous assez ?

L'ELEVE.

Oui, de ces emprunts & de ce superflu... Mais ma progression de basse en mineur de *fa*, commencée & laissée je ne sçais où, est-ce que vous croyez que je n'y pense plus ?

LE MAÎTRE.

Nous y reviendrons ; mais auparavant il faudroit un peu appliquer ces nouveaux accords. A quoi bon les avoir découverts, s'ils restent stériles ? Peut-être nous aideront-ils à monter & descendre l'octave, tant

DE CLAVECIN.

diatonique que chromatique ; voyons quels passages ils pourront nous fournir, & s'ils ajouteront quelque chose à notre richesse?

Maniere de monter diatoniquement l'octave en mineur d'*ut*.

Maniere de descendre l'octave chromatiquement jusqu'à la quinte, puis diatoniquement jusqu'à la tonique.

Maniere de descendre l'octave entiere chromatiquement.

LEÇONS

Autre maniere de defcendre l'octave chromatiquement.

PASSAGES

D'*ut* en mineur de *mi*.
D'*ut* en mineur de *ré* bémol ou en mineur d'*ut* dieze.
D'*ut* en mineur de *fi* bémol.
D'*ut* en mineur de *fol*.
Par le moyen de l'harmonie d'emprunt.

L'Eleve.

A exercer dans toutes les modulations.

Le Maître.

Ces paffages font auffi utiles que beaux. Sur chaque tonique vous pourrez faire fuccéder la confonnance mineure à la majeure & pratiquer enfuite l'emprunt qui renferme cette tonique. L'harmonie d'emprunt
vous

DE CLAVECIN. 249

vous offrira sur le champ ses quatre modulations, selon que vous prendrez l'accord pour *seconde superflue*, ou pour *septiéme diminuée & fausse quinte*, ou pour *tierce mineure & triton*, ou pour *fausse quinte & sixte majeure*.

L'Eleve.

Voilà qui est fort bien; mais cette progression où vous m'avez conduite en mineur de *la*, je crois; est-ce pour m'y laisser éternellement?

Le Maître.

Un peu de patience. Dites-moi, si de toute cette théorie d'harmonies & d'accords, il nous étoit possible de déduire quelque nouvelle progression de basse, en conscience pourrions-nous nous en dispenser?

L'Eleve.

Très-bien; à moins que vous n'ayez résolu de filer vos Leçons d'harmonie, à la maniere des Chants de l'Ariofte.

Le Maître.

C'est-à dire entamer une progression, l'interrompre pour en entamer une seconde, que je laisserai pour en commencer une troisiéme & n'en terminer aucune; ne craignez pas cela... Je ne sçais si cette méthode ajoute à l'intérêt dans un ouvrage de littérature.

L'Eleve.

Nullement; elle impatiente, & l'intérêt n'est pas de l'impatience.

Le Maître.

Mais elle est tout-à-fait contraire à la clarté dans un ouvrage didactique.

L'Eleve.

Je puis donc me flatter que nous mettrons à bonne fin ma triste & délaissée progression en *fa*.

Le Maître.

Progression de basse.

250 LEÇONS

DE CLAVECIN.

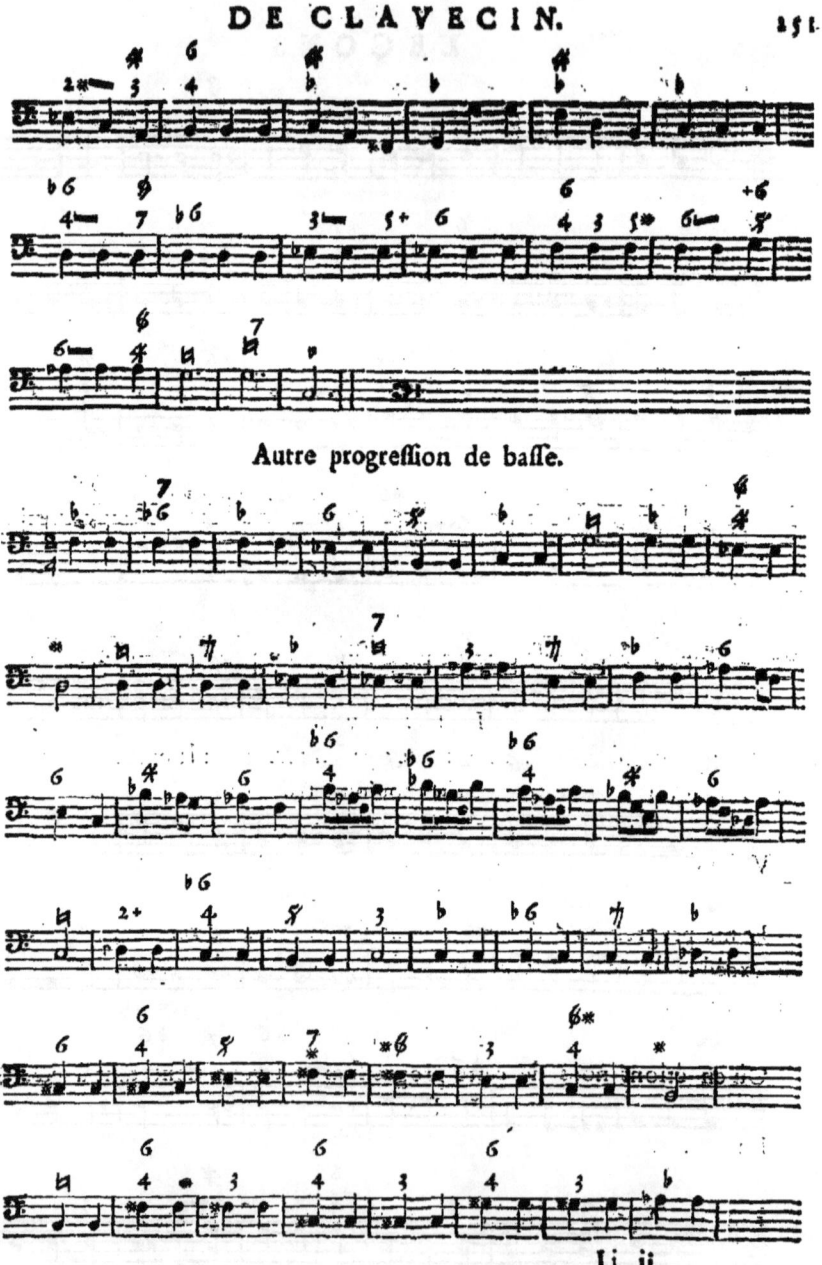

Autre progression de basse.

L'Eleve.

Deux progreſſions! Si vous n'avez pas interrompu la premiere, vous en avez fait une ſeconde ; & c'eſt toujours tromper.

Le Maître.

Voilà de l'ouvrage ; & vous vous exercerez là deſſus toute ſeule.

L'Eleve.

Et ma progreſſion ? Attendez-vous ſans ceſſe à ce refrain, juſqu'à ce qu'excédée de vos délais, je vous crie ſans interruption, ma progreſſion, ma progreſſion.

Le Maître.

Où en étions-nous de cette progreſſion qui vous tient tant à cœur?

L'Eleve.

En mineur de *la*.

Le Maître.

Faites la ſeptiéme diminuée, jointe à la fauſſe quinte ſur ce *la*.

DE CLAVECIN.
L'ELEVE.

Bon. Accord d'emprunt qui me mene en mineur de *si* bémol. Qu'est-ce qui sauvera cet emprunt ?... Si j'y faisois la petite sixte majeure sauvée par la sixte... Mais de cette modulation où j'ai cinq bémols, avec un peu de complaisance vous m'auriez bientôt remise en mineur de *fa*, d'où je suis partie.

LE MAÎTRE.

Vous êtes trop pressée.

L'ELEVE.

C'est que je me méfie de vous.

LE MAÎTRE.

Regardez votre derniere note de basse comme *ut* dieze ; faites sur cet *ut* dieze la fausse quinte jointe à la sixte majeure.

L'ELEVE.

Et me voilà en mineur de *si*.

LE MAÎTRE.

Sauvez cette dissonnance par l'accord parfait.
Faites la petite sixte majeure que vous sauverez par la sixte sur la tierce *ré*.

L'ELEVE.

Et me voilà en deux diezes. Permettez que je passe en majeur de *sol* où je n'en aurai plus qu'un.

LE MAÎTRE.

J'y consens ; mais allez-y simplement, par l'accord de sixte & sans vous y arrêter. Faites l'harmonie d'emprunt qui renferme votre basse *si*.

L'ELEVE.

C'est fait ; & que vais-je devenir ?

LE MAÎTRE.

Ce qu'il vous plaira.

L'ELEVE.

Perfido, traditore... Je m'en doutois... Monsieur, Monsieur...

LE MAÎTRE.

Je ne sçaurois.

LEÇONS

L'ELEVE.

Un moment, rien qu'un moment.

MONOLOGUE

L'ELEVE, *seule*,

Il s'en va... Hé bien, qu'il s'en aille... Qui sçait si je ne pourrai pas me passer de lui ?... Essayons... De cette note de basse *fi*, sur laquelle il me laisse, que puis-je faire ?... C'est un accord d'emprunt ; il est donc susceptible de quatre noms... Si je le regardois comme seconde superflue, j'irois en mineur de *ré* dièze... Cette modulation a sa difficulté... Voyons si je ne pourrois pas y pratiquer seule quelques accords... Oui-da... Cela va... Dans le vrai, ils ont raison tous les deux, & il ne tiendroit qu'à moi de faire une progression... Il faut le tenter à leur insçu... Demain je suis ici de grand matin... Personne ne sera levé ; on ne me soupçonnera de rien... Si je réussis, je montrerai mon ouvrage... Si je ne réussis pas, j'en serai quitte pour me taire... Préparons l'encre & le papier....

Fin du onzieme Dialogue & de la sixieme Leçon d'Harmonie.

DOUZIEME DIALOGUE
ET SEPTIEME LEÇON D'HARMONIE.
LE MAITRE, L'ELEVE, LE PHILOSOPHE.

L'Eleve.

Arrivez, traitre, arrivez.

Le Maître.

Hé bien qu'avez-vous fait de votre harmonie d'emprunt ?

L'Eleve.

Je ne veux pas vous le dire.

Le Maître.

Et moi je ne veux plus le sçavoir. Je vois par votre réponse que vous n'en êtes pas restée là, & cela me suffit.

L'Eleve.

De ce *si*, note de basse sur laquelle vous m'avez laissée sans pitié, j'en ai fait une seconde superflue que j'ai sauvée.

Ensuite je suis descendue à la tierce par le triton que j'ai fait suivre de la quinte superflue, pour sauver à la fois ces deux dissonnances.

J'ai répété la sixte.

J'ai continué de descendre jusqu'à la tonique par la fausse quinte, jointe à la sixte majeure que j'ai fait succeder de la septiéme superflue, & après avoir sauvé les deux accords dissonnans,

J'ai préparé le repos de la dominante par la sixte, la petite sixte, & la petite sixte superflue sur le *fi*.

Là j'ai changé de modulation, en regardant le *la* dieze comme *si* bémol.

Faisant succeder à l'accord parfait de *la* dieze l'accord parfait de *si* bémol, je me suis vue au milieu de cinq bémols,

Et tout de suite rentrée en mineur de *fa* par le triton.

Et pour finir, j'ai fait bien vite la sixte quinte sur *si* bémol; & la sixte quarte & septième sur la dominante, pour aller me reposer sur *fa, la* bémol *ut*, où je me suis trouvée fort à mon aise.

LE MAÎTRE.

Et vous n'avez pas écrit cela?

L'ELEVE.

Pardonnez-moi.

LE MAÎTRE.

Et cette écriture, ne peut-on pas la voir?

L'ELEVE.

Non, je suis un peu trop vaine pour l'avoir gardée; cela étoit à faire mal au cœur.

LE MAÎTRE.

Dans le monde, on ne fait rien quand on ne se résout pas à commencer par peu de chose.

L'ELEVE.

Et voilà de la morale, & de la bonne.

LE MAÎTRE.

Et dans les arts, on ne fait jamais bien, quand on ne se résout pas à faire mal... vous souriez...

L'ELEVE.

C'est de réminiscence... Mais dites-moi votre avis sur ce bout de progression que j'ai imaginée de moi-même... Vous souriez à votre tour...

LE MAÎTRE.

C'est aussi de réminiscence...

L'ELEVE.

Cela ne vaut rien; n'est-ce pas?

LE MAÎTRE.

Les régles sont parfaitement observées; vos accords se succédent très-finement; votre basse fait un chant marqué & expressif; & je vois que vous avez de la tête, & plus que moi.

L'ELEVE.

DE CLAVECIN.

L'Eleve.

Permettez que j'éloigne ma banquette & que je vous fasse une belle révérence.

Le Maître.

J'aimerois mieux que vous me fissiez tant d'accords que vous pourriez, sur une même note de basse prise successivement pour tonique, dominante, seconde &c. & pendant ce temps, j'écrirois la succession d'accords que nous avons commencée ensemble & que vous avez finie toute seule....

L'Eleve.

Sans déparer vos Leçons?

Le Maître.

Non, certes.

L'Eleve.

Je choisis *la* pour note de basse, & je commence... par regarder comment vous faites pour copier aussi bien.

Le Maître.

Quand on a des pensées sublimes, encore ne faut-il pas les gâter par une mauvaise écriture.

L'Eleve.

Monsieur se moque de moi... Vous vous y prenez mieux que je n'ai fait.

Le Maître.

Voilà toute votre progression.

L'Eleve.

Dites la nôtre.

Le Maître.

Je ne craindrois point de l'avouer.

Progression de basse.

Ha, ha; sans la conclusion de cette progression, je n'y aurois peut-être pas pensé.

L'ELEVE.

A quoi?

LE MAITRE.

Regardez ces quatre dernieres mesures.

L'ELEVE.

Je n'y vois rien d'extraordinaire. La seconde de ces quatre mesures est la consonnance de la tonique *fa*, *la* ♭, *ut*.

LE MAITRE.

Oui; mais préparée par une cadence irréguliere.

L'ELEVE.

Réguliere, irréguliere; qu'importe que j'aie fait comme le Bourgeois Gentilhomme, de la prose sans le sçavoir, pourvu que ma prose soit bonne.

LE MAITRE.

Aller, comme vous l'avez pratiqué là, à la tonique *fa*, *la* bémol, *ut*, par la fixe quinte qui dérive de la dissonnance de la seconde; c'est faire une cadence irréguliere.

DE CLAVECIN.
L'ELEVE.
Et c'est une faute. Il faut supprimer la sixte quinte.
LE MAITRE.
Laissez, laissez cela comme il est; après la sixte quinte, la sixte quarte sur la dominante va à merveilles, si elle est suivie de l'accord de septieme de dominante, comme vous l'avez observé.

Répétez-vous sans cesse que la dissonnance de la seconde mene au repos de la dominante, & la dissonnance de la dominante, au repos de la tonique; mais que cela ne vous empêche pas d'employer quelquefois la cadence irréguliere, en plaçant la consonnance de la tonique entre la dissonnance de la seconde, & la consonnance ou la dissonnance de la dominante; & revenons à la note de basse sur laquelle je vous ai proposé de faire tous les accords possibles.

L'ELEVE.
J'ai pris *la* pour note de basse.

Je commence par l'accompagner de son accord parfait mineur *la*, *ut*, *mi*; de là je vais au majeur.

Après quoi je l'accompagne de *la*, *ut* dieze, *mi*, *sol*, que je sauve par la sixte quarte *ré*, *fa*, *la*.

LE MAITRE.
C'est-à-dire que vous allez du mineur de *la* où toutes les notes sont naturelles, à trois diezes; puis tout de suite en mineur de *ré*, où il y a un bémol, par la septiéme de dominante. Il me semble que passant d'abord en majeur de *ré*; vous auriez seulement effacé un dieze, & qu'ensuite vous auriez pû aller du majeur au mineur.

L'ELEVE.
J'ai omis le majeur, pour m'affranchir de la servitude d'un ordre prescrit. J'ai même eu la fantaisie d'entasser plusieurs accords dissonans de suite sur la même note, sans me soucier de les sauver tous. Je veux être & paroître sçavante.

LE MAITRE.
C'est la manie des commençans. Quand vous en sçaurez davantage, vous voudrez être facile, agréable & chanter.

L'ELEVE.

Je reviens en mineur de *la*, par la septième superflue.

Et comme vous exigez beaucoup d'accords sur la même note, je continue d'accompagner mon *la*

De la septième superflue,

Puis de la septième de dominante.

Le regardant ensuite comme seconde, je l'accompagne de la petite sixte majeure;

Ensuite de la sixte mineure jointe à la septième superflue, dissonance que je sauve enfin par *la*, *ut*, *mi*.

Je continue de faire sur la même basse *la*,

La consonnance *fa*, *la*, *ut*, pour l'accompagner de la sixte.

Puis de la petite sixte qui me met en majeur d'*ut*;

De la seconde superflue qui me jette en mineur d'*ut* dieze. Je ne sauve point cette dissonance; mais je m'en vais en mineur de *fa* dieze par la quinte superflue.

Je continue d'accompagner le même *la*,

De la sixte & quarte; & je frappe *ré*, *fa* dieze, *la*, cette fois pour passer de trois diezes à deux; & pour rentrer en *la*, par où j'ai débuté, j'accompagne mon éternel *la*,

De la seconde.

Et pour suivre l'ordre, je joue *si*, *ré*, *fa* dieze, *la*, que je fais succéder de *mi*, *sol* dieze; *si*, *ré*, qui formera avec ma basse,

Une septième superflue que je sauve par *la*, *ut*, *mi*, pour finir.

LE MAÎTRE.

Parfaitement. Vous entendez à merveilles les accords & les passages; & vos tournures aussi hardies que neuves m'étonnent.

L'ELEVE.

Et les vôtres, si vous n'y prenez garde, me tourneront la tête de vanité, vice auquel il ne faut pas nous pousser bien fort.

LE MAÎTRE.

Ce que vous venez de faire sur la note de basse *la*, le referiez-vous?

L'ELEVE.

Pourquoi non? Je ne vais point au hazard. Quand je pratique un

DE CLAVECIN.

accord, j'en sçais & j'en dis la raison.

LE MAÎTRE.
Refaites donc.

L'ELEVE.
Volontiers.

LE MAÎTRE.
Pas si vîte.

L'ELEVE.
Vous m'écrivez, je crois ; voici qui est bien d'une autre galanterie.

Suite d'accords sur la même note de basse *la*.

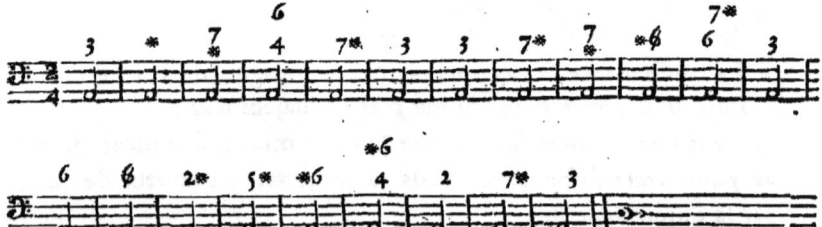

Permettez que je voie.

LE MAÎTRE.
Quoi ?

L'ELEVE.
Si vous avez écrit exactement ce que j'ai joué... Oui... Fort bien... Bravo...

LE MAÎTRE.
Vos éloges, Mademoiselle, me seront toujours agréables, quand je pourrai me flatter de les avoir mérités.

Je crois qu'il est tems d'aller en avant ; de revenir en arriere, je voulois dire. Vous rappelleriez-vous deux consonnances que nous avons laissées stériles ?

L'ELEVE.
Quand je ne me les rappellerois pas, je les aurois bientôt retrouvées.

LE MAÎTRE.
En majeur, nous avons eu les consonnances de la tonique, de la

quinte, de la quarte, de la sixte, même celles de la seconde & de la tierce; en mineur, nous avons renvoyé à un autre moment la consonnance de la tierce, & celle de la septiéme.

En les récapitulant toutes, nous avons compté six consonnances dans chaque modulation; & en majeur d'*ut*, par exemple, ces six consonnances sont celles:

De la tonique............*ut*, *mi*, *sol*.
De la dominante..........*sol*, *si*, *ré*.
De la quarte............*fa*, *la*, *ut*.
De la sixte.............*la*, *ut*, *mi*.
De la seconde...........*ré*, *fa*, *la*.
De la tierce............*mi*, *sol*, *si*.

Et les mêmes consonnances en mineur de *la*, sont celles:

De la tonique...........*la*, *ut*, *mi*.
De la dominante.........*mi*, *sol**, *si*.
De la quarte............*ré*, *fa*, *la*.
De la sixte.............*fa*, *la*, *ut*.
De la tierce............*ut*, *mi*, *sol*.
De la septiéme..........*sol*, *si*, *ré*.

Pour avoir une troisieme Phrase harmonique, nous pouvons disposer de la maniere suivante, les six consonnances, en majeur d'*ut*.

La consonnance de la tonique, *ut*, *mi*, *sol*, celle de la quarte & celle de la dominante, répétées deux fois, commencent & finissent la Phrase.

En mineur les six consonnances peuvent se succéder, comme vous voyez.

L'ELEVE.

Et les deux harmonies confonnantes que vous rappellez, vont, felon toute apparence, produire auffi trois accords confonnans, comme celle de la tonique & les autres les ont produits.

LE MAÎTRE.

Oui, Mademoifelle; chacune fournit fon accord parfait, la fixte & la quarte & fixte qui ont les mêmes fonctions & les mêmes fignes que les pareils accords dérivés des autres confonnances; mais ce n'eft pas tout, il faut encore préparer chaque confonnance, par une harmonie diffonnante qui l'appelle.

Nous avons déjà deux diffonnances qui menent à la confonnance de la tonique, fçavoir l'harmonie diffonnante de la dominante *fol*, *fi*, *ré*, *fa*, & l'harmonie d'emprunt *la* bémol, *fi*, *ré*, *fa*.

Nous avons trois diffonnances qui menent à la confonnance de la dominante, l'harmonie diffonnante de la feconde, en majeur, *ré*, *fa*, *la*, *ut*; l'harmonie diffonnante de la feconde, en mineur, *ré*, *fa*, *la* bémol *ut*, & l'harmonie fuperflue *ré*, *fa* dieze, *la* bémol, *ut*.

Examinons à préfent les quatre autres confonnances, & cherchons des harmonies diffonnantes qui les préparent; il faut qu'il y en ait au moins une pour chaque confonnance.

L'ELEVE.

Tâchez de les trouver, c'eft votre affaire; la mienne, de les retenir.

LE MAÎTRE.

Mais cette découverte ne feroit-elle pas à votre portée?

L'ELEVE.

A ma portée ou non; je ne m'en mêle pas.

LE MAÎTRE.

Confidérez un moment l'harmonie diffonnante *fol*, *fi*, *ré*, *fa*, qui comduit à la confonnance *ut*, *mi*, *fol*, & refouvenez-vous que la diffonnance qui appelle une confonnance doit offrir tous les fons diffonnans avec les fons de la confonnance.

L'Eleve.

Je vois que, dans votre exemple qui repréfente tous les cas, le dernier fon de la confonnance eft le fondamental de la diffonnance qui précede, & je n'ai pas oublié que l'harmonie diffonnante renferme trois tierces de fuite; donc *la*, *ut*, *mi*, *fol* eft l'harmonie diffonnante qui mene ou appelle la confonnance de la feconde, *ré*, *fa*, *la*.

Le Maître.

Fort bien. Suppofez-vous toujours en majeur d'*ut*; & voyez que cette diffonnance renferme les notes *ut*, *mi*, *fol*, diffonnantes avec *ré*, *fa*, *la*.

L'Eleve.

Et par la même analogue, *mi*, *fol*, *fi*, *ré* menera à la confonnance de la fixte *la*, *ut*, *mi*; & la diffonnance *fi*, *ré*, *fa*, *la*, menera à la confonnance, *mi*, *fol*, *fi*.

Le Maître.

C'eft-à-dire que voilà tous les repos ou toutes les harmonies confonnantes préparées, excepté celle de la quarte *fa*, *la*, *ut*.

L'Eleve.

Qui, fuivant votre régle, fera amenée par *ut*, *mi*, *fol*, *fi*, diffonnance cruellement diffonnante.

Le Maître.

Cette cruelle diffonnance eft compofée d'une tierce mineure, *mi*, *fol*, comprife entre deux majeures, *ut*, *mi*, & *fol*, *fi*; de plus la derniere note de cette harmonie diffonnante eft éloignée de la premiere ou fondamentale d'un intervalle de feptiéme fuperflue; tandis que dans les autres diffonnances, cet intervalle eft de feptiéme.

L'Eleve.

D'où il s'enfuivra que la confonnance *fa*, *la*, *ut*, la fuivra très-mal.

Le Maître.

Mais fi au lieu de lui faire fuccéder *fa*, *la*, *ut*, on lui faifoit fuccéder *fa*, *la*, *ut*, *mi*, peut-être vous en accommoderiez-vous mieux ; &

vous

vous auriez deux diffonnances analogues l'une à l'autre, dans toute modulation majeure.
L'Eleve.
Il feroit plaifant de guérir d'un mal par un autre... voyons... Il eft certain que frappées féparément elles effarouchent l'oreille... Et il ne l'eft pas moins qu'elles font plus douces quand elles fe fuccèdent; mais il faut fauver la derniere, *fa, la, ut, mi*.
Le Maître.
Fa, la, ut, mi, appelleroit le repos *fi, ré, fa*, fi c'en étoit un ; mais la fenfible n'a point de confonnance ; *fi, ré, fa* n'eft pas un repos ; c'eft une fauffe quinte. Que faire donc ?... ajouter une tierce à l'aigu, à *fi, ré, fa*, & en faire *fi, ré, fa, la*.
L'Eleve.
Autre diffonnance, qui appellera la confonnance de la tierce *mi, fol, fi*; cette confonnance de la tierce prend bien de l'importance par cette triple diffonnance qui y conduit.
Le Maître.
Voyez qu'en majeur chaque note de l'octave peut être fondamentale d'une harmonie diffonnante, & que chacune, excepté la fenfible, le peut être encore d'une harmonie confonnante.
L'Eleve.
Je fuis perdue, fi ces cinq nouvelles diffonnances font auffi fécondes en accords que celles de la feconde & de la dominante.
Le Maître.
Point de frayeurs précipitées. Il n'y aura ni fignes ni accords nouveaux.
En mineur, la feconde manque de confonnance. Les deux diffonnances fâcheufes font celles de la tierce & de la fixte, qu'on adoucit par la diffonnance de la feconde qui leur fuccede.
L'Eleve.
Et qui mene au repos de la dominante.
Sçavez-vous ce qu'il me faudroit ? Une phrafe qui m'expofât clairement toutes ces harmonies.
Le Maître.
La voici.

Ll

LEÇONS

Phrase harmonique en majeur d'*ut*.

Je n'ai employé à la basse que les premieres notes de l'harmonie, les fondamentales ; & j'ai répété au commencement la consonnance de la tonique, afin de mieux enchaîner ; & à la fin, afin de mieux terminer.

Et la pareille Phrase en mineur, il faut vous épargner la peine de la demander.

Je vais vous l'écrire en mineur de *la*.

Phrase harmonique en mineur de *la*.

Dans cette Phrase harmonique en mineur, vous trouverez la consonnance de la quinte une fois en dominante, c'est-à-dire avec la licence ou le dieze qui introduit la sensible, bien qu'en mineur, & une fois simplement suivant les notes de la Game.

L'ELEVE.

La consonnance de la quinte *mi*, *sol*, *si*, me paroît plus triste que la même consonnance avec la sensible *mi*, *sol* dieze, *si*. Je m'en servirai & avec la licence & sans la licence ; mais ne nous écartons pas de nos nouvelles dissonnances, & sçachons si elles produisent des accords.

Je vois que vous avez donné à chacune pour basse sa premiere note, & je présume que l'accord qui en résulte s'appelle *septiéme*.

DE CLAVECIN.
Le Maître.

En majeur, l'harmonie diffonnante de la tierce *mi*, *fol*, *fi*, *ré*, & celle de la fixte, *la*, *ut*, *mi*, *fol*, font les mêmes accords que l'harmonie diffonnante de la feconde *ré*, *fa*, *la*, *ut*. La diffonnance *fi*, *ré*, *fa*, *la*, de la fenfible fournit les mêmes accords que celle de la feconde en mineur.

En mineur, les diffonnances *la*, *ut*, *mi*, *fol*, & *ré*, *fa*, *la*, *ut* donnent également une feptiéme, une quinte & fixte, une petite fixte & une feconde, comme la diffonnance de la feconde en majeur. La diffonnance de la feptiéme *fol*, *fi*, *ré*, *fa*, en mineur produit les mêmes accords que l'harmonie diffonnante de la dominante en majeur.

Mais les harmonies diffonnantes *ut*, *mi*, *fol*, *fi* & *fa*, *la*, *ut*, *mi*, étant d'une autre nature que les diffonnances de la feconde & de la dominante, ont des produits réellement différens ; car en fuppofant pour baffe à la premiere, fa premiere note *ut*, qui, en majeur d'*ut* eft tonique & tierce en mineur de *la*, cette harmonie diffonnante engendrera avec la baffe *ut*, un uniffon, *ut*, *ut*, une tierce majeure *ut*, *mi*, une quinte *ut*, *fol* & une feptiéme fuperflue *ut*, *fi*. Cet accord nommé feptiéme & chiffré 7 eft donc mal nommé & mal chiffré. Nous le défignerons nous par 7* ou par $\frac{7^*}{3}$ & nous le nommerons feptiéme fuperflue jointe à l'accord parfait majeur.

En fuppofant pour baffe de la même diffonnance, fa feconde note *mi*, qui fait en majeur d'*ut*, tierce, & en mineur de *la*, quinte ; l'harmonie produira avec la baffe une fixte mineure *mi*, *ut*, un uniffon *mi*, *mi*, une tierce mineure *mi*, *fol*, & une quinte *mi*, *fi*. On peut nommer cet accord quinte & fixte, pourvû qu'on ne le confonde pas avec la quinte & fixte produite par la diffonnance de la feconde qui a toujours fa fixte majeure, tandis que celui-ci l'a toujours mineure.

En fuppofant pour baffe de la même diffonnance, fa troifiéme note *fol* qui eft quinte en majeur & feptiéme en mineur, l'harmonie fera avec la baffe une quarte *fol*, *ut*, une fixte majeure *fol*, *mi*, un uniffon *fol*, *fol*, & une tierce majeure *fol*, *fi* ; cet accord peut donc fe nommer petite fixte majeure ; mais cette petite fixte majeure différe de l'accord de même nom produit par la diffonnance de la dominante, en ce que la tierce qui eft mineure dans ce dernier accord, eft majeure dans l'autre.

LEÇONS

En suppofant pour baſſe de la même diſſonnance, ſa derniere note *ſi* ; l'harmonie fera avec cette baſſe une feconde ou neuvième diminuée, *ſi*, *ut*, une quarte *ſi*, *mi*, une ſixte mineure *ſi*, *ſol*, & un uniſſon *ſi*, *ſi*. Cet accord peut donc retenir le nom de feconde, quoiqu'il différe de l'accord de feconde produit par la diſſonnance de la feconde, dans la note qui fait l'intervalle de feconde.

On peut regarder cette harmonie diſſonnante comme une fauſſe harmonie de dominante, & lui donner pour baſſe le *fa* ou le *la*, qui en formera une eſpéce d'accord de feptiéme ſuperflue, & de neuviéme & feptiéme.

Mais le plus court eſt de vous écrire tous ces accords, produits des nouvelles harmonies diſſonnantes; les notes fur les portées vous parleront plus clairement que moi. Je prendrai pour exemples les deux harmonies *ut*, *mi*, *ſol*, *ſi*, & *fa*, *la*, *ut*, *mi* ; ce fera votre affaire que de les employer enfuite dans la modulation majeure d'*ut*, & dans la mineure de *la*. Pratiquées aiſément en *ut*, & en *la*, ces diſſonnances vous couteront peu dans les autres modulations.

Accords produits par la Diſſonnance *ut*, *mi*, *ſol*, *ſi*.

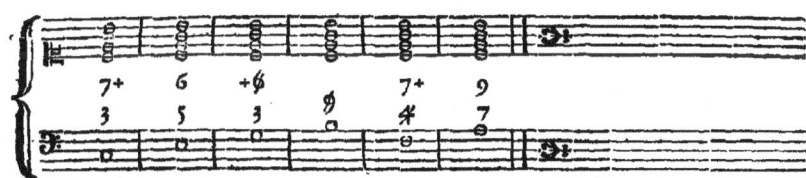

Accords produits par la Diſſonnance *fa*, *la*, *ut*, *mi*.

A proprement parler, la diſſonnance *fa*, *la*, *ut*, *mi*, ne fait point

un accord de septiéme superflue avec la basse *si*, aussi l'ai-je chiffré
9 ou 7.
4   4.

Tous ces accords sont forts irréguliers, & l'usage en est rare, & demande de la circonspection.

L'ELEVE.

Cependant je suis bien aise de les connoître, premiérement pour connoître tout ; secondement pour n'être pas déroutée, quand je les rencontrerai dans les Auteurs. Je les admettrois plus volontiers dans la fougue du prélude, ou de la fantaisie, que dans une piéce sage & travaillée.

LE MAÎTRE.

Quelques exemples que je vais vous écrire & sur lesquels vous jetterez un coup-d'œil, vous en apprendront l'emploi. Cependant occupez-vous un peu de la derniere phrase harmonique, & essayez quelle difficulté, ou quelle facilité vous aurez à la transporter en d'autres modulations.

L'ELEVE.

J'aime mieux ne rien faire, ou reprendre mon Vely.

LE MAÎTRE.

Lisez ; reposez-vous ; faites ce qu'il vous plaira ; pour moi, je vais monter la game, tant en majeur qu'en mineur avec le projet d'employer les accords de toutes les harmonies, & cela fait...

L'ELEVE.

Et cela fait?

LE MAÎTRE.

Tout sera fait.

Maniere d'accompagner les huit notes de la game, en montant par les accords dérivés des six harmonies consonnantes & des sept harmonies dissonnantes.

En majeur d'*ut*.

270 LEÇONS

L'Eleve.

D'après ce modele, j'oserois presqu'essayer d'arranger les accords de l'octave de *la*.

Le Maître.

Point de milieu, pusillanime ou téméraire.

L'Eleve.

C'est comme l'Espagnol qui fut brave ce jour là ; & cet Espagnol là, c'est vous ; c'est moi ; c'est tout le monde.

Le Maître.

Un autre vous prendroit au mot ; je vous demanderai seulement de m'expliquer ces accords.

L'Eleve.

D'après les harmonies notées ? Pauvre petite tâche.

Le Maître.

Et sans ce secours ?

L'Eleve.

Ce seroit autre chose. L'accord ne m'indiqueroit plus la modulation ; je verrois autant de quinte & sixte, autant de petite sixte, autant de secondes, autant de septiéme que de dissonnances ; une grêle de septiémes & neuviémes.

Le Maître.

Ecoutez-moi. Ce sont principalement les accords qui dérivent de la dissonnance de la dominante qui marquent les changemens de modulation ; & pour trouver facilement les quintes & sixtes, les petites sixtes, les secondes, les neuviémes & septiémes & autres, arrêtez-vous un peu sur ces accords en majeur d'*ut*, avec la dissonnance *ré*, *fa*, *la*, *ut*, & la dissonnance *sol*, *si*, *ré*, *fa*, & remarquez que l'accord de septiéme a pour basse la même note qui est la fondamentale de l'harmonie ; & que la note fondamentale de la dissonnance qui produit la quinte & sixte est d'une tierce mineure plus grave que la basse de ce même accord.

En examinant la petite sixte sur la sixiéme note *la*, voyez la note fondamentale *ré*, d'une quarte plus aigue que la basse *la*.

Et dans la seconde, la note fondamentale *ré* de la dissonnance qui la produit, est d'une seconde plus aigue que la basse *ut*.

Dans la neuviéme & septiéme sur la tierce *mi*, la note fondamentale *sol* de la dissonnance qui produit cet accord, devient d'une tierce plus aigue que la basse *mi*.

Il ne faut pourtant pas confondre les quintes & sixtes, produites par les grandes dissonnances *ut*, *mi*, *sol*, *si*, & *fa*, *la*, *ut*, *mi*, avec celles qui naissent des autres dissonnances ; dans les premieres les quintes & sixtes ont la note fondamentale d'une tierce majeure plus grave ; & dans celle-ci elles l'ont seulement plus grave d'une tierce mineure.

C'est la même distinction pour l'accord de seconde.

L'Eleve.

Et à débrouiller par l'exercice & la réflexion. En attendant, je vois qu'une petite sixte sur *mi* vient de la dissonnance *la*, *ut*, *mi*, *sol* ; qu'une sixte & quinte sur *sol*, vient de la dissonnance, *mi*, *sol*, *si*, *ré*, &c. &c.

Le Maître.

Et les grandes dissonnances qui produisent les mêmes accords.....

L'Eleve.

Je ne me soucie pas d'en entendre parler. Ce n'est pas que je ne parvinsse peut-être à démêler les deux quintes & sixtes sur chaque note ; car je sçais qu'il y a deux espéces de dissonnances qui produisent ces accords, mêmes de signes & de nom. Vous m'avez expliqué la différence qu'il y a entre ces quintes & sixtes, ces secondes, ces septiemes superflues, & autres, & les produits de la seconde & de la dominante. Je m'en tiens là pour le moment ; sauf à obtenir plus de lumiere & de sûreté du petit travail secret de ma tête, & de l'étude de mes grandes matinées.

LE MAÎTRE.

Qu'est-ce que ces grandes matinées ?

L'ELEVE.

Celles qui commencent deux heures avant le réveil général.

LE MAÎTRE.

Je voudrois pourtant bien....

L'ELEVE.

M'écrire la game en mineur accompagnée par tous les accords, & ce sera bien fait... Ecrivez & je continue de lire.

LE MAÎTRE.

Ce n'est plus le Vely ?

L'ELEVE.

Son heure est passée.

LE MAÎTRE.

Qui est-ce qui lui a succédé ?

L'ELEVE.

Rien qui vaille, un de ces livres odieux de morale qu'on appelle *Considérations sur les mœurs*... Qu'avez-vous ? Vous vous dépitez.

LE MAÎTRE.

J'ai... Ce qui ne m'arrive jamais.... J'ai sauté une mesure.

L'ELEVE.

C'est ce mot de morale indiscrettement prononcé qui vous a porté malheur.

LE MAÎTRE.

Je le croirois bien... J'espére qu'à force d'en lire...

L'ELEVE.

Je n'en aurai point.... Est-ce là ce que vous voulez dire ?

LE

DE CLAVECIN.
Le Maître.

Ho, non... Mais que vous en sçaurez beaucoup... Si je corrige, cela fera du barbouillage... Il vaut mieux recommencer.

Maniere d'accompagner les huit notes de la game en montant, par les accords produits des six harmonies consonnantes, & des neuf harmonies dissonnantes.

En mineur de *la*.

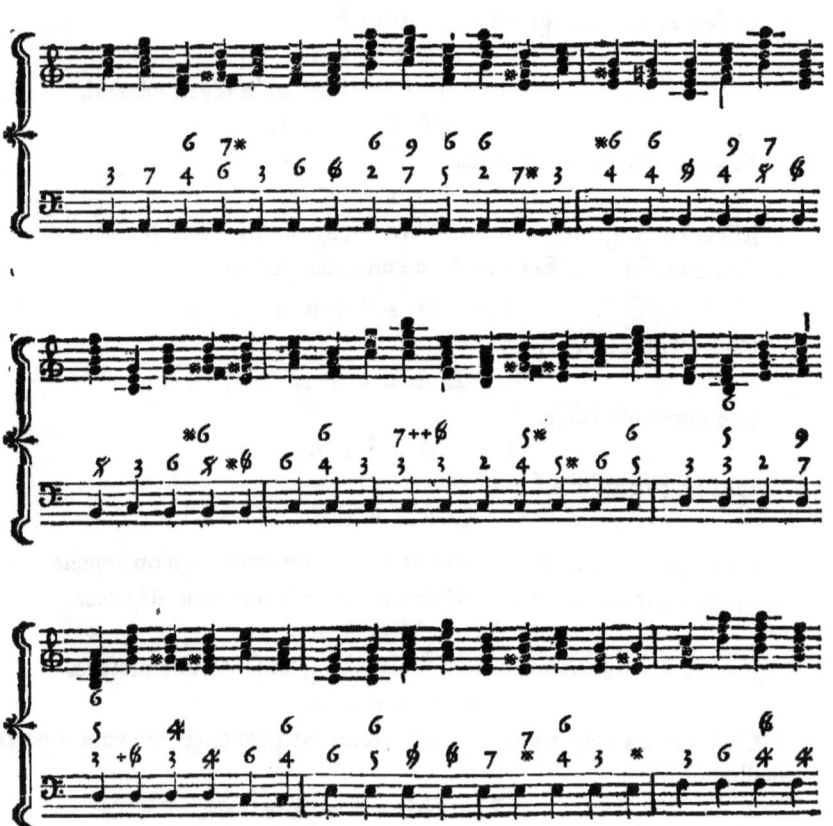

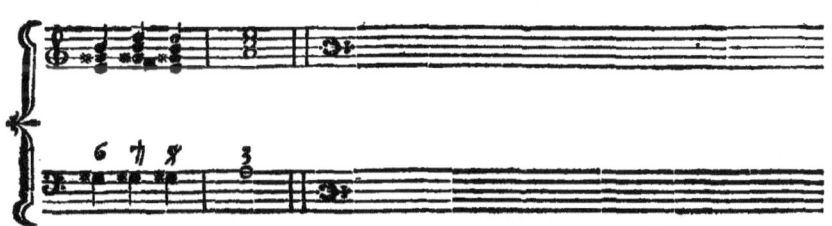

L'ELEVE.

Permettez-vous qu'on examine? vous avez eu raison de vous moquer de ma présomption. Je n'aurois jamais trouvé cet accompagnement en mineur, même avec l'exemple en majeur... voilà une forêt de chiffres à effrayer.

LE MAÎTRE.

Pour mettre fin à ces leçons & vous faciliter le prélude, il ne seroit pas mal de vous écrire quelque chose à part sur ces accords. Qu'en pensez-vous?

L'ELEVE.

Comme vous voudrez... Mais sérieusement, nous pouvons nous écrier, *Terre*, *Terre*.

LE MAÎTRE.

A votre avis, n'y a-t-il pas assez de tems que nous voyageons?

L'ELEVE.

Point de supercherie, je vous prie. Rien n'est plus chagrinant pour le Voyageur que de se trouver éloigné du gîte, lorsqu'il croyoit y toucher.

DE CLAVECIN.

LE MAÎTRE.

Pour cette fois-ci, c'est la vérité.

Usage de toutes les septiemes,
En majeur d'*ut*.

Usage de toutes les septiemes,
En mineur de *la*.

Passages d'*ut* à son relatif *la*,
Par une quadruple dissonnance.

Passages d'*ut*, à son relatif *la*,
Par sept dissonnances.

L'Eleve.

Qu'est-ce que cette seconde Basse?

Le Maître.

C'en est une de la multitude de celle qu'on peut faire. Le dessus étant donné, ou les harmonies placées sur la premiere portée, il n'y a aucune des notes dont elles sont composées qu'on ne puisse mettre à la basse; jugez du nombre de combinaisons différentes qui en résulteroient, s'il n'étoit pas un peu limité par la loi de préparer & de sauver, comme l'art & l'oreille, avec le goût le prescrivent.

L'Eleve.

Ainsi le choix entre ces combinaisons n'est pas indifférent.

Le Maître.

Aucunement. En général, vous prefererez celles qui font marcher la basse par des intervalles, qui ont du caractere, de la force, & qui forment un chant.

Passages d'*ut* en *fa*, sa quarte par une triple dissonnance.

DE CLAVECIN.

Passages d'*ut* en *sol* sa quinte,
Par une sextuple dissonnance.

Passages du mineur de *la* en son relatif *ut*,
Par une quintuple dissonnance.

Mais vous me laisseriez aller à l'infini, si je ne m'arrêtois pas de moi-même. Ce que je pourrois ajouter ne seroit que des redites. Tout ce que j'avois à vous apprendre est renfermé dans les sept leçons qui forment ce petit Traité que je n'ai écrit qu'à la sollicitation de Monsieur votre pere, & pour votre seul usage. J'ai gardé la forme du Dialogue, parce que le Maître & l'Eleve dialoguant sans cesse, c'est la plus vraie; parce qu'en permettant des écarts qui délassent, elle assujettit à la méthode la plus rigoureuse. J'ai conservé les caracteres des interlocuteurs, & vous y reconnoîtrez par-tout vos propres discours, & les miens. Nous avons été libres & gais en étudiant; j'ai tâché d'être libre & gai en écrivant. J'ai cherché à pallier autant que j'ai pû, la secheresse de la matiere, en imitant votre ton, & en me rappellant vos idées.

Monsieur votre pere a été à portée de juger de ma maniere d'enseigner en assistant à quelques-unes de nos séances; il l'a approuvée; & son éloge qu'il ne prodigue pas, parce qu'il est vrai, joint à la rapidité de vos progrès, m'a persuadé que j'enseignois bien.

Les principes & leurs applications vous sont si présens, que je doute que vous feuilletiez beaucoup mes cahiers. La nécessité d'être clair, de se rendre raison de tout, d'ordonner les choses selon leur enchaînement le plus naturel, m'aura plus servi & sera plus utile aux autres Eléves que je formerai, qu'à vous. La science harmonique étoit bien dans ma tête ; mais elle y étoit vague, indigeste, confuse. Je sçavois assez bien pour moi, mais je ne sçavois pas assez bien pour les autres. Il a fallu débrouiller ce cahos ; c'est une obligation que j'aurai à Monsieur votre pere & à vous.

L'ELEVE.

A moi ?

LE MAÎTRE.

Oui, Mademoiselle, à vous. Pendant les trois ou quatre premiers mois, si vous vouliez être sincere, vous avoueriez que ce n'étoit pas sans peine que vous m'entendiez.

L'ELEVE.

J'en conviens.

LE MAÎTRE.

Ce n'étoit pas votre faute, c'étoit la mienne. Oui la mienne. C'est qu'alors mon cahos se débrouilloit. Cent fois vos questions embarrassantes m'ont fait rêver en vous quittant, & trouver des choses auxquelles je n'aurois peut-être jamais pensé. Plus souvent encore, vous m'avez fait appercevoir que j'en disois qui ne devoient pas être encore dites, & que je n'en disois pas d'autres que l'ordre véritable demandoit que vous sçussiez. Je me perfectionnois à vos dépens. Les difficultés, presque toujours bien fondées, que vous aviez à saisir un principe, me prouvoient qu'il pouvoit être mieux présenté, & que l'obscurité naissoit de moi, non de la chose, moins encore de votre manque d'intelligence ; en un mot j'ai beaucoup appris en vous montrant, & vous aurez épargné & du tems & de la peine à ceux que je montrerai après vous.

L'ELEVE.

D'où il s'en suit que c'est à vous de me remercier.

LE MAÎTRE.

Et c'est ce que j'ai fait. Je n'ai pas la vanité de croire que personne n'eut pû vous rendre le service que je vous ai rendu ; mais je serois ingrat, si je me dissimulois l'obligation que je vous ai, & que peut-être je n'aurois eue à aucun autre Eléve.

L'Eleve.

Je ne demanderois pas mieux que d'être de votre avis, mais je ne sçaurois. Quand je supposerois avec vous que vous n'eussiez pas aisément rencontré dans un autre les dispositions, l'intelligence, l'application dont il vous plaisoit de me louer quelquefois pour m'encourager ; plus un Eléve auroit eu l'esprit borné, la conception difficile ; plus vous eussiez fait d'efforts contre ces obstacles naturels ; plus vous vous seriez rendu simple, clair, net & précis, & plus votre cahos se seroit bien débrouillé. Plus idiote, je vous aurois mieux servie, & j'en aurois plus de droit à votre reconnoissance. Ainsi prenez-y garde, vous m'allez dire, le plus honnêtement qu'il est possible, que je suis suffisamment bête.

Le Maître.

Vous faites de votre mieux pour vous surfaire le prix de mes soins ; mais vous ne m'empêcherez pas d'être juste, quelque conclusion que vous en puissiez tirer à votre desavantage personnel. Un Eléve ordinaire qui n'est ni une imbécile, ni vous, telle en un mot que le hazard devoit me l'offrir, se seroit laissé conduire, auroit ou n'auroit rien compris, n'auroit fait aucune question, auroit appris ce qu'elle auroit pû & m'auroit laissé ce que j'étois. Cela ne m'a pas été possible avec vous. J'aurois dit avec elle, comme les Maîtres disent, je vais donner leçon ; & il s'est trouvé qu'en venant ici, je venois prendre leçon, bien que je ne me le fusse pas dit.

L'Eleve.

Voilà qui est fort bien ; mais je ne puis ni ignorer ce que vous avez fait pour moi, ni sçavoir ce que j'ai fait pour vous ; & je suis sûre que toutes vos belles raisons ne seront pas plus du goût de mon papa que du mien. Tenez le voilà qui arrive.

Le Philosophe.

Je crois que vous disputez.

Le Maître.

Voilà, Monsieur, le Traité d'Harmonie que vous m'avez demandé, que je n'aurois peut-être jamais fait sans vous, & qu'assurément je n'aurois pas aussi bien fait sans Mademoiselle. Il est bon ou mauvais. S'il est mauvais, votre enfant a raison; je ne puis vous être obligé d'avoir fait un mauvais ouvrage. Mais s'il est bon, comme je le dois croire; & moi qui l'ai écrit & ceux à qui il sera de quelqu'utilité vous en doivent de la reconnoissance.

LE PHILOSOPHE.

Et ma fille n'est pas de cet avis là ? Elle a tort... Elle est jeune, elle connoîtra mieux un jour le prix d'un bon conseil... D'ailleurs, qui peut douter que l'homme bienfaisant ne soit obligé à l'indigent de l'occasion d'exercer sa bienfaisance ? Voilà le service que ma fille vous a rendu; vous pouvez le lui avouer, elle peut se l'avouer à elle-même, sans risquer d'être ingrate. Mais où en est-elle ? il y a long-tems que je n'ai assisté à vos leçons. Vous me vouliez, quand je ne pouvois pas; & quand je pouvois, vous ne me vouliez pas... Faut-il que je reste ? Faut-il que je m'en aille ?

L'ELEVE.

Vous pouvez rester.

LE PHILOSOPHE.

Tu le permets ?

L'ELEVE.

Je le permets.

LE PHILOSOPHE.

Où en sommes-nous ? Sommes-nous un peu satisfaite de nous-même ?

L'ELEVE.

Dans les choses de mœurs, point de suffrage que je préfére au mien. C'est celui de mon cœur qu'il me faut d'abord. En affaires de sciences, & même de goût; sans votre éloge, j'aurois peu de confiance en celui que je m'accorderois. Monsieur Bemetz...

LE MAÎTRE.

Je ne vous entends pas. Parlez net. De quoi s'agit-il ?

L'ELEVE.

Mon Papa, auriez-vous une bonne demi-heure à nous accorder ?

LE PHILOSOPHE.

Une heure, deux, trois, s'il le faut.

L'ELEVE.

L'Eleve.

Mon papa, tout est fini. Tout. Monsieur prétend qu'il n'a plus rien à m'apprendre, mais rien; & il ne seroit pas fâché, ni moi non plus, que vous jugeassiez par vous-même du chemin que nous avons fait.

Le Philosophe.

En une demie heure ?

Le Maître.

Oui, Monsieur; nous irons vîte; nous ne toucherons que les sommités.

L'Eleve.

Monsieur m'interrogeroit; je répondrois, j'exécuterois, & je serois sûre d'être embrassée, tant qu'il me plairoit.

Le Philosophe.

Je ne demande pas mieux. Monsieur, est-ce votre avis ?

L'Eleve.

Si c'est son avis ? Voyez comme il est fier de moi ! Comme il est radieux !

Le Philosophe.

Me voilà prêt & vous pouvez commencer.

Le Maître.

C'est vous, Monsieur, s'il vous plaît, qui ferez la premiere question.

Le Philosophe.

Vous n'y pensez pas ? Je demanderai au commencement ce qu'il ne faudroit demander qu'à la fin.

Le Maître.

Qu'importe ? si vous faites la derniere question, nous partirons de là pour remonter à la premiere. Si vous rencontrez la premiere, nous n'aurons qu'à la suivre, pour arriver à la derniere.

Le Philosophe.

Que veux-tu ?

L'Eleve.

Je sonne pour qu'on vous apporte votre robe de chambre, & qu'on dise qu'il n'y a personne.

LEÇONS

PREMIERE SUITE
DU DOUZIEME DIALOGUE
ET DE LA SEPTIEME LEÇON D'HARMONIE.
RECAPITULATION
DES LEÇONS PRÉCÉDENTES.
LE MAITRE, L'ELEVE, LE PHILOSOPHE.

LE PHILOSOPHE.
Qu'est-ce qu'une quinte superflue ?
L'ELEVE.
C'est un intervalle de quatre tons.
LE PHILOSOPHE.
Ut, la bémol est donc une quinte superflue ?
L'ELEVE.
Mon papa, vous êtes captieux. *Ut, la* bémol est une sixte mineure qui a la même étendue que la quinte superflue. C'est la même touche de l'instrument qui fait la quinte superflue & la sixte mineure. Si elle retient le nom de sixte, elle est sixte mineure. Si elle prend ou garde celui de quinte, elle est quinte superflue. Dans l'octave d'*ut, ut sol* dièze est la quinte superflue, & *ut la* bémol la sixte mineure.
LE PHILOSOPHE.
Quelle est la quinte superflue en *la* bémol ?
L'ELEVE.
La bémol *mi*.
LE MAITRE.
N'y a-t-il pas aussi un accord qui se nomme quinte superflue ?
L'ELEVE.
L'accord de ce nom dérive de la dissonnance de la dominante & ac-

DE CLAVECIN.

compagne la tierce mineure de la game. Dans l'octave d'*ut*, par exemple ; l'harmonie diffonnante de la dominante *fol*, *fi*, *ré*, *fa*, fait une quinte fuperflue avec la baffe *mi* bémol, tierce mineure de la game.

LE MAÎTRE.

Quelle eft la note de l'harmonie qui fait précifément quinte fuperflue, avec la note de baffe *mi* bémol ?

L'ELEVE.

Le *fi*; les autres *fol*, *ré*, *fa*, qui font avec la même baffe, tierce majeure, feptiéme fuperflue, & neuviéme font accompagnement de l'accord.

LE MAÎTRE.

Et par conféquent moins effentielles à l'accord qu'on n'altérera pas par l'omiffion d'un & même de deux fons.

LE PHILOSOPHE.

Comment chiffre-t-on cet accord ?

L'ELEVE.

Par un cinq fuivi d'une croix, comme vous voyez 5 ⨯.

LE MAÎTRE.

Dites-moi l'accord de quinte fuperflue en *fol*.

L'ELEVE.

En *fol*, l'harmonie diffonnante de la dominante, *ré*, *fa dieze*, *la*, *ut*, fait une quinte fuperflue avec la baffe *fi* bémol tierce mineure de la game. Le *fa* dieze de l'harmonie fait auffi quinte fuperflue avec la même baffe *fi* bémol, & cet accord fe chiffre par un cinq fuivi d'un dieze, en cette maniere 5 ♯.

Et pour vous épargner une queftion, je chiffre en *fol*, la quinte fuperflue par le cinq fuivi d'un dieze, & en *ut* par le cinq fuivi d'une croix; par la raifon qu'en *fol*, la note qui fait quinte fuperflue avec la baffe *fi* bémol, eft une note dieze, *fa dieze*, & qu'en *ut*, la note qui fait quinte fuperflue avec la baffe *mi* bémol eft une note naturelle *fi*. On indique, quand je dis *on*, c'eft *vous*, par un dieze ou par une croix après le chiffre; par un dieze fi la note qui fait avec la baffe l'intervalle fuperflu eft dieze; par une croix, fi cette note eft naturelle.

Nn ij

Le Maître.

Vous entendez très-bien ce que vous dites, & vous pouvez faire des quintes superflues, tant qu'il vous plaira ; vous tirerez-vous aussi lestement des modulations que des intervalles ? Combien y a-t-il de modulations diatoniques, & dans chacune, combien de diezes & de bémols ?

L'Eleve.

Terrible question ! Il y a deux sortes de mode, le majeur & le mineur. Je me tais du mixte que vous avez réformé.

La game diatonique renferme sept sons & sept notes différentes ; ou huit, en répetant la premiere après la septiéme.

Chaque note peut être prise pour naturelle, pour dieze & pour bémol, ce qui donne vingt & une toniques.

Le Maître.

Sçavoir :

L'Eleve.

Ut naturel....*Ut* dieze....*Ut* bémol.
Ré naturel...*Ré* dieze....*Ré* bémol.
Mi naturel...*Mi* dieze....*Mi* bémol.
Fa naturel...*Fa* dieze...*Fa* bémol.
Sol naturel...*Sol* dieze....*Sol* bémol.
La naturel...*La* dieze....*La* bémol.
Si naturel...*Si* dieze....*Si* bémol.

Dans chacune de ces octaves, il y a deux modulations, la majeure & la mineure, ce qui fait, si je calcule bien, quarante-deux modulations, vingt & une majeures, & vingt & une mineures.

En majeur d'*ut* ; toutes les notes sont naturelles ; en mineur d'*ut*, il y a trois bémols.

En majeur d'*ut* dieze ; il y a sept diezes ; en mineur d'*ut* dieze, il y a quatre diezes.

En majeur d'*ut* bémol ; il y a sept bémols ; en mineur d'*ut* bémol, il y a dix bémols, & par conséquent le *si*, le *mi* & le *la*, sont doubles bémols.

En majeur de *ré*, deux diezes ; en mineur de *ré*, un bémol.

En majeur de *ré* dieze, neuf diezes ; en mineur de *ré* dieze, six diezes.

En majeur de *ré* bémol, cinq bémols ; en mineur de *ré* bémol, huit bémols.

En majeur de *mi*, quatre diezes ; en mineur de *mi*, un dieze.

En majeur de *mi* dieze, onze diezes ; en mineur de *mi* dieze, huit diezes.

En majeur de *mi* bémol, trois bémols ; en mineur de *mi* bémol, six bémols.

En majeur de *fa*, un bémol ; en mineur de *fa*, quatre bémols.

En majeur de *fa* dieze, six diezes ; en mineur de *fa* dieze, trois diezes.

En majeur de *fa* bémol, huit bémols ; en mineur de *fa* bémol, onze bémols.

En majeur de *sol*, un dieze ; en mineur de *sol*, deux bémols.

En majeur de *sol* dieze, huit diezes ; en mineur de *sol* dieze, cinq diezes.

En majeur de *sol* bémol, six bémols ; en mineur de *sol* bémol, neuf bémols.

En majeur de *la*, trois diezes ; en mineur de *la*, tout naturel.

En majeur de *la* dieze, dix diezes ; en mineur de *la* dieze, sept diezes.

En majeur de *la* bémol, quatre bémols ; en mineur de *la* bémol, sept bémols.

En majeur de *si*, cinq diezes ; en mineur de *si*, deux diezes.

En majeur de *si* dieze, douze diezes ; en mineur de *si* dieze, neuf diezes.

En majeur de *si* bémol, deux bémols ; en mineur de *si* bémol, cinq bémols.

C'est cela, je crois, Messieurs ?

Le Maître.

Sans la moindre erreur.

L'Eleve.

Je n'ai pourtant pas tout dit ; ces quarante-deux modulations se réduisent à ving-quatre.

L'octave d'*ut* dieze est la même que celle de *ré* bémol.

L'octave de *ré* dieze est la même que celle de *mi* bémol.

L'octave de *fa* dieze est la même que celle de *sol* bémol.

L'octave de *sol* dieze est la même que celle de *la* bémol.

L'octave de *la* dieze est la même que celle de *si* bémol.

L'octave de *mi* est la même que celle de *fa* bémol.

L'octave de *fa* est la même que celle de *mi* dieze.

L'octave de *si* est la même que celle d'*ut* bémol.

L'octave d'*ut* est la même que celle de *si* dieze.

Il ne reste donc vraiment que douze octaves, & par conséquent ving-quatre modulations ; mais cela m'est égal, & j'aime autant jouer en majeur de *la* dieze avec dix diezes, qu'en majeur de *si* bémol avec deux bémols. La consonnance de la tonique sera *la* dieze, *ut* double dieze, *mi* dieze, au lieu de *si* bémol, *ré*, *fa* ; & la dissonnance de la dominante *mi* dieze, *sol* double dieze, *si* dieze, *ré* dieze, ne me coûtera pas plus à faire que la même harmonie *fa*, *la*, *ut*, *mi* bémol.

LE PHILOSOPHE.

Comment avez-vous fait entrer dans cette petite tête-là, tous ces diezes & ces bémols ?

LE MAÎTRE.

Ce n'est pas à moi à répondre.

L'ELEVE.

Par les rapports nécessaires qui existent entre les modulations, & par l'habitude.

LE PHILOSOPHE.

Je serois bien aise de connoître ces rapports.

L'ELEVE.

Il faut vous faire bien aise. Je sçais

1°. Qu'en mineur, il y a toujours trois bémols de plus qu'en majeur ; en majeur, trois diezes de plus qu'en mineur ;

2°. Que l'ordre des diezes va par quinte, *fa*, *ut*, *sol*, *ré*, *la*, *mi*, *si*, &c.

3°. Que l'ordre des bémols va par quarte, *si*, *mi*, *la*, *ré*, *sol*, *ut*, *fa*, &c.

4°. Qu'en sortant d'une modulation, pour entrer dans la modulation de la quinte, j'ai un dieze de plus.

5°. Qu'en sortant d'une modulation, pour entrer dans la modulation de la quarte, j'ai un bémol de plus.

Qu'en général, si je suis dans une modulation de quatre diezes, & que je passe à la modulation de sa quinte, j'aurai cinq diezes.

Que si je suis dans une modulation de six bémols, & que je passe à la modulation de sa quarte, j'aurai sept bémols.

Qu'en majeur, dans l'ordre des diezes, le dernier est sur la note sensible;

Qu'en mineur, il est sur la seconde;

Qu'en majeur, dans l'ordre des bémols, le dernier est sur la quarte;

Qu'en mineur, il est sur la sixte.

D'où je conclus qu'une modulation majeure étant connue, la modulation mineure se trouve tout de suite avec la modulation relative; car à l'imitation d'*ut* & de *la*, les modulations relatives sont distantes d'une tierce mineure, & la modulation majeure est à droite, la mineure à gauche.

Je sçais, par exemple, qu'en majeur de *fa*, il y a un bémol, parce que ce *fa* est la premiere quarte qui s'offre en montant d'*ut*; je dis donc en mineur de *fa*, quatre bémols; donc la modulation relative de quatre bémols, est *la* bémol, modulation majeure; donc la mineure relative d'un bémol est la mineure de *ré*; donc en mineur de *la* bémol, il y a sept bémols; donc en majeur de *ré*, il y a un bémol & trois diezes ou deux diezes.

Je sçais de plus que le nombre des diezes & des bémols de deux modulations majeures ou mineures, qui ne different que de noms, est toujours douze.

Je viens de vous dire qu'en majeur de *la* bémol, il a quatre bémols; donc par la loi de succession de quarte en quarte, il y aura cinq bémols en majeur de *ré* bémol; donc si je prens ce *ré* bémol pour *ut* dieze, il y aura sept diezes.

Je viens de vous dire qu'en mineur de *la* bémol, il y a sept bémols; donc en mineur de *sol* dieze il y aura cinq diezes.

D'où je vois tout de suite qu'en majeur de *si*, il y a aussi cinq diezes; car le majeur de *si* est le relatif du mineur de *sol* dieze; & qu'en mineur de *si*, il y a deux diezes comme en majeur de *ré* son relatif.

Et c'est ainsi qu'une modulation déterminée conduit très-promptement & très-sûrement à plusieurs autres.

Le nombre sept est aussi une jolie propriété en musique; en majeur de *si*, il y a cinq diezes; en majeur de *si* bemol, il y en a deux.

La somme des bémols & des diezes de deux modulations majeures ou mineures d'une même dénomination éloignée l'une de l'autre d'un demi-ton est toujours sept; ce qui m'auroit indiqué tout de suite cinq bémols en majeur de *ré* bémol, car j'avois trouvé deux diezes en majeur de *ré*.

Le Maître.

Un autre moyen commode pour la recherche des diezes & des bémols, moyen qui vient de se présenter à mon esprit en vous écoutant, c'est de parcourir l'octave par ton.

L'Eleve.

D'où il arrivera?

Le Maître.

De trouver toujours deux diezes de plus, allant de majeur en majeur, ou de mineur en mineur.

L'Eleve.

A vérifier sur le clavier. En *ut*, tout est naturel; en *ré*, deux diezes; en *mi*, quatre diezes; en *fa* dieze, six diezes; en *sol* dieze, huit diezes; en *la* dieze, dix diezes; en *si* dieze, douze diezes.

Fort bien.

Le Maître.

Partez de *sol*, montez d'un ton, ce sera la même chose.

L'Eleve.

Cela est évident. *Sol*, un dieze; *la* trois; *si* cinq; *ut* dieze, sept; *ré* dieze, neuf; *mi* dieze, onze.

DE CLAVECIN.

LE MAÎTRE.

A préfent defcendez l'octave par ton, en partant d'*ut*, & remarquez les bémols.

LE ELEVE.

En *ut*, rien; en *fi* bémol, deux bémols; en *la* bémol, quatre bémols; en *fol* bémol, fix; en *fa* bémol, huit; en *mi* double bémol, dix; en *ré* double bémol, douze.

LE MAÎTRE.

Defcendez en commençant par *fa*.

L'ELEVE.

Même réfultat, 1, 3, 5, 7, 9, 11 bémols. Cette nouvelle vue ne m'auroit pas été inutile fi vous l'euffiez eue plutôt.

LE MAÎTRE.

Partez du mineur de *la*, & vous aurez des modulations mineures, fuivant la même progreffion.

LE PHILOSOPHE.

Une autre voie très-courte, ce me femble, de trouver les diezes ou les bémols des modulations dont la tonique eft dieze ou bémol, c'eft d'ajouter fept aux diezes ou bémols de la même modulation naturelle; en majeur de *ré*, deux diezes; en majeur de *ré**, deux & fept ou neuf; en mineur de *fol*, deux bémols; en mineur de *fol* bémol, neuf bémols... Je ne fçais même, Monfieur, fi en combinant votre régle derniere, & la mienne, & defcendant & montant l'octave par fémi-tons, il n'en réfulteroit pas la folution générale du nombre des diezes & des bémols, en toute modulation.

LE MAÎTRE.

Elle eft toute trouvée; vous venez de la dire; fept diezes de plus en montant d'un demi-ton; fept bémols en defcendant.

LE PHILOSOPHE.

Tu ne nous écoutes pas.

L'ELEVE.

Je vous écoute; j'ajoute à caufe du nombre douze, cinq bémols de plus en montant par fémi-ton; cinq diezes de plus en defcendant; & je fais des roulades.

LE PHILOSOPHE.

Et les harmonies?

O o

LEÇONS

L'ELEVE.

Il y a dans chaque modulation six harmonies confonnantes.

LE PHILOSOPHE.

Pourquoi pas fept, puifqu'il a fept notes?

L'ELEVE.

C'eft qu'en majeur, la fenfible, & en mineur la feconde manquent de confonnance.

LE PHILOSOPHE.

Allons; à l'emploi de ces fix confonnances.

L'ELEVE.

J'ordonne les confonnances de la tonique, de la quarte, de la quinte & de la fixte, de maniere à en faire une belle phrafe harmonique que je vais vous jouer dans les vingt-quatre modulations; je ne frappe pas feulement enfemble toutes les notes des confonnances. Les batteries dont je varie ma phrafe vous annoncent des doigts. Je tire de chaque harmonie confonnante trois accords, l'accord parfait, l'accord de fixte, l'accord de quarte & fixte; & lorfqu'il en fera tems, je me fervirai de ces confonnances pour fauver les harmonies diffonnantes; ou fi vous aimez mieux la maniere de dire de Monfieur, je me fervirai des harmonies diffonnantes pour préparer ou appeller ces harmonies confonnantes en repos.

LE PHILOSOPHE.

Et combien pratiquez-vous d'harmonies diffonnantes dans chaque modulation?

L'ELEVE.

Sept, en majeur; en mineur, outre la diffonnance de chaque note de la gamme, j'ai de plus l'harmonie fuperflue, & l'harmonie d'emprunt.

LE PHILOSOPHE.

Faites-moi entendre l'harmonie d'emprunt, en *mi* bémol.

L'ELEVE.

Rien de plus aifé. Les quatre notes qui la compofent font *ut* bémol, *ré*, *fa*, *la* bémol. La voilà frappée avec les deux mains; & la voilà fauvée par *mi* bémol, *fol* bémol, *fi* bémol; car cette harmonie conduit au repos de la tonique, furtout en mineur; quoique j'aie mémoire de paffages d'Auteurs où elle eft fauvée par l'harmonie confonnante de la tonique en majeur.

Le Maître.

Je vous demanderois volontiers l'harmonie d'emprunt dans la même octave, prise pour *ré* dieze.

L'Eleve.

Alors les mêmes touches se nommeront *si*, *ut* double dieze, *mi* dieze, *sol* dieze, & l'harmonie consonnante invitée par cette dissonnance, s'appellera *ré* dieze, *fa* dieze, *la* dieze.

Le Maître.

Quel parti tirez-vous de toutes ces dissonnances ?

L'Eleve.

Sans fin. 1°. Des dissonnances de la seconde & de la dominante, entrelacées avec art parmi les consonnances de la tonique, de la quarte, de la quinte, de la sixte, je forme une phrase harmonique que je pratique dans toutes les modulations.

2°. Je distribue les sept harmonies dissonnantes entre les six consonnantes, & j'en obtiens une autre phrase harmonique.

3°. Avec l'harmonie dissonnante de la dominante & l'harmonie d'emprunt, j'appelle le repos ou la consonnance de la tonique.

Avec la dissonnance de la seconde & l'harmonie superflue, je vais au repos de la dominante.

Avec la dissonnance de la sixte, je vais à la consonnance de la seconde.

Avec la dissonnance de la septieme, je hâte la consonnance de la tierce.

4°. De l'harmonie dissonnante de la dominante, je tire sept accords, la septieme, la fausse quinte, la petite sixte majeure, le triton, la septieme superflue, la neuvieme & septieme, & la quinte superflue.

5°. L'harmonie d'emprunt me fournit six accords, la seconde superflue, la septieme diminuée, la fausse quinte jointe à la sixte majeure, la tierce mineure jointe au triton, la sixte mineure jointe à la septieme superflue, & la quarte jointe à la quinte superflue.

Le Maître. [bas]

Courage, Mademoiselle ; Monsieur votre pere ne se contient pas de joie, ni moi non plus.

L'Eleve.

6°. L'harmonie dissonnante de la seconde me fournit quatre accords, la septieme, la sixte & quinte, la petite sixte & la seconde.

7°. De l'harmonie superflue, je tire l'accord de petite sixte superflue.

8°. Entre ces accords principaux, j'ai le choix de l'accord parfait, de la sixte, de la petite sixte majeure, du triton, de la fausse quinte, de la quinte & sixte, de la petite sixte; j'en accompagne les huit notes de la game en montant & en descendant; & c'est ce dont je vais vous régaler dans toutes les modulations. Ecoutez bien.

Le Philosophe.
Ah, Monsieur, quel travail pour elle & pour vous !

L'Eleve.
Ecoutez-moi. Je varie les batteries. J'omets les unissons aux accords dissonnans. Je vais adagio dans les modulations tristes. Si la gauche travaille, la droite ne reste pas oisive. Je remplis la basse avec les notes des harmonies.... Vous ne vous extasiez pas?... Il n'y a pas de plaisir à bien faire devant des gens froids comme vous.

Le Philosophe.
Ha, mon enfant !.....

Le Maître.
Est-ce que vous ne faites le bien que pour en être louée ?

L'Eleve.
Cette récompense ne nuit à rien. L'éloge de ceux qu'on aime & qu'on estime est doux. Si vous n'êtes pas satisfaits, j'ai perdu mon tems & ma peine ; si vous l'êtes, comment le sçaurai-je si vous ne m'en témoignez rien ?... Louez-moi donc.... Papa, embrassez moi ....

Le Philosophe.
Je suis plus content que je ne saurois te le dire. Viens, mon Enfant, que je t'embrasse.

Le Maître.
On n'a pas toutes les modulations aussi présentes, sans s'être prodigieusement exercée. Est-ce là tout ce que vous sçachiez faire de ces accords?

L'Eleve.
Parce que je me suis arrêtée un moment pour reprendre haleine, vous avez pensé que j'étois au bout de mon sçavoir. Attendez, attendez.

9°. Je me rappelle tous les accords consonnans & dissonnans. J'y ajoute les deux accords de suspension de l'accord parfait, sçavoir la quarte

& la neuvieme ; & je monte la game de la main gauche, m'arrêtant sur chaque note que j'accompagne de la main droite, de tous les accords qu'elle peut porter, répétant quelquefois un accord confonnant, appellé par les diffonnances.

Je veux parcourir ainfi l'octave tant en majeur qu'en mineur, & cela dans la modulation d'*ut* dieze. J'arpegerai les accords. Mon Papa; point de diftraction, s'il vous plaît. Arrêtez votre tête qui eft fujette à s'envoler, je ne fçais où. Vous nous avez promis d'être ici; foyez-y. Tâchez de vous occuper de cette Marche qui eft très-belle, qui vous fera éprouver une fenfation forte, & à laquelle il ne tiendra qu'à vous de faire dire des chofes fublimes........ La voilà. Eh bien, qu'en penfez-vous ?

LE PHILOSOPHE.

Oui, cela eft vraiment beau ; & il faut que cela le foit, pour avoir captivé mon oreille, dans l'état fingulier où mon ame fe trouve.

L'ELEVE.

Ces contributions ne font pas toutes celles que j'exige de nos harmonies.

10°. J'impofe en majeur à quatre accords, chacune des harmonies diffonnantes de la tierce, de la fixte & de la fenfible ; fçavoir, à une feptieme, à une quinte & fixte, à une petite fixte & à une feconde, que je prétens m'être fournies par elles, fans aucun délai.

J'en ufe de même en mineur, avec les diffonnances de la tonique & de la quarte.

Pour fuivre mon rôle de fouveraine qui impofe fes fujets, je leve fur la diffonnance de la feptiéme, en mineur, autant d'accords que fur l'harmonie diffonnante de la dominante.

Si je ne tire de la diffonnance de la tonique & de celle de la quarte en majeur, & des diffonnances de la tierce & de la fixte en mineur, qu'un feul accord de feptiéme, ce n'eft pas que j'ignore la richeffe de ce fonds, & tout ce que je pourrois y puifer au befoin ; mais ce font reffources extraordinaires, dont je n'ufe que dans la fucceffion des accords de feptiéme, & lorfqu'il me plaît quelquefois, en majeur, d'appeller la confonnance de la tierce par une triple diffonnance, ou d'amener par la même voie, la confonnance de la dominante en mineur.

J'efpére que vous me difpenferèz l'un & l'autre des exemples de ces harmonies bifarres ; vous, mon papa, parce qu'elles font bifarres ; vous, Monfieur, parce que vous devez en avoir affez de ce que nous en avons pratiqué dans notre derniere Leçon ; & moi, parce que j'ai befoin de ce qui me refte de tête pour des chofes plus importantes.

LE MAÎTRE.

Point de dédain déplacé, Mademoifelle ; vous fautez légérement par-deffus une fource détournée, à laquelle le tems, l'exercice, plus d'ufage de l'harmonie vous rameneront. Souvenez-vous du Proverbe qui défend de dire : *Fontaine, je ne boirai point de ton eau.*

L'ELEVE.

En attendant que la foif m'en vienne, je paffe à d'autres chofes ; j'économife les accords, & je parcours toutes les modulations, tant en majeur qu'en mineur, avec l'accord parfait.

1°. En allant par quinte, & introduifant fucceffivement un nouveau dieze dans la modulation.

2°. En allant par quarte, & introduifant fucceffivement un nouveau bémol dans la modulation.

3°. En allant encore par quarte, mais paffant à chaque fois par le relatif mineur.

Que vous femble de cet enchaînement d'accords parfaits ?

LE MAÎTRE.

Ne pourriez-vous pas vous mettre un peu plus en dépenfe, vous fervir de l'accord parfait, de la fixte, du triton & de la fauffe quinte, & traverfer avec ce cortége les vingt-quatre modulations, en commençant par les majeures ?

L'ELEVE.

A votre aife ; Monfieur, ne vous gênez pas... Voilà ce que vous avez demandé... Hé bien, papa, cela va, je crois... Vous fouriez... Et vous, Monfieur, point d'humeur ; fi j'efcamote ici la fauffe quinte, là le triton, je vous en dédommage par la feptiéme diminuée & la tierce mineure jointe au triton.

LE PHILOSOPHE.

Halte-là... Où en es-tu ?

L'ELEVE.

Où j'en fuis ? En mineur de *fi* bémol. J'ai à faire à cinq bémols, & je pratique la septiéme diminuée que voilà sauvée... Je sçais mon chemin.... Cette modulation vous plaît-elle ? Vous sentez-vous quelque pente à la tendresse, j'y resterai ; je vous y égarerai par un labirinthe d'accords ; j'ai, comme vous sçavez, neuf dissonnances & six consonnances à mon service.

LE MAÎTRE.

Doucement, doucement ; que faites-vous-là ?

L'ELEVE.

Je fais succéder à la petite sixte superflue, la petite sixte majeure, sur une basse d'un sémi-ton plus aigu, & je sauve l'une & l'autre par la même consonnance, *fa*, *la*, *ut*.

LE MAÎTRE.

Où avez-vous pris cette marche là ?

L'ELEVE.

Je pourrois vous dire dans mon oreille & sur mon Clavier ; mais je ne me ferai jamais honneur du bien d'autrui. Je l'ai retenue d'un bel adagio de Walther, en mineur de *mi* bémol ; il y a un passage où il appelle la consonnance *ré* bémol, *fa*, *la* bémol par l'harmonie superflue *la* bémol, *ut*, *mi*, double bémol, *sol* bémol, en *sol* bémol, & par la dissonnance de la dominante *la* bémol, *ut*, *mi* bémol, *sol* bémol, en *ré* bémol.

LE MAÎTRE.

Voyons cette piéce ?

L'ELEVE.

La voilà. Ce passage est dans la seconde partie. L'Auteur même y revient, pour préparer la consonnance *mi* bémol, *sol*, *si* bémol.

LE PHILOSOPHE.

Mais je crois qu'il y a neuf bémols à la clef.

L'ELEVE.

Tout autant. Petite ostentation de science.

LE MAÎTRE.

Piano, piano, Mademoiselle. L'adagio est correctement écrit ; le chant en est noble. Le Compositeur s'est embarqué dans plusieurs modulations très-compliquées. Il y va jusqu'en mineur d'*ut* bémol, avec dix bémols. Tenez, regardez cet endroit. Comptez que plus d'un Maître auroit écrit la septiéme par *la*, au lieu de l'écrire par *si* double bémol ; & la sixte par *sol*, au lieu de l'écrire par *la* double bémol.

L'ELEVE.

Vous croyez cela ?

LE MAÎTRE.

Combien je vous en citerois d'exemples, si je ne craignois d'offenser.

L'ELEVE.

Il ne faut offenser ni ennuyer, si l'on peut ; c'est pourquoi je laisse le mineur de *si* bémol pour....

LE MAÎTRE.

Monter l'octave chromatiquement, accompagnant chaque son, de l'accord parfait, de la sixte & de la fausse quinte.

L'ELEVE.

En quel octave ?.. Allons, en l'octave d'*ut* dieze, en faveur de papa à qui le difficile ne déplaît pas toujours.

LE PHILOSOPHE.

Toutes les fois que la chose ne peut avoir que ce mérite.

L'ELEVE.

Voici une autre maniere de parcourir en montant l'octave chromatique, en n'employant que l'accord parfait, la quinte & sixte, la fausse quinte. Je la descends de plusieurs manieres.

LE PHILOSOPHE.

Et comment t'y prends-tu pour changer de modulations ?

L'ELEVE.

Je quitte celle où je suis, en pratiquant ou un accord consonnant ou un accord dissonant qui me conduise à une modulation d'un dieze de plus ou d'un dieze de moins. S'il me convient d'entrer dans une modulation qui ait un bémol de plus ou de moins, il me suffit d'un accord consonnant pratiqué dans cette modulation. Préférai-je un chemin plus escarpé ? je m'achemine par une, deux, trois & même sept dissonnances. Arrivée, je me repose, peu, car je n'aime pas entendre chanter longtems sur la même game. Je vais d'une modulation à sa relative. Je laisse le majeur pour prendre le mineur. Les accords consonnans sont l'asyle où l'on se réfugie par les dissonnans.

LE

DE CLAVECIN.

LE MAÎTRE.

Ne vous reste-t-il plus rien?

L'ELEVE.

Piano, à votre tour. Si je dis tout aujourd'hui, demain il faudra se taire ou se répéter.

LE PHILOSOPHE.

Deux terribles inconvéniens!

L'ELEVE.

Oui-da; & pour éviter l'un, sans cesse on s'expose à tomber dans l'autre. A tout hazard, je vais vous entretenir de l'harmonie d'emprunt que je m'étois réservée pour une autre fois.

A presque tous les accords tant consonnans que dissonnans, je fais subitement succéder une harmonie d'emprunt qui contienne la basse de mon dernier accord. Je regarde cette harmonie d'emprunt ou comme accord de seconde superflue, ou comme septiéme diminuée, ou comme fausse quinte jointe à la sixte majeure, ou comme tierce mineure jointe au triton, comme il me plaît, comme il plaît à Monsieur qui me commande selon son idée, comme il plaît au chant ou à l'expression, & me voilà tout-à-coup jettée dans un pays lointain, dans la région des diezes ou des bémols.

LE PHILOSOPHE.

Quelqu'exemple... Qu'est-ce qui se passe entre vous?.. Vous vous faites des signes?

L'ELEVE.

C'est que Monsieur se meurt de vous dire...

LE PHILOSOPHE.

Quoi?

L'ELEVE.

Que souvent je me moque de toutes ces régles, de cette marche compassée; que je me mets à faire des gambades, tout au travers des modulations, & qu'on me trouve en un instant où l'on ne m'attendoit gueres.

LE PHILOSOPHE.

Ce n'est pas cela. Ne mens jamais, parce qu'il ne faut jamais mentir; & puis tu mens mal, & je t'en félicite.

P p

LE MAÎTRE.

Ces écarts sont quelquefois très-heureux ; mais il en faut être avare ; réitérés dans une piéce, ils lui donneroient un caractere sauvage. Il faut même user avec sobriété des passages d'emprunt.

Voilà, Monsieur, un court abrégé de nos leçons. Quand l'art auroit été plus étendu, ç'eût été tout ce que Mademoiselle en pouvoit apprendre dans le court intervalle de tems que vous me l'avez confiée.

LE PHILOSOPHE.

Je serois bien injuste ou bien ignorant, si d'après ce que je viens d'entendre, j'appréciois mal la valeur de son travail & de vos soins. Je ne sçais duquel des deux je dois être le plus étonné.

LE PHILOSOPHE *à un Domestique.*

Qu'est-ce qu'il y a ?.... J'avois défendu qu'on laissât entrer.

LE DOMESTIQUE.

C'est un vieux Prêtre qui s'en retourne à la campagne où il demeure, & qui dit que vous lui avez donné rendez-vous.

LE PHILOSOPHE.

Je l'avois oublié... Je vais & je reviens.

L'ELEVE.

Mon papa, ne vous pressez pas trop ; je vous promets pour demain ou pour après demain au plus tard les exemples que vous me demandez ce soir ; soyez sûr que vous n'y perdrez rien pour avoir attendu ; & voilà le sujet du petit mystere que je vous ai fait... (*au Maître*).... Monsieur, êtes-vous fou ?

LE MAÎTRE.

Non.

L'ELEVE.

C'est après demain la fête de mon papa. Je lui ai préparé son bouquet ; c'est un nouveau prélude que j'ai composé à votre insçu ; dites-moi, ce bouquet n'auroit-il pas été bien piquant, si, comme vous le desiriez, je lui en avois joué un des anciens ; car c'est-là, je crois, ce que vous me proposiez par ces signes qui ont amené une petite fausseté, la chose qui me déplaît le plus & à mon papa.

DE CLAVECIN.
Le Maître.
J'ignorois votre deffein, & j'avois oublié que demain vous aviez concert; oublié net.
L'Eleve.
Bonne tête! Ainfi vous ne feriez pas venu?
Le Maître.
Ma foi, je n'ofe en répondre.
L'Eleve.
Et la fête fe feroit paffée fans vous? Ça, allez à vos affaires, & fouvenez-vous que demain... Demain, demain, au foir, il faut être ici entre fix & fept. Le concert nous menera jufqu'à dix. Nous ne fortirons pas de table avant une heure après minuit. Je n'aurai peut-être plus l'occafion de vous dire un mot... Souvenez-vous que demain, demain vous faites la quinte, & qu'après demain, il faut être ici de bonne heure. Je ferai levée la premiere; mon papa traverfera le fallon pour aller à fon cabinet. J'irai à lui; je lui ferai mon compliment; je l'embrafferai, & je le prierai de m'entendre. Vous concevez combien il m'importe que vous y foyez. Ne manquez donc pas.
Le Maître.
Demain, le foir, entre fix & fept; après demain, le matin, entre fept & huit.
L'Eleve.
Précifément, ni plutôt, ni plus tard.
Le Maître.
Mais ce prélude clandeftin, ne pourroit-on pas le voir?
L'Eleve.
Non. Il eft beaucoup plus foigné que les autres, & par cette raifon-là peut-être moins bon; cependant il ne me déplaît pas. Je l'ai joué & rejoué plufieurs fois. Mais bon ou mauvais, il faut qu'il refte tel qu'il eft. Mon papa ne manquera pas de demander s'il eft de moi, & je veux pouvoir lui répondre fans biaifer que vous ne l'avez pas même vû. Allez; partez; & ne vous faites attendre ni demain au foir, ni après demain matin.

SECONDE SUITE
DU DOUZIEME DIALOGUE
ET DE LA SEPTIEME LEÇON D'HARMONIE.
MONOLOGUE.

L'ELEVE, *seule.*

RIEN ne s'arrange à ma fantaisie... Il ne vient pas... Et mon papa est levé depuis deux heures... Quoiqu'il se soit retiré tard, & que pour inspirer de la gaieté à ses convives, il se soit tout-à-fait livré au plaisir de la table... au point de nous inquiéter... non sur sa raison, car le vin ne la lui ôte jamais, mais sur sa santé; il y a deux heures qu'il est dans son cabinet, & l'autre dort peut-être encore... Il faut que j'y envoie... Jettons encore un coup-d'œil sur ce prélude... Il n'est pas mal pour le chant... pour les chiffres, ce n'est pas la peine d'y regarder... Mais il me semble qu'on sonne... C'est lui apparemment.

LE MAITRE, L'ELEVE ET LE PHILOSOPHE.

LE PHILOSOPHE. (*sortant de son cabinet.*)
Que fais-tu là de si bonne heure?

L'ELEVE.
Je repasse quelque chose que je veux sçavoir supérieurement... Votre nuit a-t-elle été bonne?

LE PHILOSOPHE.
Bonne.

L'ELEVE.
Point incommodé?

LE PHILOSOPHE.
Non; mais je crains qu'il n'en soit pas de même de M. Bemetz

qui a voulu faire les honneurs de ma table & de son pays... Mais le voilà.

L'ELEVE.

Arrivez donc.

LE PHILOSOPE.

Bonjour, Monsieur, comment va la tête ?

LE MAÎTRE.

Mal, très-mal. Me voilà brouillé avec le Champagne mousseux, & pour long-tems.

LE PHILOSOPHE.

Pourquoi donc ? Vous avez le vin charmant.

LE MAÎTRE.

Mais le lendemain je suis très-maussade.... Ce sont ces trois rasades que l'on m'a versées après le caffé, qui m'ont perdu.

LE PHILOSOPHE.

N'en dites point de mal ; ce sont elles aussi qui vous ont tiré de votre sérieux.

L'ELEVE.

Oh pour cela, vous avez été bien fou !

LE MAÎTRE.

Tant pis.

LE PHILOSOPHE.

Tant mieux.

L'ELEVE.

Vous avez dit à Madame ... des choses tout-à-fait honnêtes & galantes, & que j'écoutois avec le plus grand plaisir.

LE MAÎTRE.

Cela étoit si aisé & si naturel avec une femme pleine d'esprit, de douceur, de grâces, de modestie & de talents.

LE PHILOSOPHE.

Et croyez-vous qu'aujour'hui, elle vous laissât baiser ses mains comme hier ? Le vin a ses privileges.

L'ELEVE.

Où allez-vous, mon Papa ?

LE PHILOSOPHE.

Ordonner du thé pour Monsieur & pour moi.

LEÇONS

L'ELEVE.

Auparavant, permettez que je vous embrasse.... Le Concert d'hier fut le Bouquet commun de tous nos amis....

LE PHILOSOPHE.

Et le tien.

L'ELEVE.

Assurément; mais voici celui de votre enfant... De cet enfant.....

LE PHILOSOPHE.

Qu'as-tu? Tu pleures.

L'ELEVE.

C'est de plaisir; c'est de joie.... Je voudrois vous dire... Et voilà que je ne sçaurois parler.

LE PHILOSOPHE.

Tu n'as jamais mieux dit.... J'ai tout entendu.

L'ELEVE.

Excepté mon Prélude.... J'ai fait de mon mieux.... Je voudrois qu'il vous plût; je voudrois qu'il fût.....

LE PHILOSOPHE.

Il fera bien..... Remets-toi... Joue.. J'écoute.

LE MAÎTRE.

Adagio... C'est un Adagio.... En majeur de *sol* dieze.... Huit diezes.

LE PHILOSOPHE.

Est-ce que vous ne le connoissez pas?

LE MAÎTRE ET L'ELEVE.

Non, Monsieur.....   Non, mon Papa.

LE PHILOSOPHE.

Tant mieux.

LE MAÎTRE.

Vous tremblez.... Vous avez peur.

L'ELEVE.

Vous vous trompez, Monsieur. Ce n'est pas cela... Je n'y étois pas. Il faut que je recommence.

DE CLAVECIN.

LE PHILOSOPHE.
Fort bien.... Cela est grave & noble....

LE MAÎTRE.
Comme doit être le Bouquet d'un Philosophe.

LE PHILOSOPHE.
Quelquefois un peu brusqué.

LE MAÎTRE.
Pas trop..... Recommencez......

L'ELEVE.

LE PRÉLUDE DE L'ÉLEVE.
Adagio.

LEÇONS

DE CLAVECIN.

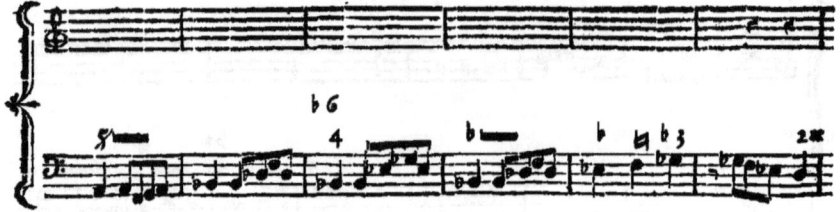

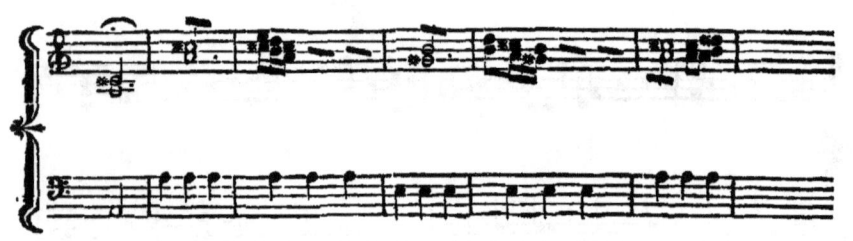

LEÇONS

Le Philosophe.

Il étoit impossible, ma fille, que vous me présentassiez un bouquet qui me fût plus agréable. Je suis on ne sçauroit plus satisfait de vous.

L'Eleve.

Et vous, Monsieur?

Le Maître.

Je desire quelque chose de plus. C'est la raison de ce que vous avez écrit.

L'Eleve.

Tenez, mon Papa, je vais vous dire son secret. Il ne prétend pas m'embarrasser. Je n'aurois pas fait la premiere mesure de ce Prélude, sans la connoissance des principes, & il le sçait bien. Sa demande n'est qu'une petite ruse pour me faire valoir, & j'y acquiesce d'autant plus volontiers qu'il y gagnera plus que moi.

J'ai écrit en majeur de *sol* dieze; & j'ai débuté par l'accord parfait de la tonique, l'accord parfait de la dominante, le triton sur la quarte que j'ai sauvé par la sixte sur la tierce.... Ici c'est la fausse quinte à laquelle j'ai fait succéder l'accord parfait de la tonique... Que regardez-vous ?

DE CLAVECIN.
Le Maître.
Les chiffres.... Ils font bien.
L'Eleve.
Sixte, fixte quinte, feptieme de dominante, repos de la tonique.

Cadence qui prend la place de la baffe ; main gauche qui fait l'harmonie.

Sixte, feptieme de feconde, feptieme de dominante, feptieme de la fenfible, & j'en ai affez en majeur.

Fauffe quinte jointe à la fixte majeure, pour paffer en mineur de *fol* dieze.

Et pour fauver cet accord d'emprunt, fixte fur la tierce mineure *fi*.

Autre emprunt qui donne deux mefures, dont l'une eft remplie de la tierce mineure jointe au triton, l'autre de la feptieme diminuée que je fauve par le repos mineur ; cela fent un peu la pareffe ; mais je ne m'endors pas là. Je vais en majeur de *mi* ; je vais en *la*, par la fauffe quinte.

Diffonnance de la feconde, harmonie fuperflue, & modulation mineure de *la* ; plus d'emprunt ; j'en ai fuffifamment du ton de *la*.

Une feconde fuperflue fur *ut* me conduit en mineur de *mi*. J'y refte. Diffonnance de la dominante. Repos de la tonique.

Diffonnance de la dominante ; confonnance de la tonique ; diffonnance de la feconde ; repos de la dominante ; & tréve de la modulation de *mi*.

Je paffe en majeur d'*ut*, fans grande cérémonie, & je me délivre des diezes.

Confonnance de la tonique. Confonnance de la dominante. Confonnance de la fixiéme note. Confonnance de la quarte. Confonnance de la feconde. L'on m'attendra furement en *ré* ; & moi, par la feconde fuperflue je m'en vais en mineur de *fa*. Et puis zefte, me voilà en mineur de *fol*. Mon papa, c'eft du chromatique. Cela vous bleffe-t-il ?
Le Philosophe.
Non. Mais à préfent, où es-tu ?
L'Eleve.
En majeur de *fi* bémol ; accord parfait de la tonique ; quarte & fixte

sur la tonique ; septiéme superflue sur la tonique ; accord parfait de la tonique.

Deux bémols, ce n'est gueres. J'en veux quatre ; & me voilà en mineur de *fa* par le triton.

Encore un petit bémol ; & me voilà en mineur de *si* bémol par la fausse quinte.

Consonnance de la tonique ; consonnance de la quarte ; consonnance de la tonique. Consonnance de la quarte ; consonnance de la dominante ; consonnance de la sixiéme note ; & me voilà partie. L'emprunt me mennera où je veux ; pour cette fois c'est en mineur de *fa* dieze ; trois diezes vous déménagent bien vîte tous ces bémols.

Sixte & quarte ; tierce mineure jointe au triton sauvé par la sixte sur la tierce mineure *la* ; sur la seconde *sol* dieze, la fausse quinte jointe à la sixte majeure.

Et pour mettre à profit cet accord d'emprunt, escamotage de la sixte majeure, la seule fausse quinte laissée afin que ma seconde note *sol* dieze devienne sensible, & que je sois en majeur de *la*, où me voilà.

Accord parfait, trois mesures ; consonnance de la dominante ; dissonnance de la dominante ; repos de la tonique dont je m'éveille tout de suite par le triton sur la même basse, accord qui me conduit en *mi*, & me voilà avec quatre diezes.

Je m'achemine tout doucement vers mes huit diezes ; & si je sçais bien compter, en voilà déja sept.

Mais je me presse trop ; revenons un peu sur nos pas ; septiéme sur *ut* dieze, pour n'être qu'en *fa* dieze. Fausse quinte jointe à la septiéme diminuée sur le *fa* double dieze. Je suis en mineur de *sol* dieze, & j'ai cinq diezes.

Accord parfait, sixte & quinte . . . . , à laquelle je fais succéder la consonnance de la tonique.

LE MAÎTRE.

Pour être irréguliére.

L'ELEVE.

Il est vrai. Consonnance de la dominante.

DE CLAVECIN.
Le Maître.
Pour finir.
L'Eleve.
Non ; pour suspendre notre course par la consonnance de la sixiéme note *mi* , & puis, je vais par la consonnance de la tonique , la dissonnance de la seconde , la consonnance de la tonique , la dissonnance de la dominante , au repos.
Le Maître.
Final ?
L'Eleve.
Cela ne se peut ; vous ne pensez donc pas que j'ai commencé en majeur de huit diezes.

J'introduis vîte trois diezes. Accord parfait, sixte & quarte. Accord parfait.

Dissonnance de la seconde , Dissonnance de la dominante , consonnance de la tonique.

Consonnance de la quarte ; consonnance de la tonique ; dissonnance de la dominante ; *sol* dieze , *si* dieze , *ré* dieze , & m'en voilà tirée.

Hé bien , papa ?
Le Philosophe.
Il seroit bien mal à moi de te chicaner ; chicaner sur l'arrangement des fleurs & les nuances d'un bouquet !
L'Eleve.
Faites toujours.
Le Philosophe.
Tu le veux. Je trouve par-ci, par-là ta marche extraordinaire & brusque ; par exemple , de l'accord parfait majeur de *si*, tu vas droit en majeur d'*ut*.
L'Eleve.
Là je regarde l'accord parfait majeur de *si*, comme repos de la dominante en mineur de *mi* où il n'y a qu'un dieze , d'où je passe subitement en *ut*, n'effaçant qu'un dieze ; c'est le moins qu'on puisse faire.
Le Philosophe.
Je ne dis pas que cela soit mal , ni même que l'effet soit mauvais. Est-ce là ton premier essai ?

LEÇONS
Le Maître.

Non, Monsieur. Le morceau que vous venez d'entendre est une des douze progressions de basse que Mademoiselle a composées, écrites & chiffrées dans tous les tons; entre ces progressions, il y en a une où tous les accords sont pratiqués, & presque toutes les modulations enchaînées, même très-adroitement, & à chaque instant des écarts vraiment expressifs, & des tournures tout-à-fait neuves.

Le Philosophe.

Et ces préludes, où sont-ils?

L'Eleve.

Le voici.

Le Philosophe.

Comment? mais c'est un travail considérable.

L'Eleve.

Et nécessaire. Songez, mon papa, que ce moyen étoit le seul de fixer dans ma mémoire les diezes & les bémols en chaque modulation, l'enchaînement & la succession des harmonies, la variété des passages de l'une à l'autre, la nature des accords, la maniere de les chiffrer, en un mot, la multitude des choses qu'il faut avoir présentes, lorsqu'on se propose de préluder.

Le Maître.

Je conseille à mes Eleves d'en faire autant que vous en avez fait, & à vous, Mademoiselle de vaincre votre répugnance à prendre la plume & de revenir à un exercice qui vous donnera de la facilité.

Le Philosophe.

Et des idées. Il en naît sous les doigts de fortuites, qui viennent on ne sçait d'où, & qui n'en sont pas moins précieuses.

L'Eleve.

Je n'écrirai jamais de la Musique, peut-être même quand je pourrois me promettre de l'écrire excellente.

Le Philosophe.

Et pourquoi?

L'Eleve.

C'est que j'aime mieux lire & penser que de combiner des sons.

DE CLAVECIN.

LE PHILOSOPHE.

Tu vas dire qu'on n'est jamais quitte de moi; je voudrois bien t'entendre préluder de tête.

L'ELEVE.

C'est ce que je souhaitois.

LE PHILOSOPHE.

Un moment...(*à un Domestique*.) Non; point de thé, il est trop tard.

LE MAÎTRE.

Mademoiselle, mettez-vous dans un ton... il n'importe lequel... Frappez les accords; harpegez-les; faites du chant au-dessus, à la basse. Ne vous assujettissez à aucun mouvement; n'écoutez que votre cœur, votre imagination & votre oreille; & cependant allez de mesure.

L'ELEVE.

Papa, donnez le ton.

LE PHILOSOPHE.

En majeur de *si* bémol.

L'ELEVE *prélude*.

LE PHILOSOPHE.

Fort bien. Fort bien. Il ne te reste plus qu'à entendre de la bonne musique.

L'ELEVE.

C'est l'affaire de Monsieur le Baron de B...

LE PHILOSOPHE.

Et de l'accompagnement, où en sommes-nous ?

LE MAÎTRE.

L'accompagnement est une espéce de lecture que la connoissance de l'harmonie éclaire & facilite, mais qui demande de l'habitude & du tems. Mr. Grimm nous envoie les ouvrages des premiers Maîtres; nous en avons déjà parcouru plusieurs; & cela va.

LE PHILOSOPHE.

Je comprends que l'usage des modulations, la pratique continue des accords, la facilité de les rapporter à certaines notes de la game auxquelles ils appartiennent, l'exercice de l'oreille, peuvent dispenser quelque-

fois des chiffres ; mais toujours ? mais accompagner bien & sans chiffres ?
Le Maître.
Quelque versé que l'on soit dans la théorie & la pratique de l'art, vous n'imaginez pas qu'entre tant de combinaisons différentes dont une basse peut être accompagnée, il soit facile de rencontrer tout de suite, celle qui convient à l'harmonie pure & à l'esprit de la piece, & vous avez raison. Cependant on accompagne très-bien, sans chiffres, une basse dont on voit le chant. J'ai même remarqué que mes Eléves sont plus sûrement conduits par le chant que par des chiffres équivoques. Le chant & la basse suffisent pour leur indiquer l'enchaînement des modulations, les harmonies & les accords, & il n'en faut pas davantage. Le goût fait le reste, & le goût vient avec le tems.
Le Philosophe.
Ma fille, puisque vous faites assez de cas des hommes pour ambitionner leur éloge, disposition que j'approuve & que je vous conseille de garder, & que la louange de ceux que vous estimez & que vous aimez vous est douce, recevez la mienne. Travaillez, exercez-vous ; occupez-vous sérieusement d'un art où vous êtes déja fort avancée & qui deviendra un jour la plus puissante consolation des peines qui vous attendent ; car nul n'en est exempt sous le Ciel, & il est heureux d'avoir un ami sûr toujours à portée de soi.
L'Eleve.
Il me sera d'autant plus facile de vous obéir, que j'aime infiniment mieux suivre mes idées que de lire les idées des autres. Mon papa, la science de l'harmonie dégoute beaucoup des piéces.
Le Philosophe.
Je n'en suis pas surpris. Cependant il ne faut pas qu'un talent nuise à l'autre. Peu sont en état d'apprécier un beau prélude, bien conduit, bien varié, bien sçavant ; tous sentent le mérite d'une piece bien faite & bien jouée.
L'Eleve.
Parce qu'il y a plus d'oreilles que d'ames.
Le Philosophe.
C'est le contraire que tu veux dire.

DE CLAVECIN.

L'Eleve.

Non, non; je m'entens bien, & quelque jour je m'expliquerai avec vous là-dessus. Quoi qu'il en soit, si j'étois longtems sans approcher de mon instrument, il pourroit m'arriver de perdre de la facilité que j'ai à lire & à exécuter. Quant à la science de l'harmonie, je crois que je ne l'oublierai jamais, & que c'est un moyen très-sûr de vous rappeller, Monsieur, à mon souvenir, tant que je vivrai.

Un Domestique.

Le thé est....

Le Philosophe.

Plus de thé, vous dis je. J'espere, Monsieur, que vous voudrez bien m'accorder un demi-quart d'heure de votre tems, demain dans la matinée.

Le Maître.

Très-volontiers, Monsieur.

L'Eleve.

Papa....

Le Philosophe.

Que veux-tu?

L'Eleve.

Que vous disiez à Maman que vous êtes un peu content de moi.

Le Philosophe.

Je t'aime à la folie. [au Maître.] Vous passez le reste de la journée avec nous, sans doute? Le tems est doux, nous sortirons après dîner. Un peu d'air nous fera du bien à tous les trois.

LEÇONS

TROISIEME SUITE
DU DOUZIEME DIALOGUE
ET DE LA SEPTIEME LEÇON D'HARMONIE.
PRINCIPES ÉLÉMENTAIRES ET GÉNÉRAUX
DE THÉORIE.

LE MAITRE, L'ELEVE, LE PHILOSOPHE.

Nous dînâmes gaiement, parce que nous étions tous satisfaits les uns des autres; le Maître de son Eléve ; moi, de tous les deux. La journée étoit assez belle pour la saison. Nous avions quitté table de bonne-heure. Je proposai une longue promenade à pied. On accepta la proposition, & nous allâmes à l'Etoile. Arrivés là, nous nous retirâmes à l'exrrêmité d'une des allées qui sont ouvertes au Midi, où l'œil se promene sur un assez grand espace de la campagne, & où l'on jouit du Soleil, depuis le moment où il s'éleve au-dessus des édifices de la ville, jusqu'à son coucher. L'ombre du dôme des Invalides n'étoit pas encore fort allongée. Son hémisphere éclairée étoit à peu près Sud-Ouest. Monsieur Bemetz... s'assit, le dos appuyé contre un arbre. Nous nous plaçâmes négligeamment à terre, ma fille & moi; & nous continuâmes la conversation que nous avions commencée en chemin. Il s'agissoit des différens systêmes de Musique, de la basse fondamentale de Rameau, de la resonnance du son intermédiaire de Tartini, & de l'ancienne régle de l'octave. Ma fille remarqua qu'il y avoit dans ses leçons beaucoup d'exemples & peu de théorie, & que c'étoient moins aux principes qu'à la méthode qu'elle devoit ses progrès. Monsieur Bemetz, son Maître, lui répondit que l'art musical avoit aussi les siens auxquels on s'étoit à peu près conformé, sans les bien connoître. Et qui est-ce qui ne connoît pas la basse fondamentale, lui dis-je? Et qui est-ce qui vous a dit que ce systême étoit vrai

DE CLAVECIN.

ou faux, me répliqua-t'il ? Monsieur Bemetz.... avoit quelque répugnance à s'expliquer. » Nous étions venus ici prendre l'air, & non » disputer. La chose n'avoit pas encore dans sa tête toute la clarté & » toute l'étendue dont elle étoit susceptible. Il valoit mieux se taire que » de débiter des idées incohérentes & indigestes, sur-tout à ceux qui » n'étoient pas gens à s'en contenter ». A ces prétextes il en ajouta d'autres. Nous insistâmes; & ce ne fut pas sans peine qu'il tira de sa poche trois petits cahiers qu'il nous lut, à une condition qui fut agréée ; c'est que nous l'écouterions sans l'interrompre, à moins qu'il ne le permît expressément.

§ I.

LE MAÎTRE.

C'est une belle découverte que celle de la résonnance du corps sonore. Combien de conséquences on en pouvoit tirer ! Tout corps sonore, outre un son principal & fondamental, fait entendre sa tierce majeure & sa quinte, ou les répliques à l'aigu de ces harmoniques.

L'ELEVE.

Mais ce phénomene est-il bien constaté ?

LE MAÎTRE.

Mademoiselle, vous manquez à la condition.

L'ELEVE.

Parlez, Monsieur ; je me tais.

LE MAÎTRE.

Un corps sonore *ut*, fait entendre *ut*, *mi*, *sol* ; mais la quinte *sol* plus fortement que la tierce *mi* ; un autre corps sonore *sol*, dont l'oreille est préoccupée, fait entendre *sol*, *si*, *ré* ; un troisieme *ré*, donne *ré*, *fa* dieze, *la* ; un quatrieme *la*, *la*, *ut* dieze, *mi* ; & de corps sonores en corps sonores pris les uns à la quinte des autres, on a pu former les octaves diatonique & chromatique ; & c'est peut-être la raison pour laquelle les games plus ou moins complettes dans les tems passés & chez toutes les Nations, ont été universellement ordonnées par des intervalles qui indiquent quelque loi de nature qui dirigeoit l'organe.

Si cela est, la game sera un produit commun de la Nature & de l'Art ; de la Nature qui a fourni les trois sons du corps sonore, *ut*, par exemple ; de l'Art qui s'est servi de différens corps sonores & de leurs harmoniques *si*, *ré*, *fa*, *la*, & qui les a intercallés entre les trois sons d'un premier, pour en former la game *ut*, *ré*, *mi*, *fa*, *sol*, *la*, *si*, *ut*.

Quoi qu'il en soit ; c'est l'affaire de Rameau, & non la mienne. Je suis venu ; j'ai trouvé sept sons ordonnés comme les voilà ; & cela me suffit.

L'ELEVE.

L'octave chromatique, *ut*, *ut* dieze ....

LE MAÎTRE.

Oui, Mademoiselle, n'est ni plus ni moins naturelle que l'octave diatonique ; & d'après cela .... je resserre mes papiers.

L'ELEVE.

Pardon, Monsieur ; plus d'interruption ; plus ; je vous le promets.

§ 2.

LE MAÎTRE.

L'oreille ne s'accommode gueres des treize sons de cette octave chromatique ; & je doute que leur succession ait jamais fondé & fonde jamais un genre musical. En attendant, je m'en tiens à l'octave

ut, *ré*, *mi*, *fa*, *sol*, *la*, *si*, *ut*.

ou

la, *si*, *ut*, *ré*, *mi*, *fa*, *sol*, *la*.

Sauf mon recours aux cinq autres sons, lorsqu'il me plaira de passer d'un intervalle diatonique à un autre, par des teintes ou nuances.

J'appelle mode majeur la succession des huit sons, *ut*, *ré*, *mi*, *fa*, *sol*, *la*, *si*, *ut*, ou la succession de tous autres sons ordonnés de la même maniere.

J'appelle mode mineur, la succession des huit sons, *la*, *si*, *ut*, *ré*, *mi*, *fa*, *sol*, *la*, ou la succession de tous autres sons ordonnés de la même maniere.

Je nomme dans la mélodie & l'harmonie les sons *ut*, *mi*, *sol*, produits du corps sonore, *sons naturels* ou *appellés*.

Je nomme dans la mélodie & dans l'harmonie, les sons *si*, *ré*, *fa*, *la*, intercallés entre les sons naturels *ut*, *mi*, *sol*, appels.

Ainsi, en majeur d'*ut* dieze, les sons naturels sont *ut* dieze, *mi* dieze, *sol* dieze; & les appels sont *si* dieze, *ré* dieze, *fa* dieze, *la* dieze.

Et je me servirai des mêmes expressions tant en majeur qu'en mineur, quoiqu'elles n'aient pas la même exactitude en mineur, mode dont l'origine n'est pas encore bien connue.

Cela posé, j'observe... J'observe que Mademoiselle a quelque chose à dire. Dites, je le permets.

L'Eleve.

J'observe de mon côté que vous allez revenir sur des choses qui me sont familieres.

Le Maître.

Mais qui nous conduiront, je crois, à d'autres qui vous seront nouvelles. J'observe donc;

1°. Que les huit sons de l'octave du genre diatonique sont séparés par sept intervalles, dont cinq d'un ton & deux seulement d'un demi-ton.

2°. Que les deux demi-tons ou intervalles chromatiques sont placés en majeur, l'un entre la tierce & la quarte; l'autre entre la septieme & la huitieme.

Qu'en mineur, ces deux intervalles chromatiques sont placés, l'un entre la seconde & la tierce, l'autre entre la quinte & la sixte de l'octave.

3°. Qu'on nomme la premiere note de l'octave, tonique, & que des treize sons de l'octave chromatique, il y en a douze qui peuvent devenir chacun, la tonique d'une octave diatonique; mais qu'il faut ordonner les octaves de ces sons sur le modele du majeur d'*ut* & sur le modele du mineur de *la*.

D'où je conclus qu'il y a vingt-quatre modulations diatoniques, douze majeures & douze mineures.

4°. Que dans chaque modulation, on peut composer deux sortes de musique, des successions de sons qu'on appelle Mélodie, & des sons frappés ensemble, qu'on appelle Harmonie.

5°. Qu'une succession uniforme & constante de huit sons ordonnés sur les modeles d'*ut* ou de *la*, s'appelle Game.

D'où je conclus que l'une & l'autre musique exige une connoissance familiere des vingt-quatre modulations.

6°. Qu'en ordonnant ces vingt-quatre modulations sur les modeles d'*ut* & de *la*, il faut recourir aux diezes & aux bémols ; afin de donner aux intervalles leur véritable étendue.

7°. Qu'il regne entre les modulations un rapport qui détermine l'ordre & le nombre des diezes & des bémols, & qui facilite la connoissance essentielle des vingt-quatre modulations.

8°. Qu'en partant d'*ut*, en montant de quinte en quinte, & en prenant chacune de ces quintes pour une tonique, on trouve les diezes placés dans l'ordre suivant.

Fa, ut, sol, ré, la, mi, si.

Qu'en partant d'*ut*, en montant de quarte en quarte, & en prenant chacune de ces quartes pour une tonique, on trouve les bémols placés dans l'ordre suivant.

Si, mi, la, ré, sol, ut, fa.

Et qu'en comparant ces deux ordres, l'un de diezes, & l'autre de bémols, ils sont inverses, l'un commençant par *fa* & finissant par *si* ; l'autre commençant par *si*, & finissant par *fa*.

9°. Que le majeur & le mineur, dans la même octave, ne different que dans leurs troisiemes, sixiemes & septiemes notes qui sont chacune d'un demi-ton plus aigue en majeur qu'en mineur, ou d'un demi-ton chacune plus grave en mineur qu'en majeur.

L'Élève.

Donc dans la même octave, ...

Le Philosophe,

Paix.

§ 3.

Le Maître.

Donc dans la même octave, trois diezes de plus en majeur qu'en mineur.

Donc trois bémols de plus en mineur qu'en majeur.

Les trois diezes du majeur & les trois bémols du mineur, tombant exactement sur les mêmes notes de l'octave, se détruiront, s'ils se rencontrent.

Les deux modèles, le majeur en *ut* & le mineur en *la*, formés des mêmes notes sont appellés modulations relatives.

Donc il y a toujours deux modulations relatives; c'est-à-dire, d'un même nombre de diezes & de bémols; la majeure à droite, plus aigue d'une tierce mineure; la mineure à gauche, plus grave de la même tierce; *la, ut.*

Donc la modulation majeure étant donnée, on trouvera la mineure dans la même octave, en ajoutant trois bémols; & la mineure relative à la majeure sera d'une tierce mineure plus grave.

Donc la modulation mineure décide la majeure de la même octave, par l'adition de trois diezes; & la majeure relative en sera distante d'une tierce mineure à l'aigu.

En changeant de modulations, on trouve un dieze de plus en allant à la quinte en montant, & un bémol de plus, en allant à la quarte en montant... Hé bien, Mademoiselle; qu'est-ce qu'il y a?

L'Eleve.

Jusques là, c'est une récapitulation de ma récapitulation, & je vois que vous sçavez ces choses là aussi bien que moi.

Le Philosophe,

Silence.

Le Maître.

En montant d'un ton, deux diezes de plus.

En descendant d'un ton, deux bémols de plus.

En montant d'un demi-ton, sept diezes de plus.

En descendant d'un demi-ton, sept bémols de plus.

Sept diezes ou cinq bémols; même chose.

Sept bémols ou cinq diezes; même chose.

Les diezes & les bémols forment toujours ensemble le nombre douze.

Le dernier dans l'ordre des diezes est sensible en majeur, & seconde note en mineur.

Le dernier dans l'ordre des bémols est quarte en majeur; & sixiéme note en mineur.

Les diezes & les bémols de deux modulations distantes d'un demitòn, font toujours ensemble le nombre sept, En *mi*, quatre diezes; en *mi* bémol, trois bémols. Quatre & trois font sept.

    Le Philosophe (*bas, à sa fille*).

Point d'impatience, je te prie.

§ 4.

    Le Maître.

De tout ce qui précéde, je conclus :
1°. Pour les majeurs, qu'en *ut* ; rien :

 En *sol*, un dieze, *fa* ;
 En *fa*, un bémol, *si* ;
 En *ré*, deux diezes, *fa*, *ut* ;
 En *si* bémol, deux bémols, *si*, *mi* ;
 En *ut* dieze, sept diezes ; ou cinq bémols, en *ré* bémol ;
 En *ut* bémol, sept bémols ; ou cinq diezes, en *si*.

2°. Pour les mineurs, en *la* ; rien.

 En *mi*, un dieze, *fa* ;
 En *ré*, un bémol, *si* ;
 En *si*, deux diezes, *fa*, *ut* ;
 En *sol*, deux bémols, *si*, *mi* ;
 En *la* dieze, sept diezes ; ou cinq bémols, en *si* bémol ;
 En *la* bémol, sept bémols ; ou cinq diezes, en *sol* dieze.

3°. En majeur d'*ut* ; rien. En mineur d'*ut*, trois bémols, *si*, *mi*, *la*.
4°. En mineur de *la* ; rien. En majeur de *la*, trois diezes, *fa*, *ut*, *sol*.
5°. Trois diezes, *fa*, *ut*, *sol* ; donc en *la*, pour le majeur ;
      Donc en *fa* dieze, pour le mineur.
6°. Trois bémols, *si*, *mi*, *la*. Donc en *mi* bémol, pour le majeur,
      Donc en *ut*, pour le mineur.

C'est ainsi qu'on détermine les vingt-quatre modulations.
Voici comment on les enchaîne :

    L'Eleve (*bas*).

Cela va prendre couleur, apparemment.

DE CLAVECIN.

§ 5.

Le Maître.

1°. On enchaîne les douze modulations majeures, par quinte ou par quarte.

Par cette marche, on n'introduit qu'un dieze ou qu'un bémol à la fois.

2°. On enchaîne les vingt-quatre modulations, par quarte, en passant de chaque modulation majeure, à son relatif mineur.

3°. On enchaîne les vingt-quatre modulations par quinte, en faisant succéder le mineur au majeur, ou le majeur au mineur dans la même octave.

Par cette derniere marche, on introduit trois diezes, ou trois bémols à la fois.

L'oreille s'accommode de ce saut, parce qu'on reste dans la même octave, & qu'on n'en altere qu'un des sons essentiels, la tierce ; les deux autres diezes ou bémols n'affectent que la sixiéme & la septiéme notes de l'octave, sons bien moins importans dans la game, comme je ne tarderai pas de le prouver.

4°. On enchaîne les modulations par des marches rompues, mais fondées sur des issues immédiates.

§ 6.

Ces issues immédiates d'une modulation majeure quelconque, sont :
  La mineure de la même octave.
  La mineure relative.
  Les deux modulations d'un dieze de plus.
  Les deux modulations d'un dieze de moins.
    Ou
  Les deux modulations d'un bémol de plus.
  Et les deux modulations d'un bémol de moins.

Donc du majeur d'*ut*, on peut aller immédiatement,
  Au mineur d'*ut*.

Au mineur de *la*.

Au majeur de *sol*.

Au mineur de *mi*.

Au majeur de *fa*.

Au mineur de *ré*.

Donc du majeur de *si* bémol, on peut aller immédiatement,

Au mineur de *si* bémol.

Au mineur de *sol*.

Au majeur de *mi* bémol.

Au mineur d'*ut*.

Au majeur de *fa*.

Au mineur de *ré*.

Donc du majeur de *mi*, on peut aller immédiatement,

Au mineur de *mi*.

Au mineur d'*ut* dieze.

Au majeur de *si*.

Au mineur de *sol* dieze.

Au majeur de *la*.

Au mineur de *fa* dieze.

Ces issues immédiates sont autant de portes qui conduisent à de nouvelles modulations.

Du mineur d'*ut*, une des issues immédiates, on va au majeur de *la* bémol.

Du mineur de *la*, on va au majeur de *la*.

Du mineur de *mi*, on va au majeur de *mi*.

Du majeur de *fa*, on va au mineur de *fa*, & ainsi du reste.

Les issues immédiates d'une modulation mineure sont :

La majeure de la même octave.

La relative majeure.

Les modulations d'un dieze ou d'un bémol de plus.

Les modulations d'un dieze ou d'un bémol de moins.

Donc on peut aller immédiatement du mineur de *la*,
>Au majeur de *la*.
>Au majeur d'*ut*.
>Au majeur de *sol*.
>Au mineur de *mi*.
>Au majeur de *fa*.
>Au mineur de *ré*.

Et par exception, du mineur au majeur de la quinte.

Par exemple, du mineur de *la*, au majeur de *mi*.

Cette licence introduit quatre diezes à la fois, & cela sans blesser l'oreille. Car

Le majeur de *la* peut succéder immédiatement au mineur de *la*.

Le majeur de *mi* peut succéder au majeur de *la*.

Donc le majeur de *mi* peut succéder médiatement au mineur de *la*; d'autant plus qu'en mineur de *la* on est déjà familiarisé avec le troisiéme dieze, *sol* dieze.

D'où l'on peut conclure en général qu'on va bien du mineur, au mineur & au majeur de sa quinte ; c'est-à-dire du mineur de *la*, au majeur & au mineur de *mi*.

>L'Eleve (*bas*).

Cela n'est pas nouveau ; mais il est bon de l'avoir entendu plus d'une fois.

§ 7.

>Le Maître.

Les issues immédiates & médiates du mineur sont autant d'autres portes à de nouvelles modulations.

Les issues immédiates & médiates du majeur & du mineur combinés ensemble donnent au génie tout son essor, pour franchir l'espace qui lui convient, & s'élancer d'une modulation à une autre modulation quelconque.

Qu'il se propose, par exemple, d'aller d'*ut*, à *ut* dieze. Il ira immédiatement

>D'*ut* au mineur de *la* ;

LEÇONS

Du mineur de *la*, au majeur de sa quinte;
c'est-à-dire, au majeur de *mi*, qui ouvre la porte de son mineur relatif *ut* dieze;

D'où l'on passera immédiatement au majeur d'*ut* dieze,

Le terme proposé.

On peut regarder cet *ut* dieze, comme *ré* bémol.

Et dans ce cas, partant d'*ut* pour aller en *ré* bémol, il s'agit de produire cinq bémols; ce qu'on exécutera en passant par la porte du mineur d'*ut* qui conduira au majeur de *la* bémol où il y a quatre bémols; d'où l'on entrera immédiatement en *ré* bémol.

Si l'on se propose de revenir au majeur d'*ut*, on suivra le même chemin; ou si l'on est pressé & qu'on en désire un plus court, on ira immédiatement du majeur de *ré* bémol au mineur de *fa*, où il n'y a plus que quatre bémols, d'où l'on sautera tout de suite, par la licence, au majeur d'*ut* détruisant quatre bémols à la fois.

A l'aide de ces deux marches, on pourra toujours monter ou descendre dans les modulations majeures, éloignées l'une de l'autre d'un demi-ton.

En conséquence, du majeur d'*ut* j'entre en majeur de *si*, en passant par le mineur de *mi*, d'où je vais tout de suite au majeur de sa quinte *si*.

Du majeur de *la* bémol, où il y a quatre bémols, quoi de plus aisé que d'aller au majeur de *mi*, où il y a quatre diezes? Faisons de *la* bémol, un *sol* dieze, & quatre diezes à écarter; le mineur de *sol* dieze en supprimera trois, & nous jettera subitement en majeur de *mi*, le terme proposé.

On combinera de cette maniere toutes les modulations.

L'Eleve (*bas*).

Fort bien. Cela m'est plus connu que le chemin des Eglises voisines.

Mais une chose sur laquelle il me resteroit un scrupule; c'est cette liberté de faire changer à discrétion de nom à une note dieze ou bémol, prenant le bémol d'au-dessus, pour le dieze d'au-dessous, ou le dieze d'au-dessous pour le bémol d'au-dessus.

§ 8.

LE MAÎTRE.

Ce soir, lorsque nous serons de retour; vous vous mettrez au Clavecin; vous exécuterez les deux passages d'*ut* à *ré* bémol, & d'*ut* à *ut* dieze; & votre papa & vous serez bien surpris l'un & l'autre de l'effet différent des mêmes sons *ré* bémol, *fa*, *la* bémol, & *ut* dieze, *mi* dieze, *sol* dieze; & vous pardonnerez aux Musiciens leur opiniâtreté à distinguer le *ré* bémol de l'*ut* dieze. Leur organe est diversement affecté; & le Violon a deux doigters pour ces deux sons. Cependant ce double passage les forcera de convenir que la différence n'est que dans l'illusion de l'oreille préoccupée d'une marche par dieze ou d'une marche par bémol; & de cet aveu vous en conclurez contr'eux que le Clavecin n'est pas un Instrument plus faux qu'un autre, mais que l'accord en est très-difficile.

L'ELEVE.

Je me réjouis de ce que vous me dites-là. Lorsque de prétendus connoisseurs délicats, comme j'en ai trouvé, viendront me dire, dédaigneusement du Clavecin, mauvais Instrument! Instrument faux! J'en serai quitte pour hausser les épaules, sans leur répondre.

LE MAÎTRE.

Vous ferez bien; & mieux encore d'en user de la même maniere avec cette espéce de sourds qui traiteront la Musique, le plus ingénieux & peut-être le plus violent des beaux arts, d'une pure combinaison de sons.

L'ELEVE.

J'aurois été bien surprise, si ce mot m'étoit échappé sans conséquence.

LE MAÎTRE.

Quelle est l'harmonie la plus simple?

L'ELEVE.

Celle du corps sonore.

LE MAÎTRE.

Croiriez-vous qu'il peut résulter d'une succession de différens corps sonores, les effets les plus surprenans?

L E Ç O N S

L'Eleve.

Oui, d'après un exemple.

Le Maître.

Hébien, cet exemple que vous demandez, le voici.

Promenez-vous à travers les modulations, en suivant la marche que je vais vous prescrire. Ne vous arrêtez nulle part. Faites entendre partout le corps sonore ou l'harmonie naturelle. N'employez même que la main droite, si cela vous convient. Assujettissez-vous seulement au mouvement que je vous indiquerai, & que le goût vous eût peut-être inspiré.

Asseyez-vous en idée à votre Clavecin, & tâchez de me suivre d'oreille, si vous le pouvez.

Du corps sonore *ut*, frappé deux fois Andante;

Passez au majeur de *fa*;

Revenez en *ut*;

Allez au majeur de *sol*;

Revenez en *ut*.

Allez au mineur de *la*; au mineur de *mi*; du même mouvement, & le corps sonore toujours frappé deux fois.

Du mineur de *mi*, allez au majeur de *si*, où vous vous arrêterez un peu, frappant *si*, *ré* dieze, *fa* dieze, une seule fois.

D'un mouvement moins décidé, passez en mineur de *sol* dieze; en *sol* dieze ou *la* bémol majeur; en mineur de *fa*; en majeur de *fa* & en *ut*, où vous vous arrêterez, n'ayant frappé les quatre derniers corps sonores qu'une seule fois, & du mouvement indiqué.

Ici, précipitez un peu vos pas; allez de quinte en quinte par les majeurs jusqu'à *fa* dieze inclusivement. Là, vous vous arrêterez encore; vous n'aurez frappé qu'une seule fois chaque corps sonore, mais assez vîte & ferme.

Continuez cette marche de quinte en quinte, reprenant le majeur de *fa* dieze, faisant succéder le mineur à chaque majeur, & appuyant toujours un peu sur le mineur.

Arrivée en majeur d'*ut*, mais fatiguée, mais surprise; refrappez trois fois le corps sonore lentement, & changeant à chaque fois de position vers l'aigu; car la marche précédente vous aura conduite au bas du clavier.

Traversez ensuite triftement & plaintivement les modulations mineures par quarte, en partant du mineur d'*ut*, & frappant lentement trois fois chaque corps fonore.

Parvenue en mineur de *ré* bémol, rompez cette marche langoureufe, portez à l'oreille étonnée deux fois le corps fonore en majeur de *ré* bémol; hâtez la premiere intonation; reftez un peu fur la feconde.; puis gliffez doucement en mineur de *fa*, d'où vous rentrerez en *ut*......
M'avez-vous entendu?

L'Eleve.

Je le crois.

Le Maître.

Ai-je employé autre chofe que les refforts les plus fimples de la magie muficale?

L'Eleve.

Non.

Le Maître.

Cependant, fi vous avez un peu d'imagination; fi vous fentez; fi les fons captivent votre ame; fi vous êtes née avec des entrailles mobiles; fi la nature vous a fignée pour éprouver vous-même & tranfmettre aux autres de l'enthoufiafme, que vous fera-t-il arrivé? De voir un homme qui s'éveille au centre d'un labyrinthe. Le voilà qui cherche de droite & de gauche une iffue; un moment il a cru toucher à la fin de fes erreurs; il s'arrête, il fuit d'un pas incertain & tremblant, la route, perfide peut-être, qui s'ouvre devant lui; le voilà de rechef égaré; il marche, & après quelques tours & quelques retours, l'endroit d'où il eft parti, eft celui où il fe retrouve. Là, il tourne les yeux autour de lui; il apperçoit une route plus droite; il s'y jette; il imagine une place libre au-delà d'une forêt qu'il fe propofe de franchir; il court; il fe repofe; il court encore; il grimpe, il grimpe; il a atteint le fommet d'une colline; il en defcend; il tombe; il fe releve; froiffé de chutes & de rechutes, il va; il arrive, il regarde, & reconnoît le lieu même de fon réveil.

L'inquiétude & la douleur fe font emparées de fon ame; il fe plaint; fa plainte fait retentir les lieux d'alentour; que deviendra-t-il? Il l'ignore; il s'abandonne à fon deftin qui lui promet une iffue & qui le trompe. Apeine a-t'il fait quelques pas qu'il est ramené au premier lieu de son départ.

Le Philosophe.

Et c'est-là ce qui s'appelle enchaîner des sons dont la succession fasse penser ; sçavoir parler à l'ame & à l'oreille, & connoître les sources du chant & de la mélodie dont le vrai type est au fond du cœur; entendez-vous, ma fille? Pénétrez-vous d'une premiere idée ; suivez-la, jusqu'à ce qu'elle en appelle une seconde, celle-ci une troisieme, & tenez pour certain que vos successions, interprêtées diversement par chacun de vos auditeurs, ne seront vuides de sens pour aucun.

Le Maître.

Je ne dis pas que l'image qui s'est offerte à mon esprit, soit la seule qu'on pût attacher à la même succession d'harmonie. Il en est des sons comme des mots abstraits dont la définition se résout en dernier lieu, en une infinité d'exemples différens qui se touchent tous par des points communs. Tel est le privilége & la fécondité de l'expression indéterminée & vague de notre Art que chacun dispose de nos chants selon l'état actuel de son ame ; & c'est ainsi qu'une même cause devient la source d'une infinité de plaisirs ou de peines diverses.

Quelle étonnante variété de sensations momentanées & fugitives n'aurois-je pas excité, si j'avois entrelassé les harmonies dissonnantes aux harmonies consonnantes & mis en œuvre toute la puissance de l'Art ? Demandez à Monsieur votre pere ce qui se passe au-dedans de lui, lorsqu'il est assis, les yeux fermés, à l'extrêmité du Clavecin, & qu'il s'abandonne à la discrétion de l'Artiste sensible qui sçait enchaîner des accords. Le génie musical a sur sa palette des teintes pour tous les phénoménes de la nature & toutes les passions de l'homme ; il sçait peindre & le lever du soleil & la chute du jour ; & la tristesse de la méchanceté, & la sérénité de l'innocence ; mais son trait est si délié, que si l'excellente Musique a peu de compositeurs, elle n'a gueres de vrais auditeurs.

Après vous avoir égarés dans les détours d'un labyrinthe, à l'aide des seules harmonies principales des vingt-quatre modulations ; s'il m'avoit plû d'y appeler le silence avec les ténèbres; le silence & les ténèbres se feroient faits. S'il m'avoit plû de déchirer tout-à-coup ce silence & ces ténèbres

nèbres par des cris; la plainte & les cris redoublés étoient sous ma main. Si je m'étois proposé d'accroître la tristesse de la solitude, par l'horreur de la nuit, d'ouvrir des tombeaux, d'en évoquer les mânes, & de vous effrayer de leur murmure, vous les auriez entendus à vos côtés; vous en auriez frémi, vous vous seriez écriés, ames de mes peres, parlez; ames en peine, que voulez-vous de moi? Puis tout-à-coup, dérangeant un seul de mes doigts, le jour auroit reparu, tous les tristes fantômes se seroient dissipés; & si la fantaisie m'en étoit venue, j'aurois été le maître de leur faire succéder le cortége du plaisir, les ris, les jeux, les amours; la tendresse & la volupté. Quelle foule de tableaux divers s'entassent quelquefois dans un seul récitatif obligé! Le cœur s'émeut, la touche est pressée, & le sentiment est rendu.

Et voilà ce qu'il a plû à Mademoiselle d'appeler une combinaison; c'en est une, sans doute, mais à qui a-t-il été réservé de la faire?

Le Philosophe.

A Hasse & à Pergolese; à Philidor & à Gretry, & à quelques autres qui m'ont appris que le Musicien, sa lyre à la main, pouvoit s'avancer sur la ligne du Puget, de le Sueur, de Voltaire & de Bossuet & dire, & moi aussi, je sçais maîtriser les ames.

L'Eleve.

Mais un défaut assez commun, c'est de dépriser les talens qu'on désespére d'acquérir; j'ai commis cette petite bêtise, & je ne sçaurois m'en repentir; puisque vous en avez pris occasion de relever si bien l'excellence de votre art.

Le Maître.

Les modulations diatoniques connues & leurs enchaînemens démontrés, l'art procede à la recherche de ce qu'on peut obtenir de chacune.

Revenons un moment sur nos pas. On formera des successions de sons ou de la mélodie. On frappera les sons ensemble, & l'on produira de l'harmonie.

§ 9.

Le corps sonore nous offre le modele d'un ensemble.

Il détermine en majeur trois sons correspondans aux trois premiers termes impairs de la game 1, 3, 5, tonique, tierce & quinte.

LEÇONS

On imitera donc la nature si, en majeur d'*ut*, on frappe ensemble *ut*, *mi*, *sol*, *ut*. C'est le corps sonore de la game, l'harmonie principale, la premiere consonnance. Ces sons *ut*, *mi*, *sol*, *ut* sont vraiment naturels.

Le *si*, voisin d'un sémi-ton, du principal son naturel, le heurte chromatiquement, c'est-à-dire du choc le plus fort dans le genre diatonique.

Le *si* est donc la voix la plus énergique, entre celles qui rappellent le corps sonore. Aussi l'a-t'on appellé sensible, sans trop sçavoir pourquoi.

Le *ré* dissonne diatoniquement avec les deux premiers produits naturels du corps sonore, & les sollicite par conséquent l'un & l'autre.

Le *fa* appelle le *mi* & le *sol*.

Le *la* n'appelle que le *sol* & l'appelle diatoniquement.

Le *la* est donc de tous les appels du corps sonore, le plus foible.

Ces appels *si*, *ré*, *fa*, *la*, dissonnent avec les sons naturels ou appellés *ut*, *mi*, *sol*, par leurs approches immédiates ou conjonctions diatoniques ou chromatiques.

Le Philosophe.

Et c'est d'un principe aussi simple que vous déduirez tous les phénomènes?

Le Maître.

Je l'espere... Approchez-vous pour voir les exemples....

Sons dissonnants ou appels des sons naturels.

Les sons naturels ou appellés sont désignés par des blanches.

L'exemple présente deux fois *fa*, *mi*, & *ré*, *ut*.

Le *fa* appelle le *mi* & le *sol*, mais plus fortement le *mi* que le *sol*.

L'Eleve.

Qu'il choque diatoniquement, tandis que son choc avec le *mi* est chromatique.

Le Maître.

C'est cela. Le *ré* appelle le *mi* & l'*ut*; mais l'*ut* de préférence, quoi-

DE CLAVECIN.

que son choc avec l'un & l'autre soit diatonique.

L'Eleve.

Mais son choc avec l'*ut* est avec le son principal donné par la nature.

Le Maitre.

C'est cela.

L'Eleve.

Et c'est aussi la raison, je crois, pour laquelle des deux appels *si*, *ut*, & *fa*, *mi*, le premier est le plus pressant.

Le Maitre.

Assurément. Vous pensez, Monsieur ?

Le Philosophe.

Oui, je pense, que plus un homme aura l'esprit juste & bon, plus cette petite ligne de notes sera démonstrative pour lui. Ce n'est pas là une chose à discuter; c'est une chose à sentir; comme le sont la plûpart des causes secrettes qui exercent un si prodigieux empire dans tous les cas d'un usage journalier. La prépondérance la plus légere détermine à la longue, lorsqu'elle ne cesse point d'agir. Les langues seules m'en fourniroient des exemples sans nombre; & il n'y a pas un seul des beaux arts qui ne les appuyât de quelqu'autorité. Plus un homme aura d'esprit, de lumieres, de goût naturel; plus vous en ferez aisément un prosélyte.

§ 10.

Le Maitre.

Les sons naturels *ut*, *mi*, *sol*, sont toujours le terme du repos. Lorsque le corps sonore s'est emparé de nos oreilles, les autres sons ou les appels *si*, *ré*, *fa*, *la* nous fatiguent & font souhaiter le retour de la nature.

La mélodie & l'harmonie ne nous offrent sans cesse qu'un enchaînement d'écarts plus ou moins longs, qu'une suite de petits chocs plus ou moins durs, qu'une répétition d'appels plus ou moins énergiques à la nature que nous regrettons tout en la quittant, & que nous ne quittons que pour la retrouver avec plus de plaisir. Chantez le premier air qui vous viendra, & consultez votre propre sensation.

Qu'est-ce donc que la Musique ? On s'élevera contre mon opinion; mais l'expérience se réunira avec moi pour la définir, l'art de choquer les sons naturels pour en rendre le retour plus agréable. Qu'on s'écarte de cette regle dans la pratique; plus de mélodie, plus d'harmonie.

L'Eleve.

Et voila pourquoi il y a des phrases trop longues en Musique.

Le Philosophe.

Et d'autres phrases qui ont tous les défauts du style.

Voilà une définition aussi singuliere que neuve. J'en ai d'abord admis la vérité, & j'en pressens à présent la fécondité.

§ II.

Le Maître.

Mais toute dissonnance, tout choc, tout appel n'est pas de l'objet de la musique; puisque tout appel, tout choc, toute dissonnance ou ne sollicite point, ou ne rend pas agréable le retour du corps sonore.

L'Eleve.

Comme une douleur qui ôteroit la connoissance, ne laissant plus de comparaison entre le mal-aise & le bien-être,.. mais je vous interromps.

Le Maître.

Interrompez-moi toujours de même.... Si l'on faisoit entendre à la fois le corps sonore, ses harmoniques, avec les quatre sons dissonnans, qu'en résulteroit-il ? Une multitude de chocs, une dissonnance extrême qui détruiroit tout rapport avec le corps sonore.

Le Philosophe.

Il en seroit de ce mêlange, comme de celui de tous les rayons qui ne donne plus de couleur.

Le Maître.

Cela est juste. Il en résulte du blanc ou de la lumiere qui éclaire tout & ne colore rien. Si l'harmonie naturelle *ut*, *mi*, *sol*, me présente, ensemble & sans confusion, les sons *ut*, *mi*, *sol*; *mi*, *sol* dieze, *si*; *sol*, *si*, *ré*, les dissonnans sont trop aigus & trop foibles pour blesser l'oreille.

§ 12.

On peut s'écarter de l'harmonie naturelle, choquer, altérer la résonnance du corps sonore de plusieurs manieres.

On dissonne avec lui, on appelle son retour en frappant un, deux, trois ou même quatre sons dissonnans.

L'Eleve.

Allez doucement, Monsieur; ceci demande de l'attention.

Le Maître.

Pour laisser du rapport entre les dissonnances & le corps sonore, entre les appels & les appellés, vous pensez, sans doute, qu'il seroit bien de conserver toujours un ou deux sons naturels. Cela n'est pourtant pas nécessaire, & c'est de cette expérience que je déduirai les distinctions qui vont suivre.

§ 13.

Je nommerai premieres dissonnances, celles où un, deux sons du corps sonore conservés, sont entendus avec les dissonnances employées.

Si, par le plus petit choc, par l'écart le plus léger de la nature, on supprime un seul son du corps sonore, & qu'on lui substitue le son dissonnant qui le rappelle, on pratiquera la plus foible des dissonnances.

Ainsi, supprimez la quinte *sol*; substituez-lui la sixte *la* ou la quarte *fa* qui la rappelle toutes deux.

Supprimez la tierce *mi*, & substituez-lui les dissonnans *fa* ou *ré*.

Supprimez la tonique *ut*, & substituez-lui des appels ou voix les plus énergiques *si* ou *ré*.

Et vous aurez, ainsi qu'il est indiqué dans l'Exemple qui suit, différens écarts du corps sonore, avec le retour de ce corps après chaque appel.

§ 14.

Parmi les harmonies diffonnantes, il y en a qui font diffonnantes en elles-mêmes, & diffonnantes avec le corps fonore, telles que *ut*, *fa*, *fol*.

Il y en a qui font confonnantes en elles-mêmes, & diffonnantes avec le corps fonore, telles que *ut*, *mi*, *la*.

Une harmonie eſt donc confonnante en elle-même, lorſque tous les fons qui la forment font disjoints.

Une harmonie eſt donc diffonnante, lorſqu'entre les fons qui la forment il y en a de conjoints.

Le *fi* & le *ré* font diffonnans avec le fon naturel *ut*, parce qu'ils lui font contigus ou conjoints, l'un chromatiquement, l'autre diatoniquement.

§ 15.

Parmi les harmonies diffonnantes, il y en a de régulieres, telles que *ut*, *mi*, *la*, & *fi*, *mi*, *fol*; & il y en a d'irrégulieres.

Ces deux font régulieres, parce qu'elles peuvent fe réduire à l'ordre naturel 1, 3, 5; car *ut*, *mi*, *la* eſt la même chofe que *la*, *ut*, *mi*, & *fi*, *mi*, *fol*, la même chofe que *mi*, *fol*, *fi*; 1, 3, 5.

Pour diſtinguer ces deux eſpeces d'harmonies, je nommerai la premiere, harmonie confonnante de la fixieme note de la game, regardant le fon *la* comme le principal de la confonnance; & la feconde, *mi*, *fol*, *fi*, harmonie confonnante de la tierce.

La force de ces deux harmonies n'a pas l'énergie de la confonnance du corps fonore *ut*, *mi*, *fol*, quoiqu'elles fuivent l'ordre 1, 3, 5.

L'Organe & la Raiſon conviennent fur ce point. L'Organe, il n'eſt perſonne qui ne le fente. La Raiſon, c'eſt que la premiere tierce du corps fonore en *ut* eſt majeure & telle que la nature nous en a préoccupés depuis que nous fommes nés; au lieu que la premiere tierce des deux autres fons *la* & *mi*, eſt mineure.

Ces confonnances ne font donc que les écarts les plus foibles de la loi de nature ; elles n'en follicitent pas moins le retour du corps fonore, mais elles ne le follicitent que comme le repos le plus parfait, qu'elles ne font, pour ainfi dire, qu'empêcher & fufpendre par un choc léger.

L'Eleve.

Avec la permiffion de Monfieur ; je ferois tentée de dériver de la confonnance *ut*, *mi*, *la*, ou *la*, *ut*, *mi*, de ce choc fi léger, l'origine fi inutilement cherchée du mode mineur & de la confonnance *fi*, *mi*, *fol*, ou *mi*, *fol*, *fi*, l'origine du mode mixte fi dédaigneufement accueilli.

§ 16.

Le Maître.

Je pafferai fous filence les harmonies diffonnantes irrégulieres de cette premiere claffe, pour m'occuper des harmonies produites par la fuppreffion de deux fons du corps fonore, & la fubftitution de deux diffonnans qui les rappellent.

En confervant la tonique du corps fonore *ut*, & fupprimant les deux harmoniques *mi* & *fol*, auxquels je fubftitue les deux appels *fa* & *la*; j'ai *ut*, *fa*, *la*, ou *fa*, *la*, *ut*, harmonie confonnante prefque de la force de celle du corps fonore, que je nommerai harmonie confonnante ou fimplement confonnance de la quarte. Elle appelle le corps fonore qu'elle choque dans fa tierce & dans fa quinte.

En confervant la dominante *fol* du corps fonore en *ut*, & fubftituant à la tonique *ut* & à l'harmonique *mi* que je fupprime, les fons diffonnans *fi*, *ré*; je produis une nouvelle harmonie confonnante *fi*, *ré*, *fol* ou *fol*, *fi*, *ré*, que je nomme harmonie confonnante de la quinte, appel du corps fonore plus énergique qu'aucun de précédens, par le *fi* & le *ré*, les voix les plus urgentes qu'on puiffe employer.

Vous voyez ces deux harmonies notées, & chaque appel fuivi des fons du corps fonore appellés.

Si l'on joint à ces deux harmonies ou appels, l'harmonie de la fixiéme note, *la*, *ut*, *mi*, on formera une phrase harmonique où le corps sonore est appellé par trois voix harmoniques, qui croîtront en énergie selon une proportion naturelle.

Exemple du corps sonore appellé par trois voix consonnantes.

En conservant le son principal du corps sonore, la tonique *ut*, on pourroit encore substituer à ses deux harmoniques supprimés, *mi* & *sol*, les dissonnans, appels ou chocs *ré* & *fa*.

Les mêmes appels ou chocs *ré* & *fa* pourroient aussi remplacer les chocs ou appels *si* & *ré*, substitués à *ut* & *mi* dans la formation de l'harmonie consonnante de la quinte ; ce que j'ai pratiqué dans l'exemple qui suit.

Mais ces dernieres harmonies sont encore du nombre de celles que j'ai appellées irrégulieres & qui dissonnent en elles mêmes ; & je n'en parlerai qu'après avoir parcouru les harmonies régulieres, celles dont les sons peuvent s'ordonner suivant les nombres 1, 3, 5.

L'ELEVE.

Avec la permission de Monsieur ; ne pourroit-on pas aussi conserver la tierce *mi* du corps sonore *ut*...

LE PHILOSOPHE.

Oui ; mais il vaudroit mieux se taire & tenir la parole qu'on a donnée.

LE MAÎTRE.

Si l'on substituoit, comme vous le proposez, aux harmoniques *ut* & *sol*, des dissonnans ; sçavez-vous ce qui en arriveroit ?

L'ELEVE.

Puisque vous interrogez, il est honnête de vous répondre. Le *mi* qui resteroit étant le plus foible des harmoniques du corps sonore, les harmonies qui en résulteroient.....

DE CLAVECIN.
LE MAÎTRE.

Ou trop vagues, ou trop diffonnantes n'auroient plus avec le corps fonore affez de rapport pour le rappeller. Ce que je vais vous prouver par un exemple de ces deux harmonies bizarres. Chantons-les enfemble; confultons l'organe & jugeons.

LE PHILOSOPHE.
Elles me déplaifent.
L'ELEVE.
Et à moi auffi.
LE MAÎTRE.

Abandonnons-les donc pour aller aux harmonies réfultantes de la fubftitution de trois fons diffonnants à deux des fons naturels fupprimés.

§ 17.

En confervant la tonique *ut* je fubftitue aux harmoniques *mi* & *fol*, que je fupprime, les trois fons diffonnans, ou les appels les plus foibles, *ré*, *fa* & *la*.

En confervant la quinte *fol*, je fubftitue aux fons naturels *ut* & *mi*, que je fupprime, les trois fons diffonnans, ou les appels les plus forts, *fi*, *ré*, *fa*.

Et je nomme la premiere combinaifon, diffonnance de la feconde note de la game; & la feconde, diffonnance de la dominante.

Ces deux harmonies appellent le corps fonore ou le repos, en ce qu'elles le choquent & qu'en même-tems elles diffonnent en elles-mêmes par les conjoints qu'elles renferment. Les deux fons conjoints de la premiere font *ut*, *ré*, ou *ré*, *ut*. Les deux fons conjoints de la feconde font *fol*, *fa*, ou *fa*, *fol*.

Voilà la raifon qui me les fait nommer diffonnantes.

Je regarde l'une comme diffonnance de la feconde note, & l'autre comme diffonnance de la cinquiéme ou dominante. Car fi l'on ordonne la premiere par la feconde note de la game, *ré*, on aura *ré*, *fa*, *la*, *ut*; & fi l'on ordonne la feconde par la cinquiéme note de la game, *fol*, on aura *fol*, *fi*, *ré*, *fa*, ou 1, 3, 5, 7, autre ordre naturel indiqué par les appels *fi*, *ré*, *fa*, *la*.

J'ai noté ci-deffous ces deux harmonies diffonnantes, & montré chaque appel fuivi du retour du corps fonore appellé.

Si l'on vouloit faire défirer le retour du corps fonore, un peu davantage, on n'auroit qu'à le différer, en interpofant le double appel des deux diffonnances; comme vous le voyez.

On peut employer ces deux diffonnances, chacune, fuivant fes quatre pofitions; la premiere, par exemple, fuivant les pofitions *ré*, *fa*, *la*, *ut*; *fa*, *la*, *ut*, *re*; *la*, *ut*, *ré*, *fa*; *ut*, *ré*, *fa*, *la*; pourvû qu'on faffe paroître enfuite le corps fonore & fes harmoniques où ils font appellés.

Les quatre pofitions de ces harmonies diffonnantes rendent le retour du corps fonore également agréable; & la raifon en eft, peut-être, qu'un des fons conjoints de l'harmonie diffonnante lui eft commun avec le corps fonore.

Si j'ai rejetté les harmonies où il ne refte que la tierce du corps fonore affociée à deux fons fubftitués à la tonique & à la quinte; ce n'eft pas pour admettre les harmonies où il ne refteroit que cette même tierce affociée à trois diffonans. On éprouve en effet qu'elles égarent fi bien l'organe, qu'il ne défire aucunement le retour du corps fonore. Elles perdent la fonction importante, la fonction d'appel.

L'ELEVE.

Combien cette théorie eft délicate & épineufe!

LE PHILOSOPHE.

Celle des autres beaux arts l'eft-elle moins? Les principes & les effets de l'harmonie dans le style sont-ils moins déliés?

§ 18.

Le Maître.

Une troisiéme classe de dissonnances est celle où l'on s'écarte entiérement du corps sonore, ne conservant ni le son principal, ni ses harmoniques. Tout est supprimé ; tout est remplacé par des appels ou sons dissonnans. Il y en a quatre.

De ces quatre appels ou sons dissonnans frappés ensemble, il résulte une harmonie dans l'ordre 1, 3, 5, 7, une grande dissonnance, l'harmonie dissonnante de la sensible, *si, ré, fa, la*, l'appel le plus énergique du corps sonore, *ut, mi, sol*, sur lequel il se repose avec un agrément particulier.

Ces appels, cette harmonie dissonnante ne souffre point d'autre position que la naturelle & directe *si, ré, fa, la* ; 1, 3, 5, 7.

Et le corps sonore de son côté, ne peut lui succéder que dans l'ordre naturel & direct du son principal & de ses harmoniques, *ut, mi, sol*; 1, 3, 5.

L'Eleve.

Avec la permission de Monsieur ; la raison de cet étrange phénomène ?

Le Philosophe.

C'est peut-être qu'il ne reste aucun son commun au corps sonore & à la dissonnance, & qu'il faut aller au repos le plus simplement qu'il est possible, & le présenter avec ses harmoniques, comme nature les a ordonnés.

La sensible sera donc au grave, & la sixte où le son le moins dissonnant à l'aigu.

Le Maître.

Mais avant que d'entamer le détail des autres dissonnances, résultantes de la combinaison des appels ou autres sons dissonnans ; il faut que j'expose l'usage de celle-ci... Hé bien, Mademoiselle, vous êtes sur le gril ? Qu'avez-vous à dire ? Parlez.

L'Eleve.

Après avoir rejetté comme vagues, comme trop diffonnantes, comme égarant l'oreille, des harmonies ou combinaifons de fons diffonnans, où il s'en trouveroit trois ou feulement deux d'affociés avec la tierce du corps fonore qu'on auroit dépouillé des deux autres fons naturels; vous admettez ici, & même avec complaifance, une harmonie compofée de quatre fons diffonnans, entre lefquels pas un des fons naturels du corps fonore; & la raifon de cette différence, s'il vous plaît?

Le Maître.

Premierement, c'eft que le juge fuprême, l'organe dont il n'y a point d'appel, le prononce ainfi.

L'Eleve.

Ce que je demande, c'eft la raifon de fon indulgence aufli bizarre que fon dédain.

Le Philosophe.

C'eft qu'apparemment ce fon naturel du corps fonore, eft trop foible pour le repréfenter, & affez fort pour caufer de la confufion. Dans cette grande diffonnance de la fenfible, fuivie du corps fonore avec tous fes harmoniques, on offre d'abord à mon oreille tous les diffonnans de la game, purs & fans mêlange; puis le corps fonore avec fon cortége, & les uns & les autres dans leur pofition naturelle; la game partagée rigoureufement en deux portions; d'un côté ce que la nature a produit; de l'autre ce que l'art a imaginé pour la faire valoir & défirer; pas la moindre diftraction, ni là, ni ici.

§ 19.

Le Maître.

On peut à difcrétion employer à la baffe les trois fons du corps fonore; & de ce triple emploi, il réfultera trois rapports, & trois accords.

L'emploi du fon principal, 1, à la baffe, outre l'uniffon, donnera l'accord 3, 5, ou l'accord parfait.

L'emploi du fecond fon, 3, ou de la tierce, à la baffe, donnera l'accord 3, 6, 8, ou l'accord de tierce & fixte.

L'emploi du troisiéme son ou de la quinte *sol*, donnera l'accord 4, 6, 8, ou l'accord de sixte & quarte.

Les autres harmonies consonnantes qui appellent le corps sonore par leurs sons dissonnans avec les siens, produisent les mêmes accords, par le même emploi de leurs sons à la basse.

L'harmonie qui appelle contraint le retour du corps sonore. La basse qu'on donne à cette harmonie détermine la basse de l'accord appellé, & la forme sous laquelle les sons du corps sonore doivent se présenter.

EXEMPLE. Si je donne à l'harmonie consonnante de la sixiéme note, *la*, *ut*, *mi*, pour basse la sixiéme *la*, il faut que je donne aux sons du corps sonore appellé, la forme *sol*, *ut*, *mi*, ou la troisiéme note est à la basse. Car le son *la* dissonnant avec la quinte *sol*, appelle ce dernier son, & n'en appelle pas un autre.

L'ordre ou la forme sous laquelle les sons du corps sonore doivent paroître, quand ils sont appellés, est déterminée par la forme des appels.

Ai-je appellé le corps sonore par l'harmonie consonnante de la sixte *la*, *ut*, *mi*, employée suivant sa seconde position, ou sous la forme *ut*, *mi*, *la* ? il faut que j'employe les sons du corps sonore sous la forme & sous la seule forme *ut*, *mi*, *sol*.

Si après avoir employé les sons du corps sonore sous la forme *mi*, *sol*, *ut*, je quitte la modulation d'*ut*, pour passer à celle de sa quinte *sol*, je suis forcé d'employer les sons *sol*, *si*, *ré*, de ce nouveau corps sonore sous la forme de *ré*, *sol*, *si*. Toute autre position feroit mal ; car les sons du corps sonore *ut*, *mi*, *sol*, que j'enleve à la modulation d'*ut*, & que j'attribue à la modulation de *sol*, sous la forme de *mi*, *sol*, *ut*, harmonie de la quatriéme note de la game *sol* où je me suppose, déterminent, en qualité d'appels, la forme des sons appellés. Le *mi* & l'*ut* sont devenus sixiéme & quatriéme notes de la game de *sol* & sollicitent l'un la quinte *ré* & l'autre la tierce *si*. Il faut donc écrire...

L'ELEVE.

Que cela est beau & général ! Je ne sçais jusqu'où ne meneroit pas ce petit nombre de lignes bien méditées.

LEÇONS
LE MAÎTRE.

Il faut donc écrire :

—Voici un exemple de la préférence de la baſſe du corps ſonore déterminée par la baſſe de l'harmonie diſſonnante des appels.

Ecoutez-moi bien. Les Muſiciens qui ſe preſſeront de prononcer avant que de m'avoir compris, crieront à l'héréſie, au blaſphême ; mais il n'en eſt pas moins vrai que ce n'eſt ni le goût, ni le génie qui fixent de préférence le ſon de la baſſe & la poſition des harmonies ; c'eſt l'ordre & la nature des ſons qui font appels ; & comme ce qui étoit appellé devient d'un tems à un autre, appel, & que ce qui étoit appel devient au même inſtant, appellé, il s'enſuit une chaîne ininterrompue, néceſſaire, qui pourroit être infinie, ſans que rien pût la briſer, qu'au mépris des regles éternelles de l'art. La ſixieme note appelle & force le retour de la cinquieme ; la ſeptieme note appelle & force le retour de la huitieme. On n'a pas même le choix d'un uniſſon de cette huitieme note.

L'ELEVE.

Quel rigoriſme ! Voilà un Janſéniſme muſical que vous n'aviez pas en m'enſeignant le catéchiſme.

LE MAÎTRE.

On ne révele pas toute l'auſtérité de la doctrine aux Néophites. Cela les effaroucheroit & retarderoit leur initiation. A quelques termes près, c'étoit cependant le même fonds. Je vous diſois, obſervez les poſitions ; & je vous dis à préſent, ſoumettez-vous à la loi des appels.

DE CLAVECIN.

§ 20.

L'harmonie de la quinte ou dominante, diffonnant avec celle du corps fonore en eft par conféquent un appel. Cependant on en peut faire un repos.

L'harmonie diffonnante de la feconde note de l'octave *ré*, *fa*, *la*, *ut*, diffonnant avec celle du corps fonore *ut*, *mi*, *fol*, en eft par conféquent un appel. Cependant elle peut inviter au repos de la quinte ou dominante. Car fi *ré*, *fa*, *la*, appelle *ut*, *mi*, *fol*; *fa*, *la*, *ut*, appelle également *fol*, *fi*, *ré*.

Pareillement l'harmonie confonnante de la tierce *mi*, *fol*, *fi*, follicite le repos de la dominante par le *mi*, & le retour du corps fonore par le *fi*. Son appel à la dominante eft même plus agréable & plus ufité.

On peut donner pour baffe à la diffonnance de la feconde les quatre fons qui la compofent. On a donc ici quatre rapports différens, & quatre accords dont les noms vous font connus.

L'harmonie diffonnante de la dominante admet pour baffe, outre les fons qui la compofent, les fons mêmes du corps fonore qui fauvent par anticipation les diffonnances de cet appel, & forment des rapports & des accords qui vous font connus.

L'ELEVE.

Permettez-vous ?

LE MAÎTRE, (*faifant un figne de tête.*).

L'ELEVE.

Vous permettez à la façon de Jupiter... & voilà la tierce majeure, même mineure, cette tierce qui fourvoye, qui brouille, qui égare, introduite parmi les fons diffonnans de l'harmonie de la dominante; & s'il me prenoit envie d'omettre dans l'harmonie le *fol* & le *fi*; il me refteroit *mi*, *ré*, *fa*, précifément une de celles que vous avez profcrites dans un de vos précédens paragraphes.

LE MAÎTRE.

Et qui eft-ce qui vous a dit que vous puiffiez bannir fans conféquence, les fons que vous fupprimez de cet accord ? Mais c'eft à

LEÇONS

Monsieur votre pere à répondre à cette difficulté qui attaque les raisons qu'il vous a données du vice des harmonies où l'on ne conserve que la tierce du corps sonore.

LE PHILOSOPHE.

Dites, une des raisons.

LE MAÎTRE.

Et ajoutez que ceci est moins un traité de l'Art, qu'un sommaire des chapitres à remplir.

La grande dissonnance ne fait bien que sa premiere note, la sensible, à la basse. L'accord qui en résulte....

L'ELEVE.

Est tierce, fausse quinte & septiéme, ou simplement fausse quinte & septiéme.

LE MAÎTRE.

Et voilà l'abus des permissions légérement accordées.

§ 21.

Quoique chacune de ces harmonies appelle le corps sonore & fasse desirer son retour, & par des sons qui dissonnent en elles mêmes, & par des sons qui dissonnent avec les sons naturels du corps sonore, cela n'empêche point que ce corps avant de se montrer, ne se fasse solliciter par plusieurs voix successives.

Voici deux exemples où il ne céde qu'à la quatrieme ou cinquiéme sommation.

J'estime l'énergie des appels du corps sonore, selon l'ordre qui suit, à une exception près.

Premier appel du corps sonore, le plus foible, harmonie de la sixte.
Second appel du corps sonore, harmonie de la quarte.
Troisiéme appel du corps sonore, harmonie consonnante de la quinte.
Quatrieme appel du corps sonore, harmonie dissonnante de la seconde.

DE CLAVECIN.

Cinquieme appel du corps sonore, harmonie dissonnante de la dominante.

Sixieme appel du corps sonore, la grande dissonnance.

De ces appels le troisieme est plus fort que le quatriéme, quoiqu'il ne renferme que deux sons dissonnans, & qu'il y en ait trois dans le quatrieme. Mais ces deux voix du troisieme appel sont plus pressantes que les trois voix du quatrieme. Souvent aussi ou je concluerois après ce troisieme appel ou je suspendrois, en lui substituant le premier appel, celui de la sixte, l'écart le plus léger de la nature, & le moins dissonnant possible avec le corps sonore. Aussi pour mieux indiquer la suspension, dans la derniere phrase, où j'appelle cinq fois le corps sonore, j'ai fait une pause après ce premier appel qui est le troisiéme dans la phrase.

LE PHILOSOPHE.

Plus vous avancez, plus vos principes se fortifient. Ou je me trompe fort, ou je vois éclore les vrais germes du goût en musique.

LE MAÎTRE.

Je regarde l'harmonie de la tierce, comme le premier appel au repos de la quinte. Je laisse en arriere les difficultés qu'on pourroit me proposer, & je jette en passant des vérités dont je donnerois la démonstration dans des élémens complets.

Je regarde l'harmonie dissonnante de la seconde, dans son second emploi, comme seconde route vers le repos de la quinte.

§ 22.

Il est naturel de faire entendre au commencement d'une mesure le corps sonore appellé. Ce seroit presqu'un contre-sens que de placer le repos ailleurs.

J'ai peut-être un peu négligé cette régle dans les leçons de pratique que je vous ai données; mais alors il n'étoit pas question de ponctuation.

L'ELEVE.

De la ponctuation, en musique! J'aime cette expression, & je ne sçautois vous dire combien j'en sens la justesse. Je ne commence à bien jouer que quand j'ai saisi les membres de la phrase musicale; & j'ai toute la peine du monde à lire & entendre ceux qui ponctuent mal.

LE MAÎTRE.

Et il y en a beaucoup qui tombent dans ce défaut, sans s'en douter.

L'ELEVE.

Et beaucoup plus qui l'évitent, par instinct.

LE MAÎTRE.

Les appels ne sont pas tous également pénibles & urgens. Ils renferment plus ou moins de dissonnances. Les sons dissonnans se heurtent plus ou moins durement entr'eux, ou choquent plus ou moins fortement les sons du corps sonore, selon que les intervalles de leurs sons passent diatoniquement ou chromatiquement à ceux du corps sonore. Le corps sonore même prendra plus ou moins de tems, selon qu'il aura été plus ou moins laborieusement sollicité.

Les exemples qui suivent éclairciront ma pensée.

Après un peu de fatigue, un soupir vers le repos, je me repose sur la dominante. Là je reprends haleine; & pour mieux goûter le repos final, je m'y traîne par trois dissonnances consécutives. La basse du dernier accord ou appel, étant un son naturel qui n'appelle rien, me laisse la liberté de choisir au corps sonore une basse, & je donne la préférence à la tonique, pour finir avec l'accord parfait.

Voici un autre modele de ponctuation, où les appels sont ordonnés relativement à leurs énergies. Je me suis contenté d'indiquer les harmonies par les chiffres.

DE CLAVECIN.

Dans cet exemple, le corps sonore, docile à la voix, répond à chaque appel particulier. Il y est précédé de deux, de trois, de quatre, de cinq appels.

L'harmonie de la tierce & la diffonnance de la feconde note y font bien leur devoir d'acheminer vers le repos de la dominante.

Plufieurs fois, je laiffe le corps sonore, pour m'arrêter sur cette dominante. Il est vrai que ce corps sonore, confidéré relativement à la confonnance de la quinte, forme lui-même un appel.

LE PHILOSOPHE.

Mademoifelle, voilà un exemple court à la vérité, mais qui bien médité vous apprendra ce que c'est que la pureté du ftyle & du goût.

LE MAÎTRE.

Et vous indiquera la fource d'où font découlées les différentes fortes de mefures.

La phrafe harmonique formée d'un double ou quintuple appel confecutif peut être confidérée comme la fource ou le modele de la mefure à deux tems.

LEÇONS

La phrafe harmonique de quatre appels confécutifs, comme la fource ou le modele de la mefure à quatre tems.

Les fimples appels fuivis du corps fonore, comme la fource ou le modele de la mefure à trois tems.

La phrafe harmonique de trois appels confécutifs, comme la fource ou le modele des piéces qui commencent par une portion de mefure en levant.

LE PHILOSOPHE.

Et c'eft de-là qu'il faut déduire l'explication d'un phénomene dont j'ai fouvent & inutilement demandé la raifon, de la mefure battue à tems vrai ou à tems faux; je difois, qu'importe que la main foit en l'air, ou foit baiffée, pourvû que la durée de chaque mefure & de chaque portion de mefure foit rigoureufe. L'inftinct, la raifon, l'organe demandoient le repos & l'aplomb de la main, au moment même du repos de l'organe.

L'ELEVE.

La main fe baiffe en mufique, comme l'intonation tombe en éloquence, au point, à la fin de la phrafe.

LE MAÎTRE.

Le petit exemple de trois appels fuivis du corps fonore, marque l'origine des paufes.

Car des appels d'énergies différentes, une fois défignés par des notes de diverfes durées, il a fallu des paufes pour conferver à chaque appel fon véritable caractére, & completter la mefure; & ces paufes ont été d'autant plus néceffaires qu'on fe fentoit porté naturellement à faire entendre le corps fonore au commencement de la mefure.

Si cet exemple montre l'obfervation de cette loi de nature; il en montre auffi l'infraction adroite, lorfque le corps fonore devenant lui-même un appel, prolonge la phrafe, trompe l'attente, conduit au repos de la quinte, & lie la derniere partie de la mefure avec la fuivante.

LE PHILOSOPHE.

Et les fyncopes?

LE MAÎTRE.

Et tant d'autres phénomenes que j'omets?

Le Philosophe.

Combien la force aveugle de nature a inspiré de choses aux hommes de génie !

Le Maître.

En musique & dans tous les beaux arts, les grands ouvrages ont été faits; ensuite sont venus les critiques dont toute la science s'est réduite à prouver que les hommes de génie s'étoient conformés, sans s'en douter, à l'inspiration de nature.

Le Philosophe.

Delà l'imbécilité des critiques qui ne connoissant pas la variété infinie de cette inspiration, ont restraint les arts, par des régles fondées sur un petit nombre d'exemples.

Le Maître.

On peut transporter l'exemple précédent en mineur, observant que l'harmonie, tant dissonnante que consonnante de la quinte, varie par la licence & l'introduction de la sensible. Quelle qu'en soit la raison, il est sûr que l'organe ne s'accommode point des huit sons consécutifs & non altérés de l'octave mineure.

Le Philosophe.

C'est un phénomene dont la raison est cachée dans la conformation de l'organe de la voix qui a appris ensuite à l'oreille à rejetter ce qui la peinoit.

§ 23.

Le Maître.

La grande dissonnance, outre qu'elle appelle le corps sonore, peut encore être regardée comme harmonie dissonnante de la seconde, en mineur de *la*, relatif d'*ut*. Par cette méthamorphose, elle appellera le corps sonore en *ut*, celui du mineur de *la*, son relatif, le repos de sa quinte, avec & sans la licence comme vous voyez.

LEÇONS

La grande diſſonnance de chaque modulation ſollicite donc à la fois & le corps ſonore, & le repos principal du mineur relatif, & les deux repos de la dominante dans le même mineur.

J'aimerois mieux nommer la principale conſonnance en mineur, principal repos, que corps ſonore en mineur.

L'Eleve.

Premiérement, parce que c'eſt parler peu correctement, puiſqu'il n'y a point de corps ſonore en mineur.

Le Maître.

Celui dont il s'agit ici n'eſt autre choſe que le premier appel au majeur relatif.

La grande diſſonnance en mineur admettant par licence, la ſenſible au lieu de la ſeptieme, s'étend bien davantage.

Ses quatre ſons n'ayant entr'eux ni conjonction chromatique, ni conjonction diatonique, elle peut ſe pratiquer ſelon toutes ſes poſitions. Pas un de ſes ſons qui ne faſſe bien à la baſſe. Elle fournit donc quatre rapports & par conſéquent quatre accords qui vous ſont familiers; car cette grande diſſonnance en mineur, n'eſt autre choſe que ce que nous avons appellé harmonie d'emprunt.

L'Eleve.

C'eſt ſans doute ici que vous allez vous acquitter.

Le Maître.

De quelle promeſſe?

L'Eleve.

De me dire quelque choſe de mieux ſur cette harmonie d'emprunt.

Le Maître.

Je m'en ſouviens; & choſe promiſe, choſe due.

Cette grande diſſonnance accompagne encore les ſons du corps ſonore, & les accords des deux premiers vous ſont connus.

Mais par la raiſon qu'elle accompagne la tonique & ſa tierce, par anticipation, & non par ſuppoſition, comme on a dit juſqu'à préſent, elle peut accompagner la dominante avec laquelle elle fait tierce majeure, ſeptieme & neuvieme diminuée; accord loyal, & employé par d'habiles Compoſiteurs.

Mais ce qui ajoûte singuliérement à la fécondité de cette harmonie, c'est la propriété de ses quatre sons d'être en même tems les quatre dissonnans de quatre modulations différentes dont elle appelle indistinctement le corps sonore.

En mineur d'*ut*, par exemple, cette grande dissonnance est *si*, *ré*, *fa*, *la* bémol.

Mais en mineur de *mi* bémol, la grande dissonnance est *ré*, *fa*, *la* bémol, *ut* bémol.

En mineur de *fa* dieze, la grande dissonnance est *mi* dieze, *sol* dieze, *si*, *ré*.

En mineur de *la*, la grande dissonnance est *sol* dieze, *si*, *ré*, *fa*.

Or, tous ces sons sont les mêmes, sous différens noms.

Donc il est vrai, comme je l'ai dit, qu'elle forme appel à la fois à quatre corps sonores en mineur, si Mademoiselle permet de s'exprimer ainsi.

Donc chacun de ses sons peut devenir sensible ; & cette conséquence désigne clairement les quatre corps sonores invités.

Si l'on observe de plus que ces quatre sons sont séparés par tierces, il sera facile de frapper une grande dissonnance en une modulation quelconque mineure ; puisque ces quatre sons sont les dissonnans de l'octave, la septieme ou sensible par exception, la seconde, la quarte & la sixte, ou les trois premiers sons qui répondent dans l'octave diatonique aux trois premiers nombres pairs avec la sensible.

Voici la grande dissonnance en mineur de *ré*, avec le retour des quatre corps sonores qu'elle appelle en même tems.

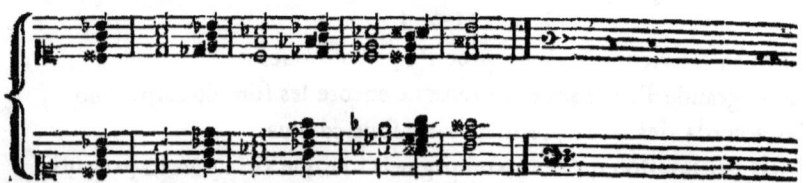

J'en ai fait deux exemples ; un premier pour qu'on vît clairement que les quatre sons qui la forment sont les mêmes.

Un second où j'ai placé ces quatre sons dans leur ordre naturel, afin de faciliter la connoissance de la modulation.

A présent, Monsieur, je vous demanderai quel jugement vous portez de la basse-fondamentale; si vous la croyez bien propre à dévoiler les vraies ressorts de la marche musicale.

L'harmonie dissonnante *sol*, *si*, *ré*, *fa* doit être sauvée par l'harmonie consonnante *ut*, *mi*, *sol*. Et pourquoi cela? pourquoi? C'est que la basse-fondamentale *sol* de la premiere, demande à retourner à la basse-fondamentale *ut* de la seconde? Et pourquoi cela? pourquoi? C'est que la basse-fondamentale *sol* est le produit d'*ut*, & que le produit recherche son générateur. Voilà bien des fondemens, bien des tours, bien des retours. En bonne-foi, Monsieur, est-ce là de la physique? Est-ce là de la théorie, ou un vain étalage de mots?

Mais les accords si fréquemment dispersés dans les compositions musicales où l'on ne trouve que la sensible, la seconde, la quarte & la sixte mineure présentoient bien un autre embarras à la basse-fondamentale & à son inventeur. Que fait un bon Logicien? Que fait un bon Physicien, lorsqu'il rencontre un phénomène qui contredit son hypothèse? Il y renonce. Que fait un Systêmatique? Il force, il tord si bien les faits, que, bon gré, malgré, il les ajuste avec ses idées; & c'est ce qu'a fait Rameau.

Demandez lui pourquoi l'accord *ut*, *mi* bémol, *sol*, sauve tous ces accords; c'est, vous répondra-t-il, que la basse-fondamentale *sol*, de tout accord qui conduit à la consonnance de la tonique, est sous-entendue; c'est que le *la* bémol emprunté a pris sa place & agit sous son nom. Si ce verbiage explique quelque chose, il n'y a plus rien d'obscur, ni en musique, ni en aucune science, ni en aucun art; car où est la question à laquelle on ne puisse imaginer sans effort une réponse équivalente à celle de Rameau. Supposez que le phénomene à expliquer soit l'opposé, & qu'*ut*, *mi* bémol, *sol*, ne puisse plus sauver les accords dont il s'agit; Rameau n'aura d'autre chose à faire qu'a rendre ses réponses négatives, & elles iront tout aussi bien, & même mieux.... Mais, Monsieur, vous ne me dites rien?

DE CLAVECIN.

LE PHILOSOPHE.

Que voulez-vous que je vous dife ? Il y a long-tems que ce vice du
fystême de Rameau m'avoit frappé, moi & beaucoup d'autres. Mais le
moyen de s'élever contre une grande autorité fondée fur de grands ouvrages ? Et puis j'étois enchanté d'une doctrine appuyée fur un phénomene naturel qui préfentoit une bafe folide à un art où l'on n'avoit eu
jufqu'alors d'autres guides que la routine & le génie. Je me ferois repro-
ché la moindre objection contre une méthode qui abrégeoit le tems &
l'étude ; & lorfque je rencontrois quelques détracteurs de la baffe-fon-
damentale, fur-tout Etrangers, Allemands ou Italiens, j'attribuois leur
dédain à jaloufie de métier ; ou je me difois, notre mufique nationale
eft plate, infipide, & le mépris de nos productions a paffé à nos con-
noiffances théoriques.

L'ELEVE.

Comme fi l'on n'avoit pas l'expérience journaliere qu'on peut trouver
de beaux chants & ignorer parfaitement les principes de l'harmonie ; &
connoître à fond ces principes, & ne produire que de mauvais chants.

LE MAÎTRE.

L'Harmonie diffonnante de la feconde en mineur, peut être fortifiée
dans fa pente vers le repos de la dominante.

EXEMPLE. En mineur d'*ut*, au lieu de faire, *ré*, *fa*, *la* bémol *ut* ; *fol*,
fi, *ré* ; écrivez *ré*, *fa* dieze, *la* bémol *ut* ; *fol*, *fi*, *ré* ; & vous aurez un
appel vers la dominante beaucoup plus énergique.

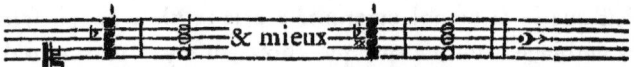

Cette diffonnance en mineur, ainfi fortifiée, fe nomme harmonie
fuperflue, & appelle *fol*, *fi*, *ré* comme repos de la dominante & comme
corps fonore ; comme repos, par *la* bémol, *fol* ; comme corps fonore,
par *fa* dieze, *fol*.

Cette harmonie fuperflue, n'étant plus régulière, ne fait bien qu'a-
vec la fixte mineure pour baffe, & donne une quarte fuperflue, une

sixte superflue, & une tierce majeure ; c'est pourquoi on la nomme sixte superflue.

Si elle est pauvre en accords, sa stérilité est bien réparée par son aptitude à devenir à la fois superflue en deux modulations, faisant un égal appel à deux dominantes distantes l'une de l'autre d'une fausse quinte ou d'un triton.

Les mêmes sons exprimés par *ré*, *fa* dieze, *la* bémol, *ut*, & *sol* dieze, *si* dieze, *ré*, *fa* dieze, sollicitent *sol*, *si*, *ré*, & *ut* dieze, *mi* dieze, *sol* dieze, ou le repos de la dominante en *ut* & en *fa* dieze.

Voyez l'exemple qui suit.

La portée inférieure montre ces harmonies superflues dans leur ordre naturel, & laisse distinguer facilement la modulation & l'ordre des sons de la dissonnance de seconde.

La supérieure montre plus nettement l'identité des sons des deux harmonies superflues.... Que regardez-vous, Mademoiselle ?

L'ELEVE.

Le Soleil qui touche à l'horison.

LE MAÎTRE.

Nous acheverons en même tems notre tâche.

§ 24.

Entiérement écarté de la nature par la suppression totale du corps sonore & de ses harmoniques, on peut, outre la grande dissonnance, former encore d'autres appels, en combinant trois à trois, deux à deux, des sons dissonnans.

En frappant ensemble les trois sons dissonnans les plus foibles, *ré*, *fa*, *la*, on produit l'harmonie confonnante de la feconde note de la game qui appelle auffi le corps fonore & produit comme fes femblables, avec fes trois notes à la baffe, trois accords confonnans, & de plus fur la tonique, un accord de feconde.

Les trois fons diffonnans les plus forts, frappés enfemble, font auffi un appel du corps fonore. L'harmonie n'en eft en elle même ni confonnante ni diffonnante, mais elle peut accompagner les mêmes baffes que l'harmonie diffonnante de la dominante, & on en obtient les mêmes accords.

En combinant les fons diffonnans deux à deux, on engendre quatre autres appels, *fa, la; ré, fa; fi, ré; fi, fa* qui follicitent le retour de deux fons du corps fonore, comme un feul fon diffonnant follicite le retour d'un feul des fons du corps fonore.

Voici un exemple de deux fons naturels diverfement appellés par des fons diffonnans qui fe fuccedent ; car les appels ont lieu dans la mélodie comme dans l'harmonie.

C'eft là le cannevas d'un bout de chant qu'un Muficien Italien broderoit de la maniere fuivante.

Pour lier enfemble les fons principaux, il emploieroit d'autres fons tant diatoniques que chromatiques ; mais il fe garderoit bien de traiter ces fons de paffage, qui fervent de teintes & de nuances entre les diatoniques, comme des fenfibles de nouvelles modulations.

Un Muficien François aimeroit mieux fredonner fur tous les fons tant naturels que diffonnans ; facrifier même le goût, l'expreffion, le mouvement & la mefure, à la cadence, fi par hazard il réuffit à la bien grelotter, & difpofer du précédent cannevas, comme vous voyez.

Il ne feroit pas difficile de s'étendre davantage fur la combinaifon des fons diffonnans, fur les accords qui en émanent, felon les baffes différentes qu'on peut leur donner, fur les appels au corps fonore, & fur fon retour; mais à quoi bon entrer dans des détails que tout Eléve qui réfléchit fuppléera de lui-même ? C'eft affez d'avoir ouvert la voie à l'entrée de laquelle la Nature a tracé ces mots, *Il n'y a que trois fons naturels*, UT, MI, SOL, & le doigt de l'Art a écrit au-deffous, *& quatre fons* SI, RE, FA, LA *qui joignent & choquent les trois fons naturels*, & forment par ces chocs pénibles, la variété des appels au corps fonore & à fes harmoniques ; toute la mélodie, & toute l'harmonie.

Une fcience phyfique ou morale eft bien avancée, lorfque la premiere intonation de nature eft connue. Les autres marches n'en font que des écarts qui par leur gêne & leur diffonnance en preffent plus ou moins le retour, & le ramenent plus utile & plus agréable.

Et c'eft ce qui me reftoit à vous dire, afin que les régles de pratique que je vous ai prefcrites ne continuaffent pas à vous paroître arbitraires.

L'ELEVE.

Et l'on peut à préfent s'expliquer fans vous interrompre.

LE MAÎTRE.

Affurément.

L'ELEVE.

Et ces harmonies qui ne peuvent fe réduire à l'ordre naturel des nombres impairs 1, 3, 5, ou 1, 3, 5, 7 & que par cette confidération vous avez appellées irrégulieres ?

LE MAÎTRE.

Je n'y penfois plus.

L'ELEVE.

Ut, fa, fol eft, fi je ne me trompe, une des premieres que vous nous ayez citées.

LE MAÎTRE.

Je n'ai qu'un mot à vous en dire. C'eft fortes d'appels ne fe fupportent gueres qu'au-deffus de la tonique. J'en dis autant de ces fameux accords de fufpenfion qui femblent comme tombés des nues dans tous les fyftémes de musique, & qui ne sont que des corollaires naturels & simples, du mien.

Mais c'est assez parler musique ; employons le peu d'instans qui nous restent, à gagner de l'appetit par l'exercice.

L'ELEVE.

C'est-à-dire que nous vous aurons à souper.

LE PHILOSOPHE.

J'y comptois

Après quelques tours de promenades, le Philosophe s'adressant à M. Bemetz... lui demanda par quel motif il n'avoit pas ordonné ses leçons de pratique d'après ses principes spéculatifs ? C'est, lui répondit M. Bemetz... avec une franchise qui n'est pas ordinaire, qu'ils n'étoient pas alors suffisamment développés, & que quand ils l'auroient été davantage, peut-être eût-il encore été mieux d'écrire son Traité comme il avoit fait.

LE PHILOSOPHE.

Et la raison ? Il me semble que tout-à-fait neuf, il en eût été plus original & plus piquant.

LE MAÎTRE.

Et peut être moins lû, moins entendu & moins utile. Ce n'est pas en heurtant violemment les préjugés qu'on en vient à bout. Je ne prononce rien sur l'orthodoxie de ces Missionnaires accommodans qui sollicitoient auprès des Idolâtres la permission pour leur Dieu, de partager le piedestal avec le Dieu du pays. Quant à leur politique, je vous jure qu'elle étoit bonne. Peu-à-peu le nouveau venu poussoit son camarade ; peu-à-peu la place du piedestal se rétrécissoit pour celui-ci, jusqu'à ce qu'il ne lui en restât plus, & qu'il fût obligé de tomber à terre. C'est ce que j'ai fait. J'ai tâché de mettre sur le piedestal les chocs & les appels à côté de la basse fondamentale. Le tems, si j'ai raison, fera le reste. Cependant j'en avois assez dit par-ci, par-là, pour que les Infideles fussent préparés à recevoir ma Doctrine, quand il me plairoit de la réveler.

L'ELEVE.

Et c'est ce que vous venez de faire.

LE MAÎTRE.
Bien malgré moi ; cela n'est pas encore mûr.
L'ELEVE.
Il vaut encore mieux cueillir son fruit verd, que de l'abandonner au pillage.
LE MAÎTRE.
Mon jardin étoit ouvert à tant de monde, que j'ai craint que cela ne m'arrivât.
LE PHILOSOPHE.
Le contenu de ces trois petits cahiers que vous venez de nous lire, étendu à toutes les conséquences qu'on en pourroit tirer, fournira, quand vous en aurez le tems, un Traité complet qui laissera bien peu d'arbitraire dans l'Art musical. Il seroit si facile & si clair qu'à l'aide d'un bon guide, & de sept à huit mois d'application suivie, sans la moindre connoissance préliminaire de la Musique, sans sçavoir ce que c'est qu'une croche, je ne doute nullement qu'on ne se rendît maître de l'harmonie ; que cette science ne devînt une partie de l'éducation aussi générale & aussi commune que la lecture, l'écriture & l'arithmétique, & qu'avant un petit nombre d'années, il n'y eût dans le Parterre de nos Spectacles lyriques, un certain nombre d'Auditeurs assez Musiciens, pour suivre la facture d'une piece, & la juger.
LE MAÎTRE.
Je le crois, & je me suis convaincu par différens essais, que mes Leçons, telles que je les publie, suffisent pour ce que vous desirez. A présent même j'ai des Eleves qui ont commencé les uns fort jeunes, les autres dans un âge assez avancé, & qui préludent avec une hardiesse & une variété qui ne se conçoit pas, bien qu'il y en ait quelques-uns parmi eux, incapables de lire & d'exécuter un Ménuet. Et quelle merveille y a-t-il à cela, s'il vous plaît ? La Musique est une langue ; ne faut-il pas sçavoir parler, avant que d'apprendre à lire & à écrire ? Le clavier, c'est l'alphabet ; les touches, ce sont les lettres. Avec ces lettres, on forme des syllabes ; avec ces syllabes, des mots ; avec ces mots, des phrases ; avec ces phrases, un discours. Je ne quitte mes Eleves que quand ils en sont là ; & comme vous sçavez, je ne les garde pas longtems. Il vient un

moment où je leur dis, parlez; & ils parlent. Je les écoute quelques mois, au bout desquels, je leur dis, voulez-vous à préfent fçavoir lire? prenez un Maître à lire. Voulez-vous fçavoir écrire? Ecrivez. L'exécution des pieces, l'accompagnement n'eft qu'une lecture dont je ne me mêle pas. Quand vous fçaurez lire; fi vous avez de la patience, vous n'aurez befoin de perfonne pour vous apprendre à accompagner. Vous entendrez votre auteur en l'accompagnant; au lieu que fi vous ignorez l'harmonie, vous l'accompagnerez fans l'entendre; précifément comme celui qui lit du grec, fans fçavoir le grec. Vous voyez bien ces touches; leur combinaifon repréfente toute la Mufique qu'on a faite & qu'on fera; il y a de caracteres à l'aide defquels on les tranfporte fur le papier. Étudiez ces caracteres. L'étude en eft longue, difficile & pénible; mais à la fin de cette étude, vous fçaurez tout. Vous fçaurez rendre vos penfées; vous fçaurez encore lire & rendre les penfées des autres. Si vous vous fouciez peu de ce dernier talent; hé bien, vous reffemblerez à beaucoup d'honnêtes gens qui parlent bien fans fçavoir ni écrire, ni lire.

L'Eleve.

Tout ce que vous dites eft vrai, & vrai à la lettre. Qui le fçait mieux que moi? Avec tout cela, il fe paffera du tems, & l'on aura entendu grand nombre de vos Eleves, avant qu'on ceffe de regarder comme le plus étrange paradoxe qu'on ait jamais avancé, la poffibilité d'apprendre l'harmonie fans connoître une note de mufique.

Le Philosophe.

Quoiqu'il y ait des Nations où les gens du peuple, où les habitans de la campagne chantent en partie, fans la moindre étude pratique de l'art; chantent comme ils parlent; auffi ignorans en mufique, qu'ils le font en grammaire; on niera qu'on puiffe faire ici par inftitution ce qui fe fait ailleurs par habitude.

Mais il faut que je vous annonce une autre affliction à laquelle il feroit bien extraordinaire que vous échappaffiez. On n'oblige pas les hommes; on n'obtient pas impunément de la célébrité, méritée ou non méritée. Mais les peines auxquelles on s'eft attendu, en deviennent moins cuifantes; attendez-vous donc qu'au moment où votre ouvrage paroîtra, il fera dédaigné par des ignorans hors d'état, je ne dis pas de vous entendre, mais de vous lire; que d'autres plus éclairés, mais aussi jaloux, aussi méchans, s'occuperont à décrier vos principes qu'ils étudieront secrettement pour les montrer à d'autres; & qu'après cette tentative infructueuse, ils s'épuiseront en recherches pour vous dépouiller de vos idées & en faire honneur à quelqu'Ancien ou à quelque Moderne, sur un mot jetté au hazard dont l'Auteur n'aura connu ni la valeur, ni la portée.

L'ELEVE.

Et si cela vous arrive, que ferez-vous?

LE MAÎTRE.

Je me tairai.

L'ELEVE.

C'est le parti le plus sage; & j'aime de tout mon cœur quelqu'un qui se félicite tous les jours de l'avoir pris.

LE MAÎTRE.

Mais d'où vient cette fureur d'anéantir la gloire d'un Inventeur, ou de l'affoiblir en la distribuant à ceux qui n'y ont pas le moindre droit? Qu'y gagnent-ils?

L'ELEVE.

Ce qu'ils y gagnent? De vous enlever votre manteau pour le jetter sur les épaules d'un homme qui est bien loin, ou qui n'est plus.

LE PHILOSOPHE.

Ce qu'ils y gagnent? De dépecer le manteau en tant de petits morceaux qu'on n'en puisse revêtir personne, & qu'on reste aussi nud qu'eux.

LE MAÎTRE.

Efforts inutiles! ce qui est vrai est vrai.

LE PHILOSOPHE.

Quant à moi, j'atteste......

LE MAÎTRE.

J'atteste que vous avez promis au Libraire BLUET, une belle Préface. J'atteste que vous m'avez permis de dédier mon Ouvrage à Mademoiselle votre Fille, ma premiere Eleve en harmonie.

LE PHILOSOPHE.

Je satisferai Mr. Bluet, avec un mot dont j'ai le privilege en qualité d'Editeur. Pour la Dédicace, je crois qu'il est aussi sage à elle & à moi

de

DE CLAVECIN.

de s'y refuser, qu'il est bien à vous d'y avoir pensé. L'obscurité est de l'appanage d'une petite Particuliere & peut-être de toutes les femmes. Les plus ignorées sont communément les plus estimables. Dans ce moment même, j'éprouve à parler de mon Enfant une sorte de pusillanimité qui m'est toute nouvelle. Mais il y auroit un moyen de concilier votre souhait avec notre répugnance. Ce seroit de dédier à tous vos Eleves un Ouvrage à la perfection duquel ils ont tous plus ou moins contribué. Il y auroit de la justice à distribuer ainsi votre hommage, & je n'y vois nul inconvénient.

LE MAÎTRE.

Ha, Monsieur!

L'ELEVE.

Monsieur Bemetz.., vous êtes trop raisonnable pour n'être pas de l'avis de mon Papa. Il est impossible qu'un parti que tous le gens sensés approuveront, & qui n'offensera personne, ne soit pas le meilleur à suivre.

LE MAÎTR

MADEMOISELLE,

JE n'aurois peut-être jamais rien composé sur l'Harmonie, sans vous. C'est pour votre instruction que j'ai écrit ces Leçons; je les ai perfectionnées en vous enseignant. C'est par le conseil de Mr. votre Pere que je leur ai donné la forme de Dialogues; C'est sa présence qui autorise la liberté & la gaieté qui y regnent; & son approbation qui m'enhardit à les publier. Je serois ingrat envers l'un & l'autre, si on ne lisoit au commencement ou à la fin, votre nom ou le sien. Je n'aurai point la fausse modestie de déprifer mon talent & mon ouvrage. Mon ouvrage est excellent; & il faut bien qu'il le soit, à en juger par la célérité de vos progrès. Mon talent ne peut être médiocre, puisque tous mes Eleves, grands Seigneurs, hommes & femmes du monde, Littérateurs & Philosophes en sont, je dirois, presqu'enthousiastes. Une Dédicace ne va pas sans encens; & vous n'en voulez point; à la bonneheure; je le prends pour moi.

Z z

L'ELEVE.

Mais tout en plaisantant, vous dédiez.

LE MAÎTRE.

Assurément, je dédie.

Je veux qu'on sçache que Mr. votre Pere & Mad. votre Mere ont eu de l'amitié pour moi. Je veux qu'on sçache que j'ai obtenu de l'héritiere de leur ame honnête & bienfaisante, la même estime qu'ils m'ont accordée. Je veux qu'on sçache que je suis voué pour toute ma vie à la digne Famille DIDEROT. Je veux qu'on sçache que je suis avec respect,

MADEMOISELLE,

Votre très-humble & très-obéissant serviteur,

BEMETZRIEDER.

Et voilà, Monsieur, malgré vous, malgré Mademoiselle, une Dédicace faite dans toutes les formes & qui restera ; à moins que mon étoile ne m'ait destiné à être le premier homme que vous ayez affligé.

LE PHILOSOPHE.

Quelle tête!

LE MAÎTRE.

Pour cette fois, je suis sûr qu'elle est bonne. Après cela, Monsieur, vous direz dans votre Préface tout ce qu'il vous plaira.

FIN

Du douzieme Dialogue, de la septieme Leçon d'Harmonie & de l'Ouvrage.

APPROBATION DU CENSEUR ROYAL.

J'ai lu, par ordre de Monseigneur le Chancelier, & approuvé un Manuscrit intitulé: *Leçons de Clavecin & Principes d'Harmonie.* A Paris, ce 10 Décembre 1770.

Signé L'ABBE' DE LA CHAPELLE.

PRIVILEGE DU ROI.

LOUIS, PAR LA GRACE DE DIEU, ROI DE FRANCE ET DE NAVARRE : A nos amés & féaux Conseillers, les gens tenans nos Cours de Parlement, Maîtres des Requêtes ordinaires de notre Hôtel, Grand-Conseil, Prevôt de Paris, Baillifs, Sénéchaux, leurs Lieutenans Civils, & autres nos Justiciers qu'il appartiendra; SALUT. Notre amé le sieur Claude BLUET, Libraire, Nous a fait exposer qu'il désireroit faire imprimer & donner au Public *des Leçons de Clavecin & Principes d'Harmonie par Mr. Bemetzrieder,* s'il Nous plaisoit lui accorder nos Lettres de permission pour ce nécessaires. A CES CAUSES, voulant favorablement traiter l'Exposant, Nous lui avons permis & permettons par ces Présentes de faire imprimer ledit Ouvrage autant de fois que bon lui semblera, & de le faire vendre & débiter par tout notre Royaume pendant le tems de trois années consécutives, à compter du jour de la date des Présentes. Faisons défenses à tous Imprimeurs, Libraires, & autres personnes, de quelque qualité & condition qu'elles soient, d'en introduire d'impression étrangere dans aucun lieu de notre obéissance. A la charge que ces Présentes seront enregistrées tout au long sur le Registre de la Communauté des Imprimeurs & Libraires de Paris, dans trois mois de la date d'icelles; que l'impression dudit Ouvrage sera faite dans notre Royaume, & non ailleurs, en bon papier & beaux caracteres; que l'Impétrant se conformera en tout aux Réglemens de la Librairie, & notamment à celui du 10 Avril 1725, à peine de déchéance de la présente Permission; qu'avant de l'exposer en vente, le Manuscrit qui aura servi de copie à l'impression dudit Ouvrage, sera remis dans le même état où l'Approbation y aura été donnée, és mains de notre très-cher & féal Chevalier, Chancelier, Garde des Sceaux de France, le sieur DE MAUPEOU; qu'il en sera ensuite remis deux Exemplaires dans notre Bibliothéque publique, un dans celle de notre Château du Louvre, & un dans celle dudit sieur DE MAUPEOU; le tout à peine de nullité des Présentes. Du contenu desquelles vous mandons & enjoignons de faire jouir ledit Exposant & ses ayant causes, pleinement & paisiblement, sans souffrir qu'il leur soit fait aucun trouble ou empêchement. Voulons qu'à la copie des Présentes, qui sera imprimée tout au long au commencement ou à la fin dudit Ouvrage, foi soit ajoutée comme à l'original. Commandons au premier notre Huissier ou Sergent sur ce requis, de faire pour l'exécution d'icelles tous actes requis & nécessaires, sans demander autre permission, & nonobstant clameur de haro, charte normande & lettres à ce contraires : CAR tel est notre plaisir. DONNÉ à Paris, le dix-septieme jour du mois de Janvier, l'an mil sept cent soixante-onze, & de notre Regne le cinquante-sixiéme. Par le Roi en son Conseil. *Signé,* LEBEGUE.

Registré sur le Registre XVIII. *de la Chambre Royale & Syndicale des Libraires & Imprimeurs de Paris, n°. 1462, fol. 451, conformément au Réglement de 1723. A Paris, ce* 30 *Mars* 1771. *Signé* J. HERISSANT, *Syndic.*

www.ingramcontent.com/pod-product-compliance
Lightning Source LLC
Chambersburg PA
CBHW050259170426
43202CB00011B/1755